Albrecht/Zemke · Service-Strategien

Karl Albrecht
Ron Zemke

Service-Strategien

McGraw-Hill Book Company GmbH
Hamburg · New York · St. Louis · San Francisco · Auckland · Bogotá · Guatemala
Lissabon · London · Madrid · Mailand · Mexiko · Montreal · New Delhi
Panama · Paris · San Juan · São Paulo · Singapur · Sydney · Tokio · Toronto

Titel der Originalausgabe:
Service America! Doing Business in the New Economy

© 1985 by Dow Jones-Irwin, Homewood, Illinois

Redaktionelle Bearbeitung der deutschen Ausgabe: Literatur-Agentur Axel Poldner, München
(Übersetzung aus dem Amerikanischen: Ursula Gross, Lektorat: Moritz Strachwitz)

CIP-Kurztitelaufnahme der Deutschen Bibliothek

Albrecht, Karl:

Service-Strategien / Karl Albrecht; Ron Zemke.
[Red. Bearb. d. dt. Ausg.: Literatur-Agentur Axel Poldner, München. (Übers. aus d. Amerikan.: Ursula Gross)]. — Hamburg; New York [u.a.]: McGraw-Hill, 1987.
Einheitssacht.: Service America! Doing business in the new economy ‹dt.›
ISBN 3-89028-094-3

NE: Zemke, Ron:

© 1987 by McGraw-Hill Book Company GmbH, Hamburg

Das Werk einschließlich aller seiner Teile ist urheberrechtlich geschützt. Jede Verwertung außerhalb der engen Grenzen des Urheberrechtsgesetzes ist ohne Zustimmung des Verlages unzulässig und strafbar. Das gilt insbesondere für Vervielfältigungen, Übersetzungen, Mikroverfilmungen und die Einspeicherung und Verarbeitung in elektronischen Systemen.

Umschlag: Grafik Design Studio, Hamburg
Satz: Fotosatz Gebr. Bremberger, Verlagsgesellschaft mbH, München
Druck und Bindung: Wünsch-Druck GmbH, Neumarkt / Oberpfalz

Printed in Germany
ISBN 3-89028-094-3

Inhaltsverzeichnis

Vorwort	VII
1. Der Service-Imperativ	1
2. Was wir von Skandinavien über Service lernen können	19
3. Das Service-Dreieck	31
4. Der Kunde: König oder Bauer?	47
5. Die richtige Servicestrategie finden	61
6. Das Servicesystem aufbauen	73
7. Die Serviceleute	91
8. Regen und Sonnenschein	111
9. Qualität und Produktivität: Meßbarkeit und Handlungsbereitschaft	121
10. Serviceprofile: Wo Service zur Besessenheit wird	137
11. Wie man einem Elefanten das Tanzen beibringt	157
12. Service morgen: Was dürfen wir erwarten?	171
Anmerkungen	179
Bibliographie	185
Register	187

Vorwort

Eine mächtige neue Woge rollt auf das bereits bewegte Wirtschaftsleben zu. Es ist die Woge des Service, des Dienstleistungsangebots also, oder, genauer gesagt, eine neuartige und intensive Bemühung um die Qualität von Serviceleistungen. Die Menschen beurteilen die Qualität der Dienstleistungen, die ihnen im Alltag angeboten werden, immer kritischer und verlangen, daß diese verbessert wird.

Die Zeiten haben sich geändert; das Herzstück unserer Wirtschaft ist nicht mehr das warenproduzierende Gewerbe. Wir leben heute in einer völlig neuen Wirtschaft, einer Dienstleistungswirtschaft, in welcher die Beziehungen zwischen den beteiligten Personen größere Bedeutung gewinnen als materielle Erzeugnisse. Ebenso wie Amerika um die Jahrhundertwende eine industrielle Revolution erlebte, sind wir heute Zeugen einer „Dienstleistungsrevolution". Was einst das Amerika der Industrie war, ist nunmehr das Amerika der Dienstleistungen.

Schauen Sie sich einmal um, und Sie werden feststellen, wie oft Sie in Ihrem Alltag mit Unternehmen und Einrichtungen zu tun haben, deren Aufgabe es ist, Dienstleistungen verschiedener Art anzubieten. Restaurants, Hotels, Fluggesellschaften, Banken, öffentliche Versorgungsunternehmen, Schulen und Universitäten: Sie alle müssen sich bemühen, Kunden zu gewinnen und zu halten.

Viele andere Unternehmen, wie Waren- und Versandhäuser und sogar Anbieter von Gebrauchsgütern kommen zu der Erkenntnis, daß das unsichtbare Produkt — nämlich die Servicekomponente — zu einer wichtigen Waffe im Wettbewerb wird.

Es ist Zeit, den Dienst am Kunden in den Mittelpunkt der Bemühungen zu stellen, und zwar aus einer Reihe von Gründen, auf die wir in diesem Buch eingehen werden. Die Folge dieses neuen Service-Imperativs wird wahrscheinlich sein, daß sich Firmenleiter und Manager daran machen, ganze Unternehmen in kundenorientierte Wirtschaftseinheiten zu verwandeln und daß damit die gute alte Kundendienstabteilung ihre Bedeutung verliert. Die Qualität der Verbrauchererfahrung wird auf den Chefetagen immer häufiger zu einem heißen Thema, nicht nur in den Vereinigten Staaten, sondern auch in vielen anderen Ländern. Wir halten dies für ein weltweites Phänomen.

Wir haben uns mit diesem Buch verschiedene Ziele gesteckt. In erster Linie geht es uns natürlich darum, zukunftsorientiert denkenden Geschäftsleuten, vor allem Angehörigen der Führungsspitzen und des mittleren Managements, die Bedeutung der Servicequalität als neuer Waffe im Wettbewerb bewußt zu machen. Zweitens haben wir versucht, einige der Schlüsselfaktoren, welche die Qualität einer Dienstleistung bestimmen, herauszustellen und führen dazu Beispiele von Unternehmen mit guter und anderen mit schlechter Serviceleistung an.

Noch bedeutsamer schien es uns aber, auf eine entscheidende Lücke hinzuweisen, die unserer Meinung nach im Management, so wie es heute aufgefaßt wird, besteht, nämlich das Fehlen eines konsequenten Modells oder Konzepts, nach dem der Kundendienst gehandhabt wird. Nachdem wir mit vielen unterschiedlichen Unternehmen Erfahrungen gesammelt und das Vorgehen leistungsstarker Dienstleistungsfirmen ausführlich untersucht hatten, stießen wir auf einen methodischen Ansatz, der unserer Ansicht nach Managern dabei helfen kann, auf neue und wirksame Weise über ihr Unternehmen nachzudenken. Dieses Konzept eines Service-Managements ist der Beitrag, den wir mit diesem Buch in erster Linie zu leisten hoffen.

Bevor Sie lesen, was wir über Service-Management zu sagen haben, sollten wir vielleicht einiges über unseren Standpunkt vorausschicken, damit Sie wissen, mit welchen vorgefaßten Meinungen wir an dieses Thema herangehen. Infolge unserer Tätigkeit in und mit Unternehmen gehen wir von der Überzeugung aus, daß die Grundlage einer Serviceleistung hoher Qualität, so wie der Kunde sie unmittelbar erfährt, nur ein Servicekonzept sein kann, das innerhalb des Topmanagements vorhanden sein muß. Dieses Servicekonzept muß in Struktur und Funktionsweise des Unternehmens eingehen. Die gesamte Unternehmenskultur muß kundenorientiert sein, und es muß Aufgabe der Unternehmensführung sein, diese Kultur zu schaffen und zu erhalten.

Wir glauben außerdem, daß es sinnvoll und wichtig ist, Service zu messen. Es ist von größter Bedeutung, daß Sie genau wissen und objektiv beurteilen, wie Sie — in den Augen des Kunden — abschneiden. Marktforschung, Überprüfung der Serviceleistung und ein Verfahren zur Messung der Servicequalität und zur Weiterleitung des Ergebnisses an die Mitarbeiter an vorderster Front sind entscheidende Elemente einer deutlich serviceorientierten Gestaltung eines Unternehmens.

Wir sind der Überzeugung, daß Management an sich eine Dienstleistung ist und daß sich diese Auffassung im Zuge einer immer weiteren Verschärfung des Wettbewerbes und eines massiveren Einsatzes des Service als Waffe in diesem Konkurrenzkampf mehr und mehr durchsetzen wird. Die Manager müssen erkennen, daß ihre Aufgabe auch darin liegt, den Serviceleuten zu helfen, bessere Arbeit zu leisten. Die Rolle des Managements in einem serviceorientierten Unternehmen besteht darin, das Bewußtsein für diese Komponente zu verbessern, Erwartungen an die Qualität festzulegen, ein motivierendes Klima zu schaffen, die notwendigen Mittel zur Verfügung zu stellen, bei der Lösung von Problemen behilflich zu sein, Hindernisse aus dem Weg zu räumen und dafür zu sorgen, daß sich hervorragende Arbeitsleistung auszahlt.

Wir sind überzeugt, daß diese neue Ära des Service-Managements eine Rückkehr zu den Grundprinzipien der Unternehmensführung und in vielen Fällen ein Überdenken der eigentlichen Existenzberechtigung des Unternehmens erforderlich machen wird. Die Spitzenmanager, welche die wahre Bedeutung der Servicequalität nicht erkennen, gehen schweren Zeiten entgegen. Diejenigen, die sich diesen Faktor bewußt machen, werden erleben, wie ihr Unternehmen wächst und gedeiht.

Karl Albrecht
Ron Zemke

1
Der Service-Imperativ

McDonald's hat mehr Beschäftigte als U.S. Steel.
Goldene Bögen, nicht Hochöfen,
sind das Symbol der amerikanischen Wirtschaft.
George F. Will

Wir leben in einer Dienstleistungswirtschaft, und zwar schon seit einiger Zeit. Der Trendforscher John Naisbitt sieht den Anfang dieses neuen Entwicklungsabschnitts im Jahre 1956, als „zum ersten Mal in der amerikanischen Geschichte die Zahl der Angestellten in technischen Berufen, im Management und in den Büros die Zahl der in der Produktion beschäftigten Arbeiter überstieg. Das industrielle Amerika wurde von einer neuen Gesellschaft abgelöst".

Naisbitt bezeichnete diese neue Gesellschaft als „Informationsgesellschaft". Der Soziologe und Harvard-Professor Daniel Bell hatte bereits zuvor auf dieselben Veränderungen und Entwicklungstendenzen hingewiesen und erklärt, wir seien nunmehr in die „postindustrielle Gesellschaft" eingetreten. Wie immer man dieses Phänomen auch bezeichnen will, es bleibt die Tatsache, daß wir in einer Welt und zu einer Zeit leben, die von Unternehmen beherrscht werden, die weniger Waren produzieren als vielmehr Dienstleistungen erbringen.

Laut US-Handelsministerium lassen sich die Aussichten für die absehbare Zukunft so zusammenfassen: mehr vom selben. Im Dienstleistungssektor und in den Dienstleistungsberufen, allen voran in der Datenverarbeitung und im Gastgewerbe, wird ein anhaltend rasches Wachstum zu verzeichnen sein. Dienstleistungen sind nicht mehr nur Nebenprodukte der Industrie, also ein Sektor, der keinen Reichtum erzeugt, sondern nur „Geld im Umlauf hält", wie ein Wirtschaftswissenschaftler es spöttisch ausdrückte. Das Dienstleistungsgewerbe ist zu einem selbständigen und starken Wirtschaftsmotor geworden, zur treibenden Kraft der neuen amerikanischen Wirtschaft. Der Kolumnist der Zeitschrift *Newsweek*, George F. Will, zeichnete mit folgender kurzen Bemerkung ein treffendes Bild dieser neuen Wirtschaft: „McDonald's hat mehr Beschäftigte als U.S. Steel. Goldene Bögen, nicht Hochöfen, sind das Symbol der amerikanischen Wirtschaft." Die Bedeutung dieses Wandels in unserer Lebens- und Arbeitsweise wird uns erst jetzt allmählich bewußt.

Um Mißverständnissen vorzubeugen: Wir wollen mit diesen Bemerkungen keineswegs sagen, daß U.S. Steel, um überleben zu können, seine Fabriken in Waschsalons umwandeln oder daß Chrysler die Produktion von Autos einstellen und auf Hausverwaltungen umsteigen sollte. Diese Verschiebung hin zu einer Wirtschaftsstruktur, deren Herzstück das Dienstleistungsgewerbe ist, so der Management-Spezialist Professor Russell Ackoff von der Wharton School, bedeutet jedoch nicht, daß weniger Güter hergestellt und verlangt werden, „ebensowenig wie das Ende der Agrargesellschaft bedeutete, daß weniger landwirtschaftliche Erzeugnisse produziert und konsumiert wurden. *Es heißt vielmehr*, daß weniger Menschen erforderlich sind, um Industriegüter herzustellen."[1] Für uns folgt daraus, daß künftig finanzieller Erfolg und Wachstum vor allem im Dienstleistungssektor zu suchen sind. Dort werden Arbeitsplätze angeboten; dort konzentriert sich die Energie; dort werden auch in Zukunft Chancen liegen.

Wir sind überzeugt, daß sich zur Zeit ein wirklich bedeutsamer Wandel vollzieht. Die Struktur unserer Wirtschaft und der Charakter unserer Tätigkeit als Unternehmer oder Geschäftsleute in Amerika verändern sich. Diese Verlagerung der Schubkraft, diese Umwandlung einer auf Güter konzentrierten Wirtschaft in eine auf Dienstleistungen konzentrierte Wirtschaft, dieses Phänomen, das Ackoff als „zweite industrielle Revolution" und Naisbitt als „Beginn der Informationsgesellschaft" bezeichnet, ist real und bedeutungsvoll. In ihm liegt unser neuer Wettbewerbsvorteil, auf dem Binnenmarkt und weltweit. 20 Prozent der Weltnachfrage nach Dienstleistungen werden bereits von amerikanischen Unternehmen gedeckt; und dies ist nur der Anfang.

Wir behaupten jedoch, daß diese Verschiebung vom produzierenden zum Dienstleistungsgewerbe, soll sie als treibende wirtschaftliche Kraft voll ausgenützt werden, Hand in Hand gehen muß mit einer Veränderung in den Unternehmen: Diese müssen neu konzipiert, neue strukturiert und vor allem neu geführt werden. Unserer Auffassung nach unterscheidet sich ein Unternehmen, das sich vorrangig mit Planung, Entwicklung und Bereitstellung von Dienstleistungen beschäftigt, von einem herkömmlichen Industriebetrieb genauso stark wie eine Fabrik von einem Bauernhof. Diese Unterscheidung trifft nicht nur auf Unternehmen zu, deren Produkt reine Dienstleistungen sind (die traditionellen Dienstleistungsbetriebe), sondern auch auf die Hersteller von Gebrauchsgütern und Waren, die dem Kundendienst hohen strategischen Wert beimessen und ihn als festen Bestandteil des von ihnen verkauften Produktes betrachten. Ob solche Serviceleistungen nun als wichtig angesehen werden, weil sie sich als Strategie zur Produktunterscheidung gut eignen, oder weil das Unternehmen schon immer fest von der Bedeutung des Service überzeugt ist, das Ergebnis bleibt dasselbe. In diesen Unternehmen ist Service nicht ein Aufgabengebiet oder eine Abteilung. Für sie ist Service das Produkt.

Was verstehen wir unter Dienstleistung?

Verwaltungsfachleute und Wirtschaftswissenschaftler sprechen herkömmlicherweise vom „Dienstleistungssektor", der ihrer Begriffsbestimmung nach diejenigen Branchen umfaßt, „die immaterielle Güter produzieren". Das US-Amt für Bevölkerungsstatistik und das Handelsministerium haben festgestellt, daß fast 60 Prozent aller Arbeitnehmer in den Vereinigten Staaten in Unternehmen arbeiten, die unter diese Definition fallen. Vier große Wirtschaftsabteilungen sind diesem Sektor zuzurechnen:

1. Der Service-Imperativ

- Verkehr, Nachrichtenwesen und Versorgungsunternehmen
- Groß- und Einzelhandel
- Finanz- und Versicherungswesen, Immobilien
- Dienstleistungen im engeren Sinn — der Teil des tertiären Sektors mit den höchsten Wachstumsraten; dazu gehören Dienstleistungen im gewerblichen Bereich wie Wirtschaftsprüfung, Ingenieurdienste und Rechtsberatung; Dienstleistungen für Privatpersonen wie Haushaltsführung, Friseur sowie Freizeit und Erholung; und vor allem die Wirtschaftszweige ohne Erwerbszweck.

Diese vier Gruppen bieten allesamt Dienstleistungen an, die man im herkömmlichen Sinne mit „Hilfeleistung" umschreiben könnte: Hilf mir bei meiner Steuererklärung; hilf mir dabei, von Punkt A nach B zu gelangen; hilf mir, ein Haus zu finden; hilf mir, ein neues Paar Schuhe auszusuchen.

Der Management-Fachmann und Soziologe Peter Drucker weist mit noch größerem Nachdruck darauf hin, daß der Begriff *Dienstleistungen*, mit dem der größte Teil unserer heutigen Wirtschaft beschrieben wird, ausgesprochen ungeeignet ist, um ein korrektes Bild zu vermitteln. In einer am 9. Januar 1985 in *The Wall Street Journal* erschienenen Kolumne gibt er einen Überblick über die Weltwirtschaftslage, den Preiseinbruch bei Rohstoffen und den im Vergleich zum raschen Wachstum des Dienstleistungssektors langsamen Aufschwung im produzierenden Gewerbe. Er schreibt:

> Vielleicht werden wir — und zwar bald — unsere Auffassung von der Wirtschaftswissenschaft und den Volkswirtschaften ziemlich radikal revidieren müssen. So fällt der Bereich „Information" heute unter „Dienstleistungen", ein Begriff aus dem 19. Jahrhundert, der „Verschiedenes" bezeichnete. Eigentlich ist Information nicht mehr eine Dienstleistung als der elektrische Strom (der auch unter Dienstleistungen eingeordnet wird). Sie ist der Rohstoff einer auf Information basierenden Wirtschaft. Und in einer solchen Wirtschaft sind Schulen genauso Urerzeuger wie Bauern; vielleicht ist ihre Produktivität sogar von noch ausschlaggebender Bedeutung. Dasselbe gilt für technische Labors, Zeitungen und Büros im allgemeinen.

Wir stimmen Druckers Auffassung, wonach Dienstleistungen, wie wir sie heute kennen, in ihren wesentlichen Eigenschaften unter die Grundstoffe einzuordnen sind, völlig zu. Die Behauptung, Dienstleistungen seien keine eindimensionale „Sache", ist in der Tat das Kernstück unserer Argumentation. Wir glauben nämlich, daß Dienstleistungen genauso wie Kraftfahrzeuge eine Ware sind und genauso wie diese „gemanagt" und systematisch untersucht werden müssen.

Auch Professor Theodore Levitt von der Harvard Business School vertritt die Auffassung, daß mit wachsender Erkenntnis dessen, was Dienstleistung bedeutet, die Unterscheidung zwischen Dienstleistung und Nicht-Dienstleistung immer mehr an Bedeutung verliert. Er schreibt: „So etwas wie Dienstleistungsbetriebe gibt es nicht. Es gibt nur Unternehmen, bei denen die Service-Komponente größer oder weniger groß ist als bei anderen. Jeder ist im Dienstleistungsgewerbe." So arbeitet zum Beispiel die Hälfte der 52.000 Beschäftigten der Citibank nicht am Schalter, sondern in Büros, wo der

Kunde sie nie zu Gesicht bekommt. Ihre Tätigkeit besteht darin, Akkreditive auszustellen, Schließfächer zu öffnen, Transaktionen zu bearbeiten und alles, was die Mitarbeiter, die unmittelbar mit der Kundschaft in Verbindung stehen, tun, zu überwachen. Ist Citicorp deshalb in geringerem Maß als Hersteller zu bezeichnen als IBM? Und ist IBM, von deren 340.000 Beschäftigten die Hälfte unmittelbar mit den Kunden zu tun hat, weniger ein Dienstleistungsunternehmen? Dienstleistung ist jedermanns Geschäft.

„Reparatur"-Service

Eine zweite Gruppe nach den Dienstleistungen, die wir mit „Hilfeleistungen" umschrieben haben, sind die „Reparatur"-Leistungen. Manchmal hat man den Eindruck, unser „Spielzeug" müsse ständig repariert werden. Das Auto ist in der Werkstatt, das Telefon ist gestört, und der Computer, den ich mir gerade gekauft habe, funktioniert auch nicht besonders gut. Dienstleistungen in diesem Sinne wird in der Wirtschaft und auf dem Markt keine ausreichende Bedeutung beigemessen; der heutige Verbraucher unterschätzt sie jedoch nur selten.[2] Die Qualität des „Reparatur"-Service, den ein Unternehmen zu bieten hat, ist schon heute ein für seinen Markterfolg wichtiger Faktor. Daß Unternehmen wie IBM, General Electric (GE) oder Caterpillar Tractor in der Lage sind, in aller Selbstverständlichkeit besten „Reparatur"-Service anzubieten — während andere mit Ausflüchten und umständlichen Anforderungen aufwarten oder gar nichts bieten —, unterscheidet sie von den Konkurrenten in ihrer Branche und auf dem Markt insgesamt. Natürlich wollen wir damit nicht sagen, daß Gebrauchsgüter früher niemals instandgesetzt werden mußten. Ganz im Gegenteil. Aber erst in jüngster Zeit sind so viele Produkte so kompliziert geworden, daß diejenigen, die sie verwenden, sie nicht mehr selbst instandsetzen und warten können. Gleichzeitig sind die Anforderungen der Verbraucher gestiegen. Sie erwarten, ja fordern jetzt, daß die Verpflichtung eines Herstellers, das Funktionieren eines Produkts zu gewährleisten, weiter als je zuvor über Ort und Zeitpunkt des Kaufes hinaus bestehen bleibt.

Solche Veränderungen in der Erwartungshaltung der Verbraucher können sowohl ein Segen als auch ein Fluch sein. Die immer häufiger erhobene Forderung nach fachlich hochqualifizierten „Reparatur"-Leistungen im Personal-Computer-Geschäft, die bei den meisten Händlern und Herstellern auf taube Ohren stößt, ist zum Beispiel die Ursache für die Flut von Newcomern, die sich auf den Kundendienst an elektronischen Produkten spezialisieren. Diese Forderung ist es auch, welche die Hersteller von Großrechnern und die wenigen Hersteller von Mikros, die sich der Bedeutung des Service bewußt sind, dazu veranlaßt, Tochtergesellschaften zu gründen, die aggressiv Service auch für nicht firmeneigene Produkte anbieten.

Welch ungeheuren Chancen liegen darin! Jeden Tag rollen tausend Macintosh von den Fließbändern bei Apple Computer in Cupertino in Kalifornien, während ebenso viele IBM-PCs die Fabrik in Florida verlassen. Zählen wir dazu die drei bis fünf Millionen „verwaisten" Personal Computer und Peripheriegeräte, die in den Vereinigten Staaten in Gebrauch sind, hinzu (die von Unternehmen, die nicht mehr existieren, hergestellt wurden, wohingegen die Anwender noch da sind), dann ergibt sich ein erstaunliches Bild des Bedarfes an qualifiziertem „Reparatur"-Service allein in der Computerbranche.

Wie aus einer von Arthur Andersen & Co. angefertigten Studie hervorgeht, beläuft sich der Umsatz im Bereich der Instandsetzung von Datenverarbeitungs-, Fernmelde- und anderen elektronischen Geräten — in der Studie als „Service für elektronische Produkte" bezeichnet — auf jährlich 20 Milliarden Dollar; bis 1990 wird eine Umsatzsteigerung auf 46 Milliarden Dollar erwartet.[3] Jedoch interessieren sich nur wenige Hersteller von High-Tech-Produkten für die Möglichkeiten, die sich durch diese offensichtliche Marktlücke ergeben. Und dies, obwohl nach Andersens Schätzungen ein gut geführter Kundendienstbereich bis zu 30 Prozent des Ertrags eines Herstellers ausmachen kann. Es ist ja schließlich kein Geheimnis, daß die wenigen Unternehmen, welche die Zeichen der Zeit erkannt haben — TRW Inc., Control Data, Bell & Howell Co., Western Union Telegraph Co. —, sich verstärkt darum bemühen, sich für die elektronische Zukunft eben im Servicebereich einen gefestigten Ruf und Namen zu verschaffen, während andere sich nur auf die Herstellung der Hardware beschränken.

Die etwas rückständige Auffassung vom Wert des Kundendienstes, wie sie unter den Herstellern von Gebrauchsgütern besteht, ist vielleicht in der Personal-Computer-Branche besonders eklatant, ist aber kaum auf sie beschränkt. Autofirmen, große Stahlunternehmen, Werkzeugmaschinenhersteller und viele Konsumgüterproduzenten litten bisher unter demselben Übel. Ihre Haltung könnte so ausgedrückt werden: „Das wäre ein tolles Geschäft, wenn da nicht all die verdammten Kunden wären." Eine solche Einstellung erweist sich als kostspieliges Fehlurteil, wird aber immer eindeutiger zu einem fatalen Irrtum. Es zeigt sich immer mehr, daß der Kundendienst für den wirtschaftlichen Erfolg eines Gebrauchsgüterherstellers eine entscheidende Rolle spielen kann. Wenn sich Ihre Küchenmaschine von dem Gerät der Konkurrenz nur durch ein paar nebensächliche Details und auch nur durch eine geringe Preisdifferenz unterscheidet, dann werden Ihr Kundendienst und der Ruf Ihrer Serviceleistung zum ausschlaggebenden Faktor. Der GE-Werbeslogan, der verspricht: „Wir lassen Sie nach dem Kauf nicht allein", spricht einer Million enttäuschter Verbraucher direkt aus der Seele. Sie bekommen den Eindruck, auf GE könne man zählen!

Während der Regierung Carter wurde im Auftrag der Regierungsstelle für Verbraucherfragen von einer Gesellschaft namens Technical Assistance Research Programs, Inc. (TARP), aus Washington, D.C., eine ungewöhnlich gründliche Studienreihe über Verbraucherreklamationen durchgeführt. Diese Untersuchungen sprachen Bände über die positiven wirtschaftlichen Auswirkungen eines erstklassigen Service.[4] Wie die Ergebnisse zeigen, werden Unternehmen, die Klagen unzufriedener Kunden nicht einfach irgendwie „erledigen", sondern Reklamationen sogar fördern, auf sie eingehen und sie dann beseitigen, reichlich belohnt.

Die TARP-Studien ergaben unter anderem folgendes:

● Das durchschnittliche Unternehmen hört von 96 Prozent seiner unzufriedenen Kunden nie etwas. Auf jede bei einem Unternehmen eingehende Reklamation kommen somit im Schnitt 26 Kunden, die Probleme haben, diese aber nicht äußern; dabei handelt es sich in 6 Fällen um „ernste" Probleme.

● Wenn ein Kunde sich beschwert hat, ist die Wahrscheinlichkeit, daß er bei der Firma, über die er sich geärgert hat, wieder kauft, größer als im Fall eines Kunden, der eben nichts beanstandet, obwohl er unzufrieden ist; das gilt auch, wenn das Problem nicht befriedigend gelöst wird.
● Von den Kunden, die eine Reklamation anzubringen haben, werden, sofern der Mangel behoben wird, 54 bis 70 Prozent erneut bei dem betreffenden Unternehmen kaufen. Diese Zahl erreicht erstaunlicherweise 95 Prozent, wenn der Kunde den Eindruck hat, das Problem sei schnell gelöst worden.
● Kunden, die mit einem Unternehmen Probleme hatten, erzählen im Durchschnitt 9 bis 10 Personen davon. 13 Prozent der Abnehmer berichten in dieser Situation mehr als 20 Personen von einem solchen Vorfall.
● Kunden, die eine Reklamation hatten, deren Ursache aber auf befriedigende Weise behoben wurde, erzählen im Durchschnitt etwa 5 Personen, wie das betreffende Unternehmen sich ihnen gegenüber verhalten hat.

Wenn Untersuchungen über die Autobranche, wonach ein markentreuer Kunde einen lebenslangen durchschnittlichen Ertrag von mindestens 140.000 Dollar bedeutet, zutreffen, dann ist es schlicht lächerlich, wenn sich ein Hersteller oder Händler mit einem Kunden verbissen über eine Reparaturrechnung über 80 Dollar oder über ein Ersatzteil für 40 Dollar streitet. Ähnliche Überlegungen gelten für fast alle anderen Wirtschaftszweige. Im Bankwesen bringt ein Kunde durchschnittlich 80 Dollar Gewinn pro Jahr. Die Hersteller von Haushaltsgeräten gehen davon aus, daß ein markentreuer Käufer über einen Zeitraum von 20 Jahren einen Ertrag von 2.800 Dollar bedeutet. Ihrem Supermarkt gleich um die Ecke bringen Sie dieses Jahr 4.400 Dollar ein; wenn Sie fünf Jahre lang im selben Viertel wohnen, sind Sie 22.000 Dollar wert.

John Goodman, President von TARP, formulierte es in einer Rede vor der japanischen Rundfunkgesellschaft in Tokio folgendermaßen:

> Als wichtigste Schlußfolgerung ergibt sich (aus unseren Untersuchungen), daß ein Kunde mehr wert ist als der Betrag, um den es bei einer Reklamation geht. Zu diesem Wert eines Kunden gehört die wirtschaftliche Bedeutung der Frage, wohin Ertrag und Gewinn aus dem, was er kauft, langfristig fließen. Dieser Faktor gewinnt dann besondere Bedeutung, wenn der Kunde potentiell eine ganze Palette unterschiedlicher Produkte bei demselben Unternehmen kauft.[5]

Übrigens erkennen die Japaner erst jetzt allmählich, daß Service wichtig *und* zugleich auch problematisch ist. Nachdem man sich jahrzehntelang vorrangig um die Herstellung von Qualitätsprodukten und den Export von Fertigwaren bemüht hat, wurde dem Service praktisch keine Bedeutung beigemessen. In Japan neigt man wie bisher in Amerika dazu, Dienstleistung mit Sklaverei und „Strammstehen vor dem Kunden" gleichzusetzen, anstatt den Service als kundenorientiertes Management zu sehen.

Das Verbraucherverhaltensmuster, welches die TARP-Untersuchung aufdeckte, gilt sowohl für den Verkauf von Investitionsgütern als auch für den Einzelhandel. Es braucht einen also wirklich nicht zu verwundern, wenn ein wachsames und aggressives Unternehmen wie Procter & Gamble auf all seine 80 Produkte die Rufnummer 800 aufdruckt. Für dieses Jahr rechnet P & G, der größte Konsumgüterhersteller des Landes (Ivory Seife, Folger's Kaffee, Crest Zahnpasta, Pamper's Wegwerfwindeln, Tide Waschmittel usw.), mit mehr als 750.000 Anrufen und Briefen von Kunden, auf die es zu antworten gilt. In einem Drittel der Fälle geht es um Klagen aller Art, darunter solche über Produkte und Werbeanzeigen, und sogar über die Handlung von Fernsehserien, die von dem Unternehmen gesponsert werden. Wenn sich nur die Hälfte dieser Beanstandungen auf ein Produkt mit einer 30prozentigen Gewinnspanne bezieht und nur 85 Prozent zur Zufriedenheit des Kunden erledigt werden, könnte das Unternehmen, nach einer von TARP entwickelten Formel, daraus in dem betreffenden Jahr einen Nutzen von über einer halben Million Dollar ziehen. Eine solche Summe bedeutet einen Gewinn von fast 20 Prozent. Die Dimension „Reparatur" ist also im Servicebereich mit Sicherheit eine selbständige und wichtige wirtschaftliche Kraft.

Extra-Service

Die dritte Dimension des Service, die unsere wirtschaftliche Tätigkeit prägt, läßt sich am wenigsten als materielles Gut fassen. Service als dem Produkt hinzugefügter Wert schafft, wenn eine solche Leistung unmittelbar von Person zu Person erbracht wird, eine Atmosphäre der Höflichkeit und Gefälligkeit; aber es steckt mehr dahinter. Wenn er seinen Ausdruck in einem so genialen und erfolgreichen Produkt wie der American-Express-Platin-Karte findet, wirkt er wie gezieltes Marketing.

Extra-Service läßt sich nur schwer definieren. Er ist vielmehr eine persönliche Erfahrung; wenn man ihn selbst erlebt, weiß man, was der Begriff bedeutet. Weil der Stewardess während des Fluges das Kleingeld ausgegangen ist, rundet sie das Wechselgeld zu Ihren Gunsten auf. Auf eine zufällige Bemerkung Ihrerseits hin schickt Ihnen ein leitender Angestellter Ihrer Bank, der Ihnen letzte Woche seinen Factoring-Service angeboten hat, einen Artikel darüber, wie man mit Hilfe von Banken sein Kind durch die Schule bringen kann. Ein Vertreter von 3M, Abteilung visuelle Medien, der ein Seminar über den Einsatz von Overhead-Projektoren bei Produkt-Präsentationen durchführt, nimmt sich anschließend Zeit für eine Generalprobe mit einem Ihrer Verkaufsleute, der am nächsten Tag eine solche Veranstaltung durchzuführen hat. All die genannten Personen praktizieren die hohe Kunst des Extra-Service.

Jede Variation über dieses Thema ist ein Beispiel aus der Geschichte der Dienstleistungsrevolution und ist deren fester Bestandteil. Der rote Faden ist der kundennahe Service. Keines dieser Beispiele beinhaltet eine neue Definition dessen, was Dienstleistung oder Service bedeutet. Neu sind Wert und Einfluß, den Dienstleistungen im Wirtschaftsgeschehen haben.

John Naisbitts „High-Tech/High-Touch"-Konzept hat mit der Entwicklung dieses neuen Bedarfs viel zu tun. Mit der Einführung neuer Technologien in unserer Gesellschaft entstehen entsprechende Bedürfnisse. „So zog zum Beispiel die hochentwickelte Technik der Herztransplantationen und Gehirn-Scanner", so Naisbitt, „ein Wiederaufleben des Interesses am Hausarzt und an kleinen örtlichen Kliniken nach sich." Im Zuge derselben Entwicklung ließ sich beobachten, wie das Aufkommen von Bankomaten bei vielen zu einem gegenläufigen Wunsch führte, nämlich dem, persönlich von einem Bankangestellten bedient zu werden. Je mehr wir mit „High-Tech" konfrontiert sind, desto mehr wünschen wir uns „High-Touch". Je weniger Kontakt wir mit den *Menschen* in einem Unternehmen haben, desto wichtiger wird die *Qualität* jeder einzelnen Begegnung. Die Kontakte, die wir zu einem Unternehmen haben, sind allesamt ausschlaggebend dafür, wie wir dieses Unternehmen sehen und beurteilen. Am meisten zählt jedoch die *Qualität* der *zwischenmenschlichen Beziehungen*, die oft am tiefsten und dauerhaftesten sind.

Nach Russell Ackoff hat das Bedürfnis nach Extra-Service noch eine weitere Dimension: Vorrangiges Ziel in unserer Gesellschaft ist nämlich nicht mehr der Lebensstandard, sondern die Lebensqualität. Wenn auch einige behaupten, gewisse Aspekte dieses Phänomens bedeuteten eine Entfernung vom Materialismus und dem „Ich-kann-mir-alles-kaufen"-Credo, so deuten andere Faktoren, die zu diesem Bestreben um mehr Lebensqualität gehören, darauf hin, daß mit gesicherten materiellen Verhältnissen ergänzende Werte, scheinbare Nebensächlichkeiten, an Bedeutung gewinnen. So wünscht sich ein Jugendlicher vielleicht nicht mehr einfach ein Auto, sondern das „richtige" Auto. An die Stelle des Wunsches, jederzeit genügend Mittel zur Verfügung zu haben, um häufig fliegen zu können, tritt nun der Wunsch nach Sitzplätzen in der ersten Klasse und höchstmöglichem Komfort. Sämtliche Erfahrungen, welche der Kunde als Empfänger eines Produktes oder einer Dienstleistung macht, werden nunmehr ausschlaggebend für die tatsächliche und greifbare Qualität dieses Produkts oder dieser Dienstleistung an sich.

Warren Blanding, Chefredakteur und Herausgeber des *Customer Service Newsletter*, sieht hier mehrere Kräfte am Werk. Zusammen schaffen sie ein neues Verständnis dessen, was Dienstleistung bedeutet:

> Die wachsende Bedeutung der Verbraucherschutzbewegung, das im Wandel begriffene Klima im Wettbewerb und die Rezession der letzten Jahre haben die Unternehmen gezwungen, ihr Verhältnis zu den Kunden neu zu überdenken. Die Folge davon war, daß der Kundendienst zu einem strategischen Instrument wurde. Zuvor hatte man diesen Bereich nur unter dem Kostenaspekt gesehen. Nun gilt er als Mittel, das aktiv zur Umsatzsteigerung beiträgt — und die Vertriebskosten senkt.

Das ständige Bestreben um eine Verbesserung der Lebensqualität ist keine neue Erscheinung, nur als Massenphänomen ist es neu. In der Anfangszeit der industriellen Entwicklung in den Vereinigten Staaten spielten nur die wenigen Wohlhabenden Tennis, verbrachten den Sommer im Gebirge und den Winter auf den Bahamas. Heute gehört all dies zur Kultur der Massen. Für unsere Eltern und Großeltern war eine Woche bezahlter Urlaub pro Jahr eine großartige Sache. Der bezahlte Urlaub war eine große Errungenschaft der Arbeiterbewegung. Für uns — oder zumindest für viele von uns — ist es fast eine Selbstverständlichkeit, für ein verlängertes Wochenende zum Einkaufen oder für Theaterbesuche nach London fliegen zu können. Wenn die Nachfrage breiter Kreise nach einem Produkt oder einer Dienstleistung steigt, wird der Fähigkeit, es oder sie effektiv, effizient und zuverlässig bereitzustellen, ein immer höherer Wert beigemessen. Und so stehen wir plötzlich an der Schwelle zum Zeitalter des Service-Managements, dem Zeitalter der systematisch geplanten, entwickelten und verfügbar gemachten Dienstleistung.

Service als Engagement und Aufgabe des Managements

Die Begriffe *Service* und *Management* waren in der Vergangenheit schwer unter einen Hut zu bringen. Kundendienst war etwas, wovor die meisten Absolventen von Business-Schools, die etwas auf sich hielten, zurückschreckten — mit Ausnahme vielleicht von jungen Aufsteigern im Bank-Management. Die Auffassung davon, was Management sei, beinhaltete etwas Planmäßiges und Geordnetes und schien im Widerspruch zum Begriff der Dienstleistung im herkömmlichen Sinn von „Hilfeleistung" zu stehen.

Nach Ronald Kent Shelp, Vice President der American International Group (einem Versicherungs-Multi mit Sitz in New York) und Vorsitzenden des Bundesbeirats für das Dienstleistungsgewerbe, ist dieses Bild darauf zurückzuführen, daß *persönliche Dienstleistungen* — wie die einer Haushaltshilfe, eines Friseurs oder Klempners — mit dem Begriff *Dienstleistung als Bereitstellung immaterieller Güter im allgemeinen* verwechselt werden. Dadurch entstand eine falsche Auffassung von Dienstleistung als etwas, das immer ein zweiseitiges Verhältnis von Anbieter und Empfänger beinhaltet, als etwas Arbeitsintensivem und als einer Branche, deren Produktivität nicht ohne weiteres durch Einsatz von Kapital und Technologie gesteigert werden kann.

Dienstleistungen in der heutigen Wirtschaft als Sklavenarbeit bezeichnen zu wollen wäre genauso falsch, wie Francis C. Ronney, Jr., Chef der Melville Corp. (einer riesigen Kette von Schuhgeschäften, die unter dem Namen Thom McAn begann und heute jährlich 4 Milliarden Dollar umsetzt), einen Schuhverkäufer zu nennen. Zwei Drittel des Bruttosozialprodukts werden heute vom Dienstleistungsgewerbe erwirtschaftet; gleichzeitig machen persönliche Dienstleistungen im herkömmlichen Sinn weniger als 1 Prozent aller Tätigkeiten in diesem Bereich aus. Shelp beschreibt die Entwicklung folgendermaßen:

> Während die Zahl derer, die persönliche Dienstleistungen erbrachten, zurückging, schuf die Industrialisierung eine ganze Bandbreite neuer Dienstleistungen. Einige waren das Ergebnis des neuen Wohlstandes: Immer mehr Menschen konnten sich mehr und bessere Leistungen im Gesundheits- und Bildungswesen, in Unterhaltung und Freizeit leisten. Andere Dienstleistungen waren für eine Steigerung der Produktivität der Produktion erforderlich — Großhandel, Datenverarbeitung, Finanzdienstleistungen, Nachrichtenübermittlung. Diese und ähnliche Dienstleistungen (Ingenieur- und Beratungsdienste, Einzelhandel und Versicherungswesen) wurden äußerst produktiv, als sie im Zuge der Entwicklung der modernen Technologien mit Computern, Satelliten und anderen schnellen Nachrichtenübermittlungssystemen sowie mit Systemanalyse zu arbeiten begannen.

Die Berufe im Dienstleistungsgewerbe kletterten somit vom unteren Ende der wirtschaftlichen Leiter hinauf an das obere Ende. Die Zunahme der Beschäftigung in Bereichen mit Dienstleistungscharakter hat in den entwickelten Ländern zu einem erheblichen Teil bei den freien Berufen, im Management und in der Verwaltung sowie in den Berufen stattgefunden, deren Aufgabe die Lösung von bestimmten Problemen ist. Bildung und Ausbildung wurden dabei in den Dienstleistungsberufen immer mehr zum Schlüsselwort.[6]

Dieser Wandel in den Merkmalen der Dienstleistungen führt dazu, daß eine ganze Reihe ziemlich unterschiedlicher Tätigkeiten unter dem Oberbegriff „Dienstleistungsgewerbe und verwandte Branchen" zusammengefaßt werden. Shelp unterteilt sie in fünf Typen und vertritt die Auffassung, daß diese jeweils als Reaktion auf bestimmte Entwicklungsstufen und parallele wirtschaftliche Gegebenheiten, welche die westliche Gesellschaft durchlaufen hat und viele Entwicklungsländer heute durchlaufen, entstanden sind.[7]

Unqualifizierte persönliche Dienstleistungen. Für Frauen die Hausarbeit, für Männer der Wehrdienst und für beide Geschlechter der Straßenhandel sind in traditionellen Gesellschaften die ältesten und wichtigsten Dienstleistungen. Im Laufe der historischen Entwicklung konnte die überzählige Bevölkerung dank solcher Tätigkeiten in das städtische Leben eingegliedert werden. Auch heute gibt es noch Tätigkeiten, die keine Ausbildung erfordern, allerdings auf ganz anderem Niveau. Haushaltshilfen, Straßenkehrer, Hausmeister und ähnliche Dienstleistungsberufe bestehen auch noch heute, aber derartige Leistungen werden oft schon von eigenen Dienstleistungsunternehmen angeboten. Außerdem setzen diese Unternehmen nicht nur die Muskelkraft ihrer Mitarbeiter, sondern moderne Technologien und Massenproduktionsverfahren ein, um diese Dienstleistungen besser bereitstellen zu können. Ob mit oder ohne Automatisierung: Man geht wohl kaum fehl in der Annahme, daß hinter der erbrachten Leistung ein wirksames Management steckt.

Qualifizierte persönliche Dienstleistungen. Mit steigender Produktivität erzeugen die Agrargesellschaften bald mehr, als zur Selbstversorgung erforderlich ist; Industrie und Handel entstehen. Damit eröffnen sich Möglichkeiten für gelernte Handwerker, Ladeninhaber, Groß- und Einzelhändler sowie Arbeitskräfte, die Instandsetzungs- und Wartungsarbeiten bzw. Bürotätigkeiten anbieten. Sie alle stellen nun ihre verschiedenen Dienstleistungen zur Verfügung. Ein komplexes Ämtersystem muß geschaffen werden, damit sowohl die Industrie als auch die aufblühende städtische Bevölkerung verwaltet werden können. Es handelt sich hier um die erste Entwicklungsstufe von Dienstleistungen im herkömmlichen Sinne. Auch diese Dienstleistungen sind heute fester Bestandteil unseres Alltags, aber ähnlich wie die unqualifizierten Dienstleistungen werden auch sie nunmehr organisiert und unternehmerisch geführt.

Dienstleistungen im gewerblichen Bereich. Mit zunehmender Wettbewerbsfähigkeit der Industrie entsteht ein Bedarf an Dienstleistungen, welche die wirtschaftliche Tätigkeit der Unternehmen unterstützen. Solche Dienstleistungen für die Industrie werden von Arbeitsgemeinschaften hochqualifizierter Fachleute angeboten. Im wesentlichen handelt es sich um Aufgaben, die von persönlichen Dienstleistenden nicht erfüllt werden können. Solche Dienstleistungen werden von Anwalts- und Wirtschaftsprüfbüros,

In dem von Levitt angesprochenen Rahmen ist Service eine andauernde Beziehung zwischen Käufer und Verkäufer, bei der es vorrangig darum geht, den Kunden auch nach dem Verkauf bei guter Laune zu halten. Dieses Verhältnis zielt nicht auf unbestimmte Imagegewinne ab, sondern dient lebenswichtigen wirtschaftlichen Zwecken. Das Käufer-Verkäufer-Verhältnis ist nicht einfach ein Akt des Vertrauens zwischen zwei Einzelpersonen, sondern das Versprechen eines andauernden Kontaktes zwischen zwei Wirtschaftseinheiten zum gegenseitigen Nutzen. Mit Levitts Worten:

Wir stehen an der Schwelle zu einem Zeitalter, in dem der Schwerpunkt auf Anlageninvestitionen liegen wird; das Verhältnis zwischen Käufer und Verkäufer wird durch andauernde, ständig im Wandel begriffene Kontakte gekennzeichnet sein, welche das Funktionieren der Systeme gewährleisten sollen. „Verkauft" wird nicht mehr nur ein System, sondern ein auf lange Zeit hin angelegtes System. Der Wert des Systems liegt dabei in den Vorteilen, die es insgesamt über einen längeren Zeitraum bietet.[9]

Bill Gove, ein mitreißender Redner, faßt das, worauf Levitt hinauswill, mit einfacheren Worten zusammen. Er erzählt folgende Geschichte über einen Geschäftsmann namens Harry, Inhaber eines kleinen Haushaltsgerätegeschäfts in Phoenix, Arizona:

In Harrys Geschäft kommen gewöhnlich junge Leute, die sich ihren ersten neuen Kühlschrank, ihre erste Waschmaschine mit Trockner oder eine Klimaanlage aussuchen wollen und dabei ganz besonders auf den Preis achten. Wenn die jungen Leute, mit Bleistift und Papier bewaffnet, den Laden betreten und sich genauestens nach Preisen, Eigenschaften und Modellen erkundigen, dann weiß Harry ziemlich genau, daß sie anschließend zu einem Discount-Haushaltsgerätegeschäft gleich um die Ecke ziehen werden, um die Preise zu vergleichen. Wenn Harry, nachdem er sich eine halbe Stunde einem solchen Paar gewidmet und geduldig alle Fragen beantwortet hat, behutsam zu einer Entscheidung drängt, lautet im allgemeinen die sehr bestimmte Antwort: „Wir wollen uns noch anderweitig umsehen." Harry nickt dann, geht ganz nahe an die jungen Leute heran und hält folgende kleine Rede:

„Ich verstehe sehr wohl, daß Sie sich nach dem günstigsten Angebot umschauen wollen. Ich weiß das zu schätzen, denn ich mache es genauso. Und ich weiß, daß Sie sich wahrscheinlich schnurstracks auf den Weg zu Discount Dan's machen und die Preise vergleichen werden.

Aber sobald Sie das getan haben, dann denken Sie bitte einmal über folgendes nach: Wenn Sie bei Discount Dan's kaufen, dann bekommen Sie ein Gerät. Ein gutes Gerät. Ich weiß das, denn er verkauft dieselben Marken wie wir. Wenn Sie dagegen Ihr Gerät bei mir kaufen, dann bekommen Sie etwas, was Ihnen Dan's nicht bieten kann: Sie bekommen mich. Ich gehöre zu Ihrem Kauf dazu. Ich stehe hinter dem, was ich verkaufe. Ich will, daß Sie mit dem, was Sie gekauft haben, zufrieden sind. Ich bin seit dreißig Jahren in diesem Geschäft. Ich habe mein Handwerk von meinem Vater gelernt und hoffe, daß meine Tochter und mein Schwiegersohn den Laden in einigen Jahren übernehmen. Einer Sache können Sie sich also sicher sein: Wenn Sie bei mir ein

Im Laufe der Jahre wurde über die Telefone bei P & G so manche Information gesammelt, die das Unternehmen veranlaßte, zahlreiche Extra-Serviceleistungen anzubieten. Aufgrund solcher direkter Kundenäußerungen liefert das Unternehmen nun zum Beispiel besondere Rezepte für Schokoladenplätzchen, die in hoch gelegenen Gebieten gebacken werden können. Es hat auch Anleitungen ausgearbeitet, wonach sich ein ganz gewöhnlicher Kuchen in eine Hochzeitstorte verwandeln läßt; weiterhin wurden Hinweise zum Auftauen von Downy-Weichspüler verfaßt, da dieser in kälteren Regionen leicht gefriert. G. Gibson Carey, Werbefachmann bei P & G, hat eine Erklärung für diese Service-Politik des Unternehmens, die sich vielleicht mit „Alles für den Kunden" beschreiben ließe. Sie sagt einiges sowohl über P & G als auch über Extra-Service im allgemeinen aus: „Darin liegt eine Menge genau erkanntes Eigeninteresse."

Das Management voll entwickelter Industriezweige wie Werkzeugmaschinen, Chemie, Gebrauchsgüter und Elektronik sowie die Anbieter vormals staatlich kontrollierter Dienstleistungsbranchen wie Banken, Nachrichtentechnik und Luftverkehr sehen sich heute Herausforderungen gegenüber, die sie dazu zwingen, die „Service-Dimension" ihrer Produkte zu überdenken. Die Hersteller traditioneller Güter kommen zu der Erkenntnis, daß die klassischen Strategien wie Preis, Qualität und besondere Merkmale, mit denen man sich bisher auf dem Markt von der Konkurrenz abzusetzen versuchte, nicht mehr ausreichen, um die Kunden zufriedenzustellen oder eine Fortsetzung der Geschäftsbeziehung zu gewährleisten.

Theodore Levitt vergleicht das Verhältnis zwischen Käufer und Verkäufer, so wie es sich heute gestaltet, mit einer Ehe. Etwas an jemanden zu verkaufen, so bemerkt er, war einmal nichts weiter als „ein einmaliges Ereignis, das sich zwischen zwei Personen abspielte"; heute trifft das mit Sicherheit nicht mehr zu. Der heutige Kunde, ob er nun Investitions- oder Konsumgüter kauft, erwartet vom Verkäufer wesentlich mehr als ein Verhalten à la „Nimm das Geld und verschwinde". Dazu Levitt:

> Wer (zum Beispiel) Maschinen kauft, geht nicht wie ein Flohmarktkunde nach Hause und probiert seine Neuerwerbung auf gut Glück aus. Er erwartet, daß die Maschinen installiert werden, er erwartet Anleitungen bei der Anwendung, Ersatzteile, Instandsetzungs- und Wartungsarbeiten, Umrüstungen und Erweiterungen sowie Forschung und Entwicklung beim Hersteller, damit die Produkte so lange wie möglich leistungsfähig und auf neuestem Stand und das Unternehmen wettbewerbsfähig bleiben können.
>
> Infolge der wachsenden wirtschaftlichen Verflechtung werden immer mehr Geschäfte über langfristige Beziehungen zwischen Verkäufern und Käufern abgewickelt. Es geht nicht darum, einen Kunden zu erobern und ihn dann festzuhalten. Es geht vielmehr darum, den Käufern zu geben, was sie wollen. Sie wollen Anbieter, die ihre Versprechen halten, sie weiterhin beliefern und hinter ihren Zusagen stehen. Die Zeit der Liebesaffären für eine Nacht ist vorbei. Eine Ehe [zwischen Käufer und Verkäufer] ist genauso notwendig wie zweckdienlich. Die Produkte sind zu kompliziert, immer neue Verhandlungen bringen zu viel Verwirrung und sind zu teuer. Unter diesen Umständen wird der Markterfolg zu einem langfristigen Verhältnis, aus dem es kein Entrinnen mehr gibt.[8]

Möglichkeiten, Grundbedürfnisse zu befriedigen, während die Grundbedürfnisse an sich nicht zunehmen. So wurde der Eisenbahn als Beförderungsmittel zuerst vom Auto und dann vom Flugzeug Konkurrenz gemacht. Das bedeutet, daß sich der Wettbewerb um das Geld von Reisenden und Befrachtern sowohl innerhalb eines Bereichs als auch zwischen verschiedenen Verkehrsträgern verschärft hat. Und *verstärkter Wettbewerb*, so Shelp, führt zu *verstärkter Nachfrage* nach Dienstleistungen, die wiederum Leistungssteigerungen nach sich zieht, welche die Grundlage effektiven Wettbewerbs sind. Auf jeder Entwicklungsstufe des Dienstleistungssektors läßt sich eine Verschärfung des Wettbewerbs zwischen den Anbietern von Dienstleistungen sowie die immer dringlichere Notwendigkeit, solche Dienstleistungen effektiv und effizient bereitzustellen, beobachten. Es wird auch immer deutlicher, daß eine Dienstleistung anders als eine Ware vermarktet werden muß.

Der Gedanke, daß Dienstleistungen Produkte ganz besonderer Art sind, die anders als Waren zu sehen und zu behandeln sind, ist andererseits nicht ganz neu. Im Juli 1984 wurde in einem Artikel in der Zeitschrift *Business Week* mit dem Titel „Service als Marketingvorteil" die Aufwertung des Kundendienstes von einer unangenehmen Last für das Unternehmen zu einer wichtigen Unternehmensstrategie begrüßt. Obwohl es in dem Beitrag vorrangig um den Aspekt des Extra-Service und nicht um Service als eigenständiges Produkt ging, hatte allein der Titel Auswirkungen, die, so meinen wir, noch lange in der Wirtschaft nachwirken werden.

Louis V. Gerstner, Jr., President von American Express, bezeichnet den Service als seine „stärkste strategische Waffe". Obwohl 1984 für Nachrichtennetze, Computer, Datenbanken, Gehälter und Schulungen mehr als 150 Millionen Dollar in die Service-Zentren von American Express gesteckt wurden, ist der Nutzen im Sinne einer Zufriedenheit des Kunden und der Informationsverbreitung auf dem Markt fast unmöglich zu beziffern. AmEx und andere Unternehmen, wie P & G, IBM, Sony, General Electric und Whirlpool kommen immer mehr zu der Erkenntnis, daß Service ein wirksames Mittel im Marketing ist. Diese Unternehmen entdecken, daß sie mit Hilfe aggressiver Service-Programme die Käuferstruktur ihres Marktes, Probleme mit neuen Produkten, Sorgen und Bedürfnisse der Kunden, die Lebenserwartung ihrer Produkte, die Fähigkeit der Käufer, Reparaturen selbst durchzuführen und das Potential geplanter neuer Produkte erforschen und verstehen können.

Bei Procter & Gamble hat die Kundendienstabteilung, die unter der Nummer 800 zu erreichen ist, nicht nur die Aufgabe, Probleme zu lösen und den Kunden Extra-Serviceleistungen zu bieten, sondern sie sammelt auch auf sehr wirksame Weise Informationen, die dazu beitragen können, den Kundendienst weiter zu verbessern. Während der sechziger Jahre stellte P & G zum Beispiel fest, daß die wöchentliche Wäschemenge eines durchschnittlichen Haushalts von 6,4 auf 7,6 Waschmaschinenfüllungen stieg. Gleichzeitig fiel die durchschnittliche Waschtemperatur um knapp 10 Grad. Nähere Untersuchungen ergaben, daß die Ursache dafür in der Vielzahl neuer Fasern, vor allem von Kunststoffen, lag, die sorgfältiger sortiert werden mußten. P & G zog daraus die Konsequenzen und schuf ein Waschmittel für alle Temperaturbereiche, ein Produkt also, das eigens entwickelt worden war, um wieder eines der sich ständig wandelnden Bedürfnisse der Verbraucher zu befriedigen.

Banken und Versicherungen, Immobilienmaklern und Handelsunternehmen angeboten. Diese Art von Dienstleistungen bezeichnete man herkömmlicherweise als die freien Berufe, und sie galten als Innovationen und Produktivitätssteigerungen wenig zugänglich. All dies ändert sich nun aber. Marketing und Management solcher „freiberuflichen Dienstleistungen", wie man sie heute nennt, werden zu brandaktuellen Themen. Wirtschaftsprüfung, Gesundheitsdienste und Franchising haben in der Tat die Dienstleistungen für die Industrie industrialisiert.

Verbraucherdienstleistungen. Mit zunehmendem Wohlstand in einer Gesellschaft wird frei verfügbare Kaufkraft geschaffen. Dadurch entsteht ein Sektor Verbraucherdienstleistungen, der sich die Vorteile der wachsenden Größenordnung zunutze machen und gleichzeitig eine wachsende Nachfrage nach besonderen Dienstleistungen seitens der Verbraucher befriedigen kann. Die wachsende Reiselust bewirkte so ein Wachstum bei Fluggesellschaften, Beherbergungsbetrieben und Autoverleihfirmen. Nachdem immer häufiger auswärts gegessen wird, und zwar sowohl in eleganten Restaurants als auch in Schnellgaststätten (durchschnittlich zwei Mahlzeiten pro Tag werden heute außer Haus eingenommen), hat sich ein äußerst vielfältiges Gastgewerbe entwickelt. Die Nachfrage nach Freizeit- und Unterhaltungsangeboten hat eine breite Basis für verschiedene Dienstleistungen geschaffen, von Filmen bis hin zum Profisport. Auch das erhebliche Wachstum im Gesundheitswesen und den verwandten Branchen, die sich der Erhaltung unseres Wohlbefindens widmen, läßt sich darauf zurückführen, daß ein immer höheres Einkommen frei verfügbar wurde.

High-Tech-Dienstleistungen für die gewerbliche Wirtschaft. Mit der Einführung von Mikrochips, Lasern, Satelliten, der Gentechnik und ähnlichen Entwicklungen bieten sich neue Möglichkeiten für erhebliche Fortschritte sowohl bei der Schaffung neuer als auch bei der Rationalisierung bereits bestehender Dienstleistungen. Die Automation der Fertigung, die Datenverarbeitung und auch die Hydrokultur sind Schöpfungen hochqualifizierter Fachleute, welche eine Nachfrage nach neuen, hochtechnisierten Dienstleistungen nach sich ziehen. Die Erfindung von Industrierobotern bedroht Arbeitsplätze am Fließband; gleichzeitig werden qualifizierte Robotertechniker gebraucht. Natürlich wird dabei nicht jeweils ein alter durch einen neuen Arbeitsplatz ersetzt. Nicht jeder Arbeitsplatz, der durch die Automation verlorengeht, wird mit einem gelernten oder Facharbeiter neu besetzt. Wahrscheinlich werden sämtliche Tätigkeiten, bei denen das möglich ist, bald von Robotern übernommen werden.

Eine weitere Gruppe von Dienstleistungsfachleuten, die ihre Existenz den neuen Technologien verdanken, sind Berater für die verschiedensten Wissensgebiete. Unternehmensberater, Forscher an Universitäten und Programmierer sind Beispiele für solche Dienstleistungsberufe. Die Leistungen, die all diese Spezialisten erbringen, sind in allen Einzelheiten organisiert, sind Teil eines strukturierten Ganzen und werden nach unternehmerischen Gesichtspunkten geplant. Wir haben es hier mit Dienstleistungen in ihrer lebendigsten und modernsten Form zu tun.

So betrachtet liegt es auf der Hand, daß in einer Gesellschaft, in der Technologisierung und Wohlstand wachsen, die Nachfrage nach Dienstleistungen die Nachfrage nach Waren übersteigt. Wenn immer mehr Zeit und Geld frei verfügbar sind und in das Wirtschaftsgeschehen einfließen, gibt es wahrscheinlich eine immer größere Auswahl an

Haushaltsgerät kaufen, dann bekommen Sie mich gleich mitgeliefert, und das bedeutet, daß ich mein Möglichstes tun werde, damit Sie niemals bedauern, bei mir Kunde geworden zu sein. Das garantiere ich." Daraufhin wünscht Harry dem Paar alles Gute und schenkt Ihnen als Dank für ihr Interesse eine Packung Eiscreme.

„Nun", fragt Gove seine Zuhörer, „wie weit, glauben Sie, wird das junge Paar kommen, mit Harrys Rede im Ohr und einer Packung Eiscreme in der Hand, in Phoenix, im August, bei 50 Grad im Schatten?"

Das ist bloß die Geschichte von einem Verkäufer, einem Verkäufer, der es besonders schlau anstellt und dann auch den Auftrag bekommt. Aber der springende Punkt ist dabei genau das, worum es auch Levitt ging. Heute ist das Käufer-Verkäufer-Verhältnis mehr als eine flüchtige Begegnung unter vier Augen. Das Produkt, das gekauft wird, ist nicht nur ein einzelner Gegenstand mit festgelegtem Eigenwert, für oder gegen den der Käufer sich entscheiden kann. Es ist vielmehr ein *Bündel* verschiedener Faktoren: das Produkt, der Verkäufer, das Unternehmen, welches er vertritt, der Ruf, den der Kundendienst des Anbieters hat, die Kundendienst-Techniker, der Käufer, das Unternehmen, das er vertritt, sowie das Image, das beide Unternehmen auf dem Markt haben.

Service ist auf einem so beschaffenen Markt ein ausschlaggebendes Unterscheidungsmerkmal, besonders wenn es gilt, unter Produkten zu wählen, die sich durch keinerlei andere, für den Kunden wichtigen Eigenschaften voneinander unterscheiden. Nehmen wir einmal an, Sie bieten Mikrocomputer an und behaupten, Ihr Mikrocomputer sei besser als der des Konkurrenten, weil Ihrer über einen 32-Bit-Mikroprozessor verfügt. Wenn der Kunde aber einen Computer nicht von einer Küchenmaschine unterscheiden kann und Sie ihm in keiner Weise zu erklären versuchen, warum eben das wichtig sein soll, dann sieht er keinen Grund, warum er bei Ihnen, und nicht bei der Konkurrenz kaufen sollte. Schlimmer noch, wenn Sie ihm sagen, daß Ihr Mikrocomputer einen 32-Bit-Mikroprozessor hat und daß überhaupt alle ordentlichen Mikrocomputer einen 32-Bit-Mikroprozessor haben, überzeugen Sie ihn lediglich davon, daß zwischen Ihrem Gerät und dem der Konkurrenz nicht der geringste Unterschied besteht. Nehmen wir andererseits an, Sie erklären dem Kunden, daß ein Techniker in weniger als zwei Stunden an Ort und Stelle sein kann, um eine eventuelle Störung zu beheben, während er den Computer des Konkurrenten verpacken und an das Werk zurückschicken müßte, und wenn Sie dann noch erwähnen, daß die Fabrik letzte Woche zugemacht hat, dann haben Sie eine ganze Menge über Ihren Computer gesagt, und was ihn von dem der Konkurrenz unterscheidet.

Service ist nicht *ein* Wettbewerbsvorteil, es ist *der* Wettbewerbsvorteil. Man kauft nicht nur Dinge, man kauft auch Erwartungen. Eine Erwartung besteht darin, daß das Produkt die Vorteile bringen soll, welche der Verkäufer versprochen hat. Ist das nicht der Fall, soll er dafür sorgen, daß er sein Versprechen wahrmacht. Wenn sich ein Unternehmen entscheidet, Fotokopiergeräte nicht bei Canon, sondern bei Xerox zu kaufen, stehen dahinter vielerlei Überlegungen. Eine ist die Tatsache, daß der Reparatur-Service, für den Xerox bekannt ist, als zuverlässig gilt. Wenn es dem Techniker, der die Maschinen instandsetzt, gelingt, dabei die Erwartungen des Käufers zu erfüllen, und wenn er dazu einen kompetenten und freundlichen Eindruck macht, wird das Verhältnis unter zwei weiteren Aspekten gefestigt. Sollte sich der Techniker als inkompetent erweisen oder sich bei der Erledigung seiner Arbeit den Angestellten des Kunden gegenüber unhöflich verhalten, wird das Verhältnis, obwohl sich die Bedingungen, die zu der anfänglichen Entscheidung geführt hatten, nicht verändert haben, möglicherweise nur von kurzer Dauer sein.

Gehen wir einmal der Frage nach, warum sich IBM-Personal-Computer so gut verkaufen, obwohl eine Vielzahl billigerer und doch ähnlicher Computer angeboten werden und obwohl IBM mehrere Konkurrenten auf dem Markt hat, besonders den Wang-Personal-Computer und den Apple-Macintosh, die anscheinend zum selben Preis so viele Funktionen mehr anbieten. Warum ist IBM im Bereich der *Groß*computer so erfolgreich, wo doch Unternehmen wie NCR Corporation, Amdahl und Tandem Großrechner anbieten, die als schneller, besser und zuverlässiger gelten und für die zudem die Wartung besser ist als bei IBM?

Um diese Frage zu beantworten, sollten wir uns noch einmal an das junge Paar in Harrys Haushaltsgerätegeschäft in Phoenix erinnern. Wenn es sich eine Klimaanlage leisten kann, wird es zu Harry zurückkehren und das Gerät dort kaufen. Wer bei Harry kauft, kauft vom Besten. Und wenn irgend etwas nicht funktioniert, kann man sich auf den guten alten Harry verlassen. Dasselbe gilt, wenn man bei IBM kauft: Man bekommt dann nicht nur einen Computer, sondern IBM noch dazu — ein für jede Kaufentscheidung äußerst bedeutsamer Aspekt. Wenn der Kunde kauft und der Computer nicht funktioniert, hat er ja keine Alternative: „Was hätten wir schließlich mehr tun können? Wir haben einen IBM genommen." IBM entwickelt das Produkt nicht nur, baut und liefert es; IBM ist das Produkt. Und das sagt IBM auch, und zwar so vernehmlich und oft wie möglich. Und die Botschaft kommt an.

Während an den meisten Business Schools Management und Unternehmensforschung noch immer im Sinne einer Methode unterrichtet werden, die treffender als „Industriemanagement" zu bezeichnen wäre, ändern sich die Verhältnisse heute. Der überwältigende Erfolg von Unternehmen wie McDonald's, Federal Express, ServiceMaster Industries und ARA Services — allesamt Firmen, deren Produkte fast ausschließlich Dienstleistungen sind — hat dazu geführt, daß Wissenschaftler, Unternehmer und eifrige Business-School-Absolventen das Dienstleistungsgewerbe auf einmal mit größerer Hochachtung sehen. Ohne ein fachlich hochqualifiziertes und bestens geschultes Management hätten diese Unternehmen, die bei Gewinnen und Wachstumsraten in den USA heute an der Spitze liegen, niemals das erreicht, was sie erreicht haben. Das Management solcher Unternehmen, die Führungsspitzen im Bereich der Finanzdienstleistungen, d.h. bei Firmen wie American Express, Citicorp, Phibro-Salomon, Allied Bancshares und Dun & Bradstreet und bei Einzelhandelsgeschäften wie Wal-Mart, Melville, Super Valu Stores, Southland, Lucky Stores und Dayton-Hudson beweisen, daß Service sowohl Big Business als auch eine Herausforderung an die anspruchsvollsten Geister im Management ist.[10]

Die Herausforderung des Service-Managements

Wirtschaftswissenschaft und Soziologie haben sich verschworen. Das Schlüsselwort des Geschäftslebens heißt heute Dienstleistungen. Jedes Unternehmen muß sich der Frage stellen, wie es seinen Kunden effektiven und effizienten Service bieten kann. Dieser Herausforderung entgeht keiner: Hersteller im warenproduzierenden Gewerbe und traditionelle Dienstleistungsbetriebe, Unternehmen mit erwerbswirtschaftlichen und solche mit gemeinnützigen Zielen, Unternehmen des privaten Sektors und staatliche Unternehmen, sie alle sind aufgefordert, effektiv und effizient die Wünsche des Kunden zu erfüllen, der Qualität und Service als Bestandteil jedes Kaufes fordert. Einige Unternehmen haben diese Anforderungen genau erkannt und haben sich darauf eingestellt. Für andere ist die Notwendigkeit, kundenzentriert und serviceorientiert zu handeln, eine unangenehme Überraschung. Aber diese Entwicklung darf nicht einfach ignoriert werden; es handelt sich nicht um eine vorübergehende Modeerscheinung, die plötzlich auch wieder verschwindet. Es ist der neue Maßstab, anhand dessen Kunden und Verbraucher die Leistung eines Unternehmens messen. Immer mehr Nachfrager entscheiden sich dafür, bei denen zu kaufen, die Service bieten, und rücken immer mehr von den Anbietern ab, die sich auf den bloßen Verkauf von Produkten beschränken.

Unternehmen, die sich für die achtziger und neunziger Jahre und darüber hinaus einen Wettbewerbsvorteil verschaffen wollen, müssen zwei neue Fähigkeiten entwickeln. Erstens müssen sie lernen, Service unter strategischen Gesichtspunkten zu sehen und in ihrer Vorstellung von einer zukünftigen Strategie den Service zu berücksichtigen und zum Schwerpunkt zu machen. Zweitens müssen sie lernen, und das ist vielleicht noch schwieriger, Service effektiv und effizient zu planen, zu entwickeln und anzubieten. Unserer Auffassung nach erfordern Produktion und Bereitstellung einer Dienstleistung, deren Planung und Durchführung, andere Fähigkeiten als Produktion und Lieferung einer Ware. Man muß sich dazu mit dem Gedanken vertraut gemacht haben, daß ein immaterielles Gut wirtschaftlichen Wert besitzen kann, und muß geistig gewandt genug sein, um sich *immaterielle* Resultate begrifflich vorzustellen. Man muß eine gewisse Toleranz für vage Verhältnisse, Verständnis für „Sowohl-als-auch"-Situationen aufbringen und geschickt damit fertig werden, daß man nicht jeden entscheidenden Prozeß unmittelbar unter Kontrolle hat; schließlich muß man ein feines Gespür dafür haben, daß ein Unternehmen genauso von seiner „Software" (d. h. von den Fähigkeiten der Menschen) wie von seiner „Hardware" (d. h. vom Ablauf der Fertigung) abhängt. Schließlich und endlich muß man in der Lage sein, mit plötzlichen und oft drastischen Veränderungen zurechtzukommen, vielleicht sogar, sich darüber zu freuen. Das einzige, was im Servicesektor konstant bleibt, ist der Wandel.

Nicht alle Menschen und Unternehmen sind dieser Herausforderung gewachsen. Einige fühlen sich dabei so wohl wie ein Fisch im Wasser. Andere wären durchaus in der Lage, die Kunst und Wissenschaft einer unternehmerisch gestalteten Dienstleistungsproduktion zu beherrschen. Es wird ihnen schließlich auch gelingen. Wir hoffen, daß die folgenden Kapitel, die Berichte darüber, wie andere sich dieser Herausforderung gestellt und sie gemeistert haben, und die Grundsätze, die wir aus ihrem Erfolg abgeleitet haben, es allen leichter machen werden, darin eine gewisse Meisterschaft zu erreichen.

2
Was wir von Skandinavien über Service lernen können

Wir haben da draußen jeden Tag 50.000 Augenblicke der Wahrheit.
Jan Carlzon, Generaldirektor von Scandinavian Airlines

Schweden als Vorreiter

Es ist interessant zu verfolgen, wie sich Ideen über die ganze Welt ausbreiten. Irgend etwas keimt irgendwo und wird, größtenteils durch die Zufälligkeiten menschlicher Begegnungen, irgendwo anders hin weitergetragen. Wie Samen, die im Fell von Tieren befördert werden, wandern Gedanken von Mensch zu Mensch und von Kultur zu Kultur. So bieten seit vielen Jahren die Handelswege die notwendige Infrastruktur für die Ausbreitung neuer Ideen auf dem Gebiet der Wirtschaft.

Einige Zukunftsforscher glauben, daß bestimmte Gebiete der Erde mehr als andere dazu neigen, Gedanken hervorzubringen, die für die Gesellschaft die größten Herausforderungen bedeuten. — Dies gälte vor allem für Skandinavien. Nach Marvin Cetron und Thomas O'Toole, Verfasser von *Encounters with the Future*, scheint insbesondere Schweden das Land zu sein, dem hier eine Vorreiterrolle zukommt. Ihrer Überzeugung nach „zeigten sich gesellschaftliche Veränderungen im 20. Jahrhundert meistens zuerst in Schweden, griffen daraufhin auf das übrige Skandinavien über und erreichten schließlich Amerika." Sie sind der Auffassung, daß der geistige Nährboden in Schweden, Dänemark und Norwegen gesellschaftlichen Neuerungen förderlicher ist als die Verhältnisse in den meisten anderen Ländern.

Diese Verallgemeinerung geht vielleicht etwas zu weit, aber ganz aus der Luft gegriffen ist die Theorie nicht. Schweden ist für viele das Land, in dem unorthodoxe Vorstellungen über sexuelle Beziehungen entstanden, wofür die vieldiskutierte „Ehe auf Probe" nur ein Beispiel ist. Bücher und Filme aus Schweden erregen gerne das Interesse der gebildeten Schicht in Amerika; die Vorstellungen, die sie vertreten, scheinen ihrer Zeit voraus zu sein. Einige Planer im Gesundheitswesen der Vereinigten Staaten sehen schwedische Krankenhäuser als Modelle der besten Einrichtungen in der staatlichen Gesundheitsversorgung — für andere sind es abschreckende Beispiele! Auch im Bereich der militärischen Planung geht Schweden neue Wege; so werden Kampfflugzeuge entwickelt, die, sofern erforderlich, auf Autobahnen landen können. Die schwedische Autoindustrie bemüht sich um echte technische Fortschritte und nicht nur um kosmetische Verbesserungen.

Möglicherweise messen die skandinavischen Länder sozialen Experimenten einfach größeren Wert bei als andere Nationen. Vielleicht nehmen wir auch nur an, daß dies so sei, und sehen, was wir erwarten. Auf jeden Fall ist es aufschlußreich zu beobachten, was dort im Dienstleistungsbereich geschieht. Bemühen sich die Skandinavier mehr als andere um die Qualität des Kundenservice? Achten sie bei der Entwicklung von kommerziellen Strukturen mehr als andere auf die Bedürfnisse der Menschen?

Um diese Frage beantworten zu können, sollten wir etwa in das Jahr 1980 zurückgehen. Wir werden versuchen, den skandinavischen Anfängen eines Dienstleistungsbegriffs auf die Spur zu kommen, der unserer Ansicht nach in der Wirtschaft, und zwar nicht nur in Amerika, sondern auf der ganzen Welt, ungeheure Bedeutung erlangen wird. Während wir in den USA eifrig damit beschäftigt waren zu diskutieren, wie nun die Erfordernisse einer Dienstleistungsgesellschaft zu bewältigen seien, machten sich die Skandinavier daran, dies zu tun.

Schon wieder eine neue Management-Theorie?

Sollten Sie zu den Leuten gehören, denen in den letzten Jahren die Slogans des japanischen Managements eingehämmert wurden, können wir Sie beruhigen. Was nun folgt, ist nicht die lautstarke Ankündigung eines neuen Patentrezepts zum Thema Management. Aber wir sind überzeugt, daß Schweden, Dänen und Norweger größte Anerkennung verdienen für das, was sie bei Planung, Entwicklung und Bereitstellung von Dienstleistungen erreicht haben. Die nun folgende Geschichte finden wir fesselnd. Sie birgt unserer Auffassung nach den Keim einer Idee, deren Zeit im Wirtschaftsgeschehen in Amerika und, so meinen wir, in den meisten westlichen Ländern gekommen ist.

Die SAS-Story

1981 hatte Scandinavian Airlines System — in der Branche als SAS bekannt — mit erheblichen Umsatzeinbußen zu kämpfen — wie übrigens alle anderen Fluggesellschaften auch. Die weltweite Rezession hatte für den Luftfahrtsektor verheerende Folgen gehabt, so daß die Luftfahrtgesellschaften an allen Ecken und Enden Verluste machten. SAS verzeichnete in diesem Jahr ein Minus von 8 Millionen Dollar.

Der multinationale SAS-Aufsichtsrat war verständlicherweise beunruhigt. Der Vorstandsvorsitzende trat zurück, und das Gremium bestimmte einen jungen Aufsteiger, Jan Carlzon, für diese Position. Carlzon, ein energischer, brillanter Mann von 39 Jahren, hatte bisher eine der Tochtergesellschaften des Konzerns geleitet. Er war stark marketingorientiert, was sich bei der bevorstehenden Neuorientierung als sein größter Trumpf erwies.

Während die meisten anderen Fluggesellschaften sich daranmachten, mit an Verzweiflung grenzender Entschlossenheit ihre Ausgaben zu kürzen, wählte Carlzon den genau entgegengesetzten Weg. Um SAS zurück auf Erfolgskurs zu bringen, ließ er sich auf ein Unternehmen ein, in dem es im wahrsten Sinn des Wortes um alles oder nichts ging, und seine Strategie revolutionierte die Haltung des Unternehmens seinen Kunden gegenüber.

Was folgte, war eine spektakuläre Kehrtwende, ein Manöver, durch das es SAS gelang, innerhalb von kaum mehr als einem Jahr von einem 8-Millionen-Dollar-Verlust auf einen *Bruttogewinn von 71 Millionen Dollar* zu kommen. SAS wurde zur „Fluggesellschaft des Jahres" gewählt und nahm für sich in Anspruch, die pünktlichste Fluggesellschaft in Europa zu sein. Das Unternehmen bemühte sich, ein Image als „Fluggesellschaft der Geschäftsleute" aufzubauen, was ihm auch rundum gelang.

All dies geschah innerhalb eines bemerkenswert kurzen Zeitraums, während dem die übrigen Fluggesellschaften zusammen Verluste von 1,7 Milliarden Dollar pro Jahr machten.

Das SAS-Erfolgsrezept

Natürlich wollten eine ganze Menge Leute wissen, wie es denn ausgerechnet Carlzon geschafft hatte, eben dieses Kaninchen aus dem Hut zu zaubern. Carlzon führte seinen Erfolg nicht auf konventionelle Taktiken wie Werbung, Preissenkung und Kostenreduzierung zurück. Seiner Ansicht nach verdankte SAS den Umschwung größtenteils der Wirkung einer verblüffend einfachen Marketing-Philosophie: *Sorgen Sie dafür, daß Sie wirklich das verkaufen, was der Kunde kaufen will.*

„SAS war", sagte Carlzon jedem Mitarbeiter des Unternehmens, der bereit war zuzuhören, „viel zu lange produktorientiert. Man war fast ausschließlich auf die technischen Aspekte des Fliegens konzentriert und hat sich nicht genügend um die Qualität dessen gekümmert, was der Kunde als persönliche Erfahrung mit nach Hause nimmt. Es ist Zeit, daß wir als Unternehmen unser Interesse verlagern. Es ist nicht unsere Aufgabe, Flugzeuge fliegen zu lassen, sondern die Transportbedürfnisse unserer Kunden zu befriedigen. Wenn uns das besser gelingt als den anderen Gesellschaften, dann bekommen wir die Aufträge. Gelingt es uns nicht, machen wir kein Geschäft, und wir verdienen es auch nicht."

Wenn er den meisten SAS-Managern und Angestellten beibringen könnte, so glaubte Carlzon, genau im Auge zu behalten, wie der Kunde während jeder der kritischen Phasen seines Kontaktes mit dem Unternehmen behandelt wurde, dann könnte SAS einen Eindruck von Servicequalität vermitteln, den der Kunde bewußt in Erinnerung behalten würde. Wenn es ihm gelänge, so Carlzon, das gesamte Unternehmen auf die „Mission Service" einzuschwören, dann würde der Kunde zwischen SAS und allen anderen Wahlmöglichkeiten einen erheblichen Unterschied erkennen. Das würde den Kunden auch in Zukunft zurückbringen und ein positives Image schaffen, das durch Mund-zu-Mund-Propaganda eine beachtliche Zahl an Aufträgen einbringen würde.

Um die modellhafte Verschiebung, die er vornehmen wollte, zu erläutern, zeichnete Carlzon ein Diagramm, das seine Manager schließlich als Bild ständig vor sich sahen. Es war ein einfaches Quadrat, dessen vier Ecken einen der vier Schwerpunkte in Carlzons neuem Programm markierten: Markt, Produkt, Bereitstellung des Produkts und Image.

Aus Carlzons Sicht war SAS zu einem „introvertierten" Unternehmen geworden, das völlig vergessen hatte, daß die Bedürfnisse des Kunden für den Erfolg von ausschlaggebender Bedeutung sind. Die Mitarbeiter mit Kundenkontakt neigten dazu, sich nur um ihre eigenen Aufgaben zu kümmern. Die Manager beschäftigten sich vorrangig mit routinemäßigen Führungsaufgaben, die Verwaltungsleute mit Formularen und Berichten. Die in einem solchen Unternehmen vorherrschende Haltung schien zu sein: „Wenn nur die Kunden verschwänden und mich in Frieden ließen, dann könnte ich meine Arbeit erledigen."

„Wer", fragte Carlzon, „kümmert sich eigentlich um die wirklichen Bedürfnisse des Kunden?" Seiner Ansicht nach war es an der Zeit, das Zentrum des Interesses vom Produktionsprozeß — dem System, nach dem das Produkt bereitgestellt wird — zum Markt zu verlagern. „Wir müssen darauf achten, was die Kunden uns durch ihr Verhalten signalisieren", betonte er. „Die Welt verändert sich, das Wirtschaftsleben verändert sich, und die Bedürfnisse unserer Kunden verändern sich. Nur wenn wir ein wirklich kundenorientiertes Unternehmen werden, können wir wachsen. Wir müssen ein praktikables Service-*Konzept* erarbeiten."

Carlzon behauptete, unermüdliches Interesse für die Motive des Kunden — d.h. den Marktbedarf — würde zwangsläufig zu Veränderungen im Grundkonzept und in den Strukturen von SAS führen. Dies würde bedeuten, daß die Art und Weise, in der die Leistungen erbracht werden, anders gestaltet werden müßte, so daß sie besser den persönlichen Prioritäten des Kunden gerecht würde. Wenn das der Fall wäre, so Carlzons Überlegungen, würde sich das Image des Unternehmens verbessern. Mit einem besseren Image würde sich auch sein Markterfolg verbessern, und dieser Prozeß würde sich dann aus eigener Kraft fortsetzen und verstärken.

Von seinen wichtigsten Spitzenkräften unterstützt, begann Carlzon sein Evangelium der Kundenorientierung nachdrücklich und unermüdlich auf allen Stufen des Unternehmens, bis hin zu den Mitarbeitern an vorderster Front, zu predigen. Hier nun läßt sich ein aufschlußreicher Gegensatz zwischen diesem Vorgehen der Skandinavier und der Art und Weise feststellen, wie ein solches Programm in den Vereinigten Staaten durchgeführt worden wäre. Charakteristischerweise würde man in Amerika, um eine neue Leitidee unter das „Fußvolk" zu bringen, die Vertreter des mittleren Managements und vielleicht auch die Gruppen- und Sachgebietsleiter auf Schulungskurse schicken und dann hoffen, daß die Botschaft durch alle Ränge hindurch sickert. (Was natürlich normalerweise nicht eintritt.)

Carlzon war der Ansicht, daß ein so neues Konzept eine radikale Umorientierung des Denkens und der Kräfte jedes einzelnen im Unternehmen erfordern würde; diese Ideen durch alle Stufen hindurch bis an die Basis zu verbreiten würde übermäßig lange dauern. Nicht, daß seine Manager nicht loyal, intelligent oder engagiert waren. Carlzon erkannte einfach, wie von Menschen geleitete Unternehmen wirklich beschaffen sind: Neue Gedanken setzen sich gewöhnlich nur langsam durch, und die Anpassung an neue Gedanken erfolgt meist im Schneckentempo. Vergessen wir nicht, daß wir es hier mit einem Unternehmen mit rund 20.000 Mitarbeitern in drei Ländern zu tun haben. Die Führungsmannschaft allein bestand aus etwa 120 Topmanagern, 1.750 mittleren Führungskräften und 3.000 Sachgebiets- und Gruppenleitern.

Da Carlzon nicht warten wollte, bis sich das neue Evangelium von selbst durchsetzte, beschloß er, die verschiedenen Führungsebenen zu überspringen und seine Botschaft direkt den an vorderster Front Arbeitenden zu bringen. Zur Durchführung dieser Aufgabe stellte er ein Team von Beratern und von ihm selbst ausgewählten Spitzenmanagern zusammen. Dann lancierten er und sein Team eine aggressive Kampagne, die darauf abzielte, die Denkweise von ungefähr 20.000 Menschen zu verändern.

Carlzon zog eine intensive Kampagne durch, um die Richtigkeit einer Philosophie zu beweisen, die er schlicht als „sichtbares Management" bezeichnete. Er und seine Spitzenleute machten sich die Verkündigung des Evangeliums zur persönlichen Aufgabe. Von allen Führungskräften wurde erwartet, daß sie einen erheblichen Teil ihrer Zeit darauf verwandten, das Wort weiterzutragen. Insbesondere wurden sie angewiesen, ihre persönliche Überzeugungskraft sowie die Autorität ihres Amtes dafür einzusetzen, die Aufmerksamkeit der Manager auf allen Ebenen für Carlzons neues Evangelium zu gewinnen.

Von allen beteiligten Topmanagern steckte wahrscheinlich Carlzon selbst am meisten Energie und harte Arbeit in diese Kampagne; überall, wo SAS vertreten war, besuchte er persönlich die Mitarbeiter an vorderster Front. In Schweden, Dänemark und Norwegen predigte er sein Evangelium des Service, der Kreativität und der Suche nach einem besseren Weg. Er organisierte Theateraufführungen und griff auf spektakuläre Methoden zurück, um das Wesentliche seiner Botschaft verständlich zu machen.

Carlzon und seine Mannschaft lieferten überzeugende Beweise ihres eigenen Engagements: Für *alle* 20.000 SAS-Mitarbeiter organisierten sie ein zweitägiges Schulungsprogramm, während dessen die Teilnehmer ihre Persönlichkeit entwickeln und mit frischem Schwung und neuer Begeisterung für die Ziele des Unternehmens erfüllt werden sollten. Einer der bekanntesten Veranstalter von Lehrgängen in Europa, Time Manager International, bekannt für seinen energiegeladenen, beflügelnden Stil, wurde zu diesem Zweck engagiert. Um die Bedeutung der Botschaft ständig zu verdeutlichen, wurde auch intern ein intensives Programm zum Thema Mitarbeiterkommunikation durchgeführt.

Damit soll nicht gesagt werden, daß die obere Führungsebene bei SAS übergangen oder nicht in den Prozeß einbezogen wurde. Man bemühte sich genauso intensiv wie auf den unteren Ebenen, den Managern die neuen Gedanken einzuhämmern. Vor dem Start der allgemeinen Schulungsphase hatte Carlzon ein dreiwöchiges intensives Seminar mit den 120 Topmanagern und 30 führenden Gewerkschaftsvertretern veranstaltet.[1] Diese Spitzenmanager und Gewerkschaftsvertreter besprachen die neue Vorgehensweise in aller Ausführlichkeit, machten sich Gedanken über die philosophischen und strategischen Fragen, die sich im Zusammenhang mit der praktischen Durchführung des Programms stellten, und diskutierten die Entwicklungen, die dadurch in verschiedenen Bereichen des Unternehmens notwendig wurden. Die Schulung des Mittelmanagements ging mehr oder weniger mit dem Training der unteren Ebenen Hand in Hand. In vielen Fällen nahmen die Sachgebiets- und Gruppenleiter gemeinsam mit ihren Mitarbeitern an Gruppenlehrgängen mit 100 oder mehr Personen teil.

Natürlich beschränkte sich SAS nicht darauf, seine Mitarbeiter zu schulen. In den Konferenzen auf Führungsebene entstand eine ganze Reihe von Projekten und Programmen, mit deren Hilfe SAS wieder auf Erfolgskurs gebracht werden sollte. Obwohl

Carlzon und sein Spitzenteam ihren Erfolg letztendlich nicht so sehr auf bestimmte unternehmerische Maßnahmen, als vielmehr auf eine neue Denkweise zurückführten, trugen diese Pläne erheblich dazu bei, in der Öffentlichkeit den Eindruck zu erwecken, bei SAS sei etwas Neues im Gange.

Um seine Pläne noch gezielter durchführen zu können, rief Carlzon einen internen Beraterstab ins Leben. Dessen Mitglieder sollten unmittelbar mit den Managern in sämtlichen Bereichen des Unternehmens zusammenarbeiten, um so nach Möglichkeiten zu suchen, Hindernisse zu überwinden und die einzelnen Projekte voranzutreiben.

Auch bei dieser Suche nach neuen Möglichkeiten, den Kundenservice zu verbessern, übernahm Carlzon eine eindeutige Führungsrolle. Eine seiner Lieblingsideen wurde intern unter der Bezeichnung Projekt BMA — Businessman's Airline — bekannt. Anstatt zu versuchen, allen alles zu sein und letztlich niemandem viel zu bieten, sollte SAS darauf abzielen, so entschied er, ein Merkmal herauszustellen, für welches das Unternehmen dann hauptsächlich bekannt sein würde. Am erfolgversprechendsten schien es ihm, den Anforderungen von Geschäftsreisenden, die regelmäßig tagsüber in Europa und Skandinavien unterwegs waren, gerecht zu werden.

SAS hatte bisher auf Linienflügen ein höchst widersinniges Tarifsystem praktiziert. Die Flugbranche ist ohnehin für ihre sonderbare, oft verwirrende Preisstruktur bekannt, aber SAS stellte mit ihrem Verfahren die meisten Gesellschaften noch in den Schatten. So kam es oft vor, daß ein Geschäftsmann, der für seinen Platz den vollen Preis bezahlt hatte, neben einem Studenten mit Rucksackgepäck saß, der natürlich wesentlich weniger bezahlt hatte. Wenn die beiden über die Preise ihrer Flugkarten ins Gespräch kamen, mußte sich der Manager ja wohl fragen: „Warum bezahle ich eigentlich mehr für mein Ticket, ohne mehr für mein Geld zu bekommen?" Die Marketingfachleute bei SAS stellten bald fest, daß das Unternehmen bei Geschäftsreisenden, die den Löwenanteil des Umsatzes ausmachten, erhebliche Imageeinbußen erlitten hatte.

Als Konsequenz daraus wurde der äußerst erfolgreiche Euroclass-Service eingerichtet. Selbst auf verhältnismäßig kurzen Strecken hatten Geschäftsreisende Anspruch auf etwas mehr Komfort und etwas besseren Service und hatten ihre Plätze in einem durch einen Vorhang abgetrennten Bereich des Passagierraums. Dieser Ausgleich in der Flugpreisstruktur und dem Serviceniveau trug erheblich zu einer Verbesserung des Image bei, dessen sich SAS bei Geschäftsreisenden erfreute.

Eine weitere wichtige, von Jan Carlzon geschickt gesteuerte Veränderung war das Programm „Pünktlicher Start". Um bei Geschäftsreisenden Punkte zu sammeln, beschloß er, SAS zur pünktlichsten Fluggesellschaft in Europa zu machen. „Können wir innerhalb von sechs Monaten völlig neue Flugpläne fertig haben?" fragte er die zuständigen Manager. „Wenn ja, wieviel wird das Ihrer Ansicht nach kosten?" Diese Aufgabe bedeutete für einige der Mitarbeiter in Schlüsselpositionen eine Herausforderung; sie setzten ihre ganze Phantasie ein, und der Gedanke wurde zu einer Art Parole für alle.

Ursprünglich schätzte man die Kosten des Programms, für das sechs Monate veranschlagt wurden, auf etwa 8 Millionen schwedische Kronen, etwa 1 Million Dollar. Das Projekt stieß jedoch in so vielen Bereichen auf so große Zustimmung, daß es SAS gelang, mit einem Aufwand von etwa 1 Million Kronen, umgerechnet ungefähr 125.000 Dollar, innerhalb von nur drei Monaten die pünktlichste Fluglinie in Europa zu werden.

Auch hier war es Carlzons ständiger Einfluß, der diesen Anstrengungen immer neuen Schwung gab. Es wird erzählt, er habe in seinem Büro einen Monitor aufstellen lassen, auf dem er die Daten sämtlicher SAS-Flüge ablesen konnte. So kam es nicht selten vor, daß ein SAS-Pilot an seinem Zielflughafen landete und sogleich den Auftrag erhielt: „Bitte rufen Sie Herrn Carlzon an." Wenn der Pilot dann die Nummer gewählt hatte, sagte Carlzon: „Ich wollte nur wissen, warum Ihr Flugzeug zu spät gestartet ist." Vielleicht gab es einen plausiblen Grund, eine Ursache, die sich menschlichem Einfluß entzog; jedenfalls erreichte Carlzon damit, daß die Mitarbeiter auf allen Ebenen ständig unter Druck standen. Es war wohl für kaum einen SAS-Piloten ein angenehmer Gedanke, dem Chef des Unternehmens erklären zu müssen, warum er die Kunden nicht zur flugplanmäßigen Zeit in die Luft gebracht hatte.

Ein geschickt durchgeführtes, internes Sparprogramm trug außerdem dazu bei, einen Teil der Kosten dieser kühnen Neuerungen zu decken. Anstatt in der üblichen Form sämtliche Abteilungen anzuweisen, das Budget überall um einen bestimmten Prozentsatz zu kürzen, forderte das für die Durchführung des gesamten Projekts zuständige Team alle Mitarbeiter auf, ihre Phantasie walten zu lassen und überall nach Möglichkeiten zu suchen, mit weniger mehr zu erreichen. Alles in allem steckte das SAS-Management über 250 Millionen schwedische Kronen, umgerechnet mehr als 30 Millionen Dollar, in diese Kampagne, welche die Geschäftsmethoden des Unternehmens völlig umkrempeln sollte. Trotz dieses ungeheuren Aufwandes gelang es SAS, das Steuer radikal herumzureißen und in die Gewinnzone zu kommen, während die Konkurrenz weiterhin Verluste verbuchte.

Nach dem Leiter des internen SAS-Management-Beratungsteams, Olle Stiwenius, war Jan Carlzon eindeutig der führende Kopf der großen Kehrtwende. „Er bekam von vielen begabten Mitarbeitern eine Menge Unterstützung, aber die Grundvorstellung, nach der alles ins Rollen kam, und die Energie, um das Projekt bis zum Ende durchzuführen, stammten von ihm selbst." Wie Stiwenius und andere ihn beschreiben, hatte Carlzon zwei entscheidende Eigenschaften, die ihn unter den gegebenden Umständen zum richtigen Mann machten: Er war kreativ und hatte die Fähigkeit, anderen seine Erwartungen klar und eindringlich zu vermitteln. Er schaffte es, im SAS-Topmanagement eine neue Auffassung von der Bestimmung des Unternehmens zu verankern; und so entdeckten die Manager neue Möglichkeiten und entwickelten eine neue Sehweise, die über ihre bisherige Vorstellung von der Branche weit hinausgingen.

Die Lehren des Vorsitzenden Jan

Obwohl Carlzons gezielte, auf einen totalen Kurswechsel ausgerichtete Strategie auf erhebliches Interesse stieß, verstanden nur wenige sofort, was das, was SAS unter seiner Führung erreicht hatte, wirklich bedeutete. So erkannte ein flüchtiger Beobachter nicht, daß Carlzon weitgehend intuitiv einen einzigartigen methodischen Ansatz für die Führung des Unternehmens entwickelt hatte. Dieses Vorgehen zeichnete sich dadurch aus, daß man geradezu von dem Gedanken besessen war, die Erfahrung des Kunden in allen Phasen des Servicezyklus zu „managen". Mit diesem verbissenen Engagement als Ausgangspunkt bestand die Aufgabe darin, ein Maximum an Mitarbeitern dazu zu bringen, ihre Tätigkeit richtig auszurichten und zu erkennen, worin Carlzons Vision von der Rolle des Unternehmens auf dem Markt bestand.

Viele Management-Theoretiker in Schweden, ja, in ganz Skandinavien, begannen nun, sich näher mit dieser neuen Philosophie der Unternehmensführung zu befassen. Als vor Ideen nur so sprühende Persönlichkeit war Carlzon selten um Worte verlegen, und viele seiner Aussprüche vermitteln eine sehr gute Vorstellung davon, wie er selbst die Leitung eines Dienstleistungsunternehmens sah.

Eines seiner geflügelten Worte, das viele SAS-Mitarbeiter fesselte, lautete: „Nichts ist so mies und nutzlos wie ein unbesetzer Platz im Flugzeug." Ein noch vielsagenderer Ausspruch, der allmählich in den Sprachschatz der Manager in ganz Europa eingeht, war folgender: „Wir haben da draußen jeden Tag 50.000 Augenblicke der Wahrheit." Ein Moment der Wahrheit ist nach Carlzons Definition ein Ereignis, durch das ein Kunde mit irgendeinem Aspekt des Unternehmens, so bedeutungslos dieser auch erscheinen mag, in Berührung kommt und dadurch Gelegenheit erhält, sich ein Bild zu machen.

Betrachtet man die Dinge so, bestehen das Problem und die Herausforderung darin, daß sich die meisten Augenblicke der Wahrheit weit außerhalb des Blickfeldes des Managements ereignen. Da die Manager auf die Qualität so vieler Augenblicke der Wahrheit nicht direkt vor Ort einwirken können, müssen sie lernen, sie indirekt zu gestalten, indem sie ein am Interesse des Kunden ausgerichtetes Unternehmen, ein kundenfreundliches System und ein Arbeitsumfeld schaffen, in dem das Bewußtsein, daß der Kunde ganz vorne rangiert, fest verwurzelt ist.

Service-Management: Die Entstehung einer Theorie

Management-Fachleute unterschiedlichster Richtungen in Schweden, ja, in ganz Skandinavien, hörten von Carlzons Abenteuer. Carlzon war von nun an eine Persönlichkeit, die immer im Rampenlicht stand und oft Schlagzeilen machte. Schließlich war er der führende Kopf bei einer der dramatischsten Kehrtwendungen, die je ein Unternehmen in Skandinavien und sogar in Europa vollzogen hatte. Als die verschiedenen Management-Theoretiker begannen, Carlzons Methode zu analysieren, erkannten sie die Elemente eines Modells. Dieser neue methodische Ansatz im Management von Dienstleistungsunternehmen wurde immer bekannter, und eine neue Management-Theorie entstand: *Service-Management*.

Bald standen die Vertreter anderer Dienstleistungsunternehmen bei SAS Schlange: „Wie haben Sie das geschafft?" wollten sie wissen. „Was sind die Grundbestandteile des Service-Managements, und wie lassen sich diese Prinzipien in unserer Branche anwenden?" Bücher, Artikel, Magister- und Doktorarbeiten erschienen. Service-Management war die neue Modewelle in Skandinavien. Der Begriff *Service-Management* und das Konzept, das es beinhaltete, erlangten so große Beliebtheit, daß die skandinavischen Management-Schulen im Rahmen betriebswirtschaftlicher Studiengänge eine Spezialisierung in Service-Management anboten. Service-Management wurde zum bevorzugten Thema für Top- und Mittelmanagement-Seminare.

Natürlich wird SAS nicht in alle Zukunft so spektakuläre Erfolge verzeichnen. Wir wissen genau, daß der Erfolg, den ein Unternehmen heute hat, keine Garantie für morgen bedeutet. Es gibt keine Dauerlösung für das Problem hervorragender Serviceleistung, und was heute funktioniert, erweist sich vielleicht nächstes Jahr als Fehlschlag. Peter Drucker drückt es so aus: „Die Zeit hat es so an sich, daß sie Ihre Aktiva in Passiva verwandelt." Die Bemühung um den Service muß ein Prozeß sein, der sich ständig selbst erneuert. Es wird interessant sein zu beobachten, wie gut SAS ihre Position im Lauf der Jahre hält.

Wie sich die Theorie des Service-Managements ausbreitet

Wir entdeckten das Service-Management Ende 1983 und beschlossen, seine Methoden in unserer eigenen Arbeit zu verwenden. Karl Albrecht hielt sich damals in Kopenhagen auf, wo er mit einer äußerst ideenreichen Gruppe dänischer Ausbildungsberater namens Connector International arbeitete. Sie erzählten ihm die SAS-Story und berichteten, daß die Service-Management-Theorie in Skandinavien rasch neue Anhänger gewann. Albrecht hatte von diesem Konzept, das seines Wissens nach in Amerika noch nicht bekannt war, selbst noch nichts gehört. Anschließende Gespräche mit anderen Management-Theoretikern in Großbritannien und auf dem europäischen Kontinent bestätigten, daß auch sie darüber nichts wußten.

Nach der Rückkehr Albrechts in die Vereinigten Staaten gingen wir gemeinsam den Möglichkeiten nach, die Grundsätze des Service-Managements in unserer eigenen Beratertätigkeit anzuwenden. Nach vielen Diskussionen und weiteren gründlichen Untersuchungen kamen wir zu dem Schluß, daß die Geschichte des Service-Managements durchaus erzählenswert ist. Und so beschlossen wir, dieses Buch zu schreiben.

Die Tatsache, daß das Service-Management, so wie wir es kennenlernten, seinen Ursprung in Skandinavien hat, ist nicht der wesentliche Teil der Geschichte. Was zählt, ist, daß die Unternehmer im Dienstleistungssektor dringend ein Modell brauchen, nach dem sie über Service nachdenken können: Die gegenwärtige Entwicklung erfordert dies. Deshalb sind wir überzeugt, daß die Zeit reif ist für ein Konzept wie das des Service-Managements — oder wie immer man es bezeichnen mag.

Einige Skandinavier scheinen der Auffassung zu sein, daß das Konzept des Service-Managements seinen Ursprung keineswegs in Skandinavien hat. Ende 1984 kam Karl Albrecht auf einem SAS-Flug von London nach Stockholm, wo er einen Teil seiner Nachforschungen für dieses Buch zu Ende führen wollte, mit einem schwedischen Geschäftsmann, der neben ihm saß, ins Gespräch: „Oh ja", sagte dieser lächelnd, „wir haben alle von Service-Management gehört. Aber warum kommen Sie nach Skandinavien, um mehr über diese Methode zu erfahren? Ich dachte, es habe alles mit Peter Drucker angefangen." Wie klein doch die Welt ist!

Wir sollten in diesem Zusammenhang aber nicht vergessen, daß skandinavische Unternehmen kein Monopol haben, was hervorragenden Service anbelangt. Verschiedene amerikanische Firmen haben sich mit überragendem Service und größter Kundenfreundlichkeit einen Namen gemacht. Das Beispiel IBM drängt sich hier auf. Seit Jahren wird den IBM-Managern auf allen Ebenen von verschiedener Seite das Evangelium der Kundennähe gepredigt. Die Marriott-Hotelkette hat ungeheure Summen dafür aufgewandt, ein Image für guten Service zu schaffen, was ihr auch weitgehend gelungen ist. Mit dem vielsagenden Motto „Qualität, Service, Sauberkeit und Preisgünstigkeit" hat die Schnellrestaurant-Kette McDonald's ein Service-Niveau erreicht, das zum Maßstab für die gesamte Fast-Food-Branche geworden ist. Walt Disney, der Mann, der den Vergnügungspark eigentlich erfunden hat, gründete ein Unternehmen, in dem der Dienst am Kunden als etwas so Selbstverständliches galt, daß die Fachleute Disneys Angestellten- und Management-Schulungskurse bis ins letzte Detail analysierten, als ob sich dahinter irgendwelche Zauberformeln verbärgen.

All diese Firmen haben wenigstens eines gemeinsam: ein deutlich erkennbares *Servicemodell*. In allen Fällen hat die Unternehmensleitung klar und eingänglich definiert, was unter hervorragendem Service zu verstehen sei. Wir haben hier den unabdingbaren ersten Schritt. Die einzelnen Unternehmen haben dann jeweils auf ihre ganz eigene Art und Weise begonnen, ihre Servicestrategie in die Praxis umzusetzen, aber sie alle stützen ihre Tätigkeit auf eine eindeutig festgelegte Strategie.

Service-Management ist mit Sicherheit in all den Branchen, die immaterielle Güter anbieten, sehr sinnvoll. Dasselbe gilt aber auch für Sektoren, in denen die Produkte kaum voneinander zu unterscheiden sind. Als Beispiele bieten sich hier Fluggesellschaften, Banken und Bausparkassen, Hotels, Restaurants, Freizeit- und Ferienorte, Vergnügungsparks, Krankenhäuser, öffentliche Versorgungsunternehmen, Finanzmanagementfirmen, Bildungseinrichtungen und Behörden an. Selbst Unternehmen, die eindeutig als Sachgüter zu definierende Produkte herstellen, können sich bestimmte Elemente des Service-Managements zunutze machen.

Als wir unsere Recherchen für das vorliegende Buch aufnahmen, entdeckten wir die ersten eindeutigen Beweise dafür, daß sich das Service-Management als formales Konzept über Skandinavien hinaus in Europa verbreitete. Ein sehr auffälliges Beispiel hierzu ist das Customer-First-Programm von British Airways, auf das wir in einem späteren Kapitel näher eingehen werden. Die Briten machten sich das eine oder andere Element der SAS-Strategie zu eigen, entwickelten es aber auf ihre ganz eigene Art.

Das British-Airways-Programm war von Anfang an so erfolgreich, daß es in Großbritannien erhebliches Aufsehen erregte. In mancher Hinsicht hat BA SAS in der praktischen Durchführung vielleicht sogar übertrumpft. Auch andere Unternehmen in Großbritannien und auf dem europäischen Kontinent gehen jetzt dazu über, die neue Service-Philosophie anzuwenden und sie an ihre eigenen Bedürfnisse anzupassen.

In diesem Buch geht es nicht um schwedisches, dänisches, norwegisches oder auch skandinavisches Management. Es geht um *Service-Management*. Wir erkennen an, daß die Idee in Skandinavien entstanden ist, und danken unseren dortigen Kollegen herzlich dafür, daß sie uns auf die richtige Spur für die Ausarbeitung eines umfassenden Konzepts gebracht haben. Aber der Gedanke eines kundenorientierten Unternehmens ist ein grenzüberschreitender Gedanke. Wir brauchen nicht die kulturellen Glanzleistungen einer weit entfernten Gesellschaft zu importieren. Die Aufgabe der in der Unternehmenspraxis Tätigen in allen Ländern besteht darin, auf einer lohnenden Idee aufzubauen und sie sich zu eigen zu machen.

Unserer Überzeugung nach ist Service-Management ein *transformationales Konzept*. Es ist eine Philosophie, ein Denkprozeß, ein Komplex von Werten und Haltungen und — früher oder später — ein Komplex von Methoden. Um ein ganzes Unternehmen in eine kundenorientierte Wirtschaftseinheit zu verwandeln, sind Zeit, Mittel, Planung, Phantasie und größter Einsatz seitens des Managements erforderlich. Der Prozeß ist vom Ansatz her einfach, bedeutet aber aufgrund des geschlossenen Widerstandes, den die meisten Unternehmen jeglicher Veränderung entgegensetzen, fast immer ein ungeheures Unterfangen.

3
Das Service-Dreieck

Wenn die Augenblicke der Wahrheit unkontrolliert verstreichen,
verkümmert die Servicequalität zur Mittelmäßigkeit.
Karl Albrecht / Ron Zemke

50.000 Augenblicke der Wahrheit

Die Metapher vom *Augenblick der Wahrheit* ist ein sehr wirkungsvolles Mittel, das die im Dienstleistungssektor Tätigen veranlassen kann, ihre Einstellung zu ändern und sich Gedanken über die Erfahrungen des Kunden zu machen. Der schon zitierte Ausspruch von SAS-Direktor Jan Carlzon, „Wir haben hier draußen jeden Tag 50.000 Augenblicke der Wahrheit", trifft genau ins Schwarze. Dazu ein Beispiel.

Einer unserer Freunde war während eines längeren Urlaubs allein in Japan unterwegs. Mit den paar Brocken Japanisch, die er beherrschte, erkundigte er sich, welchen Zug er von Sapporo, wo er sich im Augenblick aufhielt, nach Tokio nehmen sollte. Der Mann am Schalter schrieb ihm sämtliche Angaben auf: Abfahrtszeiten, Zug- und Gleisnummern. Er machte sich sogar die Mühe, es sowohl auf Englisch als auch auf Japanisch zu notieren, sollte sich unser Freund verirren und später den Zettel einem anderen Japaner zeigen müssen.

Dies war ein Augenblick der Wahrheit, einer von vielen, die sich an jenem Tag ereigneten. Unser Freund hatte in diesem Moment Gelegenheit, sich ein Bild von der Eisenbahngesellschaft, oder zumindest von dem einen Angestellten zu machen. Er mag sich dabei gedacht haben: „Es war eine positive Erfahrung. Jemand machte sich wirklich die Mühe, einem zu helfen."

Aber die Geschichte geht sogar noch etwas weiter. Erfreut und zufrieden bedankte sich unser Freund bei dem Auskunftsbeamten und ging hinunter zum Warteraum, wo er sich bis zur Abfahrt des Zuges aufhalten konnte. Eine halbe Stunde später sah er, wie der Bahnangestellte aufgeregt in dem überfüllten Warteraum herumlief. Offensichtlich suchte er ihn. Als er unseren Freund endlich gefunden hatte, bat er ihn gestikulierend, ihm den Zettel zurückzugeben. Er schrieb etwas auf das Blatt, gab es zurück, verbeugte sich rasch und eilte zu seinem Schalter zurück: Er hatte eine schnellere und bequemere Verbindung ausfindig gemacht und war zurückgekommen, um seine Auskunft richtigzustellen!

Service-Management bedeutet, dafür zu sorgen, daß so viele Augenblicke der Wahrheit wie möglich positiv verlaufen. Donald Porter, Leiter der Kundendienst-Qualitätssicherung bei British Airways, stellt es so dar:

> Wenn Sie im Servicebereich beschäftigt sind und an Ihrer Stelle in der Erfahrungskette des Kunden etwas falsch machen, löschen Sie höchstwahrscheinlich bei diesem Kunden sämtliche Erinnerungen an gute Behandlung aus, die er vielleicht bisher erfahren hat. Wenn Sie es aber richtig anfangen, haben Sie die Möglichkeit, alles Negative wiedergutzumachen, das der Kunde vielleicht erlebt hat, bevor er mit Ihnen in Kontakt kam. *Sie* sind der eigentliche Augenblick der Wahrheit.

Jeder von uns hat viele ganz persönliche Erinnerungen an die Augenblicke der Wahrheit, die er in seinem Leben erfahren hat. Es hat scheußliche Momente gegeben, in denen man fast meinen konnte, die Menschen oder Systeme oder beides setzten alles daran, um es einem möglichst schwer zu machen. Es hat aber auch großartige Momente gegeben, in denen wir das Gefühl hatten, man schätze uns, kümmere sich um uns, wir bedeuteten anderen etwas und seien wirklich wichtig.

Von Ihrem Standpunkt als Kunde oder Empfänger der Dienstleistung aus erleben Sie den Augenblick der Wahrheit als etwas *äußerst Persönliches*. Sie denken: „Hier stehe *ich*, nicht irgend ein gesichtsloses, unbedeutendes Objekt. Ich bin eine Person. Ich spiele eine wichtige Rolle in dieser Situation, und ich möchte wirklich angemessen behandelt werden." Die meisten von uns sind bereit, Fehlfunktionen des „Systems" auch in absurden Ausmaßen zu verzeihen, solange jemand da ist, der unsere persönlichen Bedürfnisse erkennt und sich bemüht, die Dinge in Ordnung zu bringen. Die Erkenntnis, daß es darauf ankommt, die Augenblicke der Wahrheit unter Kontrolle zu haben, ist die Essenz des Service-Managements.

Gute Zeugnisnoten von den Kunden

Jedesmal, wenn ein Dienstleistungsunternehmen für einen Kunden eine Leistung erbringt, bewertet dieser Kunde, wenn auch vielleicht nur unbewußt, die Qualität dieser Leistung. Aus der Gesamtsumme der Bewertungen durch diesen Kunden und sämtlicher Urteile aller Kunden entsteht das Image des Unternehmens im Hinblick auf seine Servicequalität.

Man kann sich vorstellen, daß der Kunde im Kopf eine Art Notenliste herumträgt; sie ist die Grundlage einer Bewertungsskala, anhand derer der Kunde entscheidet, ob er diesen Service wieder in Anspruch nehmen wird oder anderswo hingeht. Wie wir später noch sehen werden, ist es von ausschlaggebender Bedeutung, so viel wie nur irgend möglich über dieses überaus wichtige, aber unsichtbare Zeugnis herauszufinden. Nur wenn wir wissen, welche Bewertungskriterien unsere Kunden anwenden, wenn sie über unser Unternehmen und über das, was wir anbieten, nachdenken, können wir von ihnen gute Zeugnisnoten bekommen.

Das Prinzip der Regression zur Mittelmäßigkeit

Warum sind die Züge *nicht* pünktlich? Warum ist der Neuanschluß eines Telefons mitunter ein kleines Abenteuer? Warum halten so viele den Begriff „Dienstleistung der Post" für einen Widerspruch in sich? Warum behauptete C. Northcote Parkinson, der Urheber des berühmten Parkinsonschen Gesetzes: „Wenn es irgendeine Tätigkeit gibt, die ein im öffentlichen Dienst Beschäftigter haßt, dann ist es der Dienst an der Öffentlichkeit."? Warum hat T.C. Mits (der gefeierte Mann auf der Straße) so wenig Sinn für die Qualität von Dienstleistungen? Warum gelten hervorragende Serviceleistungen als etwas so Seltenes, wo doch Gedeih bzw. Verderb vieler Unternehmen von ihrer Fähigkeit abhängt, die Bedürfnisse des Kunden zu erfüllen? Unserer Ansicht nach gibt es auf diese und ähnliche Fragen sinnvolle Antworten — Antworten, die Lösungsmöglichkeiten beinhalten.

Donald Porter von British Airways erzählt dazu folgende Geschichte, welche die Antwort auf die Frage, warum die Servicequalität oft so schlecht ist, bereits erahnen läßt. „Als wir unsere Customer First-Kampagne starteten", berichtet Porter, „wollten wir zunächst feststellen, wo wir damals auf unserem Markt standen. Wie beurteilten uns die Kunden, wie schnitten wir im Vergleich zu anderen Fluggesellschaften ab? Wir versuchten, dies durch eine Marktstudie herauszufinden.

Die Untersuchung sollte zwei Fragen beantworten: Erstens, welche Faktoren sind für den Fluggast wirklich von Bedeutung? Und zweitens, wie schneidet British Airways im Hinblick auf diese Faktoren im Vergleich zu den anderen Fluggesellschaften ab?

Nachdem wir eine ausgedehnte Befragung durchgeführt und umfangreiches Zahlenmaterial analysiert hatten, stießen wir auf einige sehr interessante Tatsachen. Unter all den Aussagen, welche die von uns befragten Fluggäste gemacht hatten, erwiesen sich vier Faktoren als besonders wichtig, ja als ausschlaggebend. Was uns allerdings etwas aus der Fassung brachte, war die Tatsache, daß zwei dieser vier Faktoren ziemlich überrschend waren; wir hatten sie vorher eigentlich nicht bewußt berücksichtigt."

Nach den Ergebnissen der BA-Umfrage, so Porter, sprachen die Kunden im Verlauf der gesamten Erfahrungskette vor allem auf vier Faktoren an:

1. Persönliches Interesse und Betreuung — „Das war uns bekannt."
2. Spontaneität — „Darüber hatten wir uns nie besondere Gedanken gemacht."
3. Lösung von Problemen — „Dessen waren wir uns bewußt."
4. Wiedergutmachung — „Das hatten wir überhaupt noch nicht in Betracht gezogen."

„Persönliches Interesse und Betreuung"', so Porter, „sind meiner Ansicht nach ziemlich offensichtliche Punkte. Es überraschte uns nicht, daß sie sich als Schlüsselfaktoren herausstellten, obwohl wir wohl zugeben müssen, daß wir in dieser Hinsicht nicht immer besonders gute Leistungen vorzuweisen hatten.

Der Begriff ‚Spontaneität' gab uns zu denken. Die Kunden sagten: ‚Wir wollen wissen, daß Ihre Mitarbeiter, mit denen wir zu tun haben, auch selbständig denken und handeln dürfen. Wenn irgendwo ein unvorhergesehenes Problem auftaucht, haben dann die Serviceleute einen gewissen Entscheidungsspielraum, können sie die Sache für den Kunden erledigen? Oder zucken sie einfach die Achseln und sehen zu, daß sie den Kunden loswerden?

Auch der Punkt ‚Lösung von Problemen' war unserer Meinung nach ziemlich einleuchtend. Unsere Leute sollten in der Lage sein, sich in verworrenen und schwierigen Flugplänen zurechtzufinden, mit komplizierter Logistik fertigzuwerden und, allgemein gesagt, dafür zu sorgen, daß die Kunden ihre Reise problemlos antreten können.

Der vierte Faktor brachte uns völlig aus der Fassung. Wir hatten daran wirklich nie konkret gedacht. Wir prägten den Begriff ‚Wiedergutmachung', um ein Anliegen zu beschreiben, das Kunden sehr häufig vorbrachten: Wenn irgend etwas, wie so oft, schiefgeht, wird irgend jemand besondere Anstrengungen unternehmen, um die Dinge wieder in Ordnung zu bringen? Wird jemand sich ganz besonders freundlich bei dem Kunden entschuldigen? Bemüht sich irgend jemand, die negativen Auswirkungen wettzumachen, wenn einmal gar nichts mehr geht? Weiß überhaupt jemand, wie man sich entschuldigt?

Uns kam ein ziemlich erschreckender Gedanke: Wenn wir zwei dieser vier vorrangigen Beurteilungskriterien niemals bewußt berücksichtigt hatten, wie wahrscheinlich war es da, daß unsere Serviceleute sie beachteten? Zum ersten Mal wurde uns klar, welche Motivationen unsere Kunden bewegen, zum ersten Mal begannen wir, uns mit diesen Faktoren zu beschäftigen."

Porters Bericht enthält eine Menge Überlegenswertes. Aus der Marktuntersuchung ergaben sich noch einige weitere interessante Feststellungen. Die Befragten wurden aufgefordert, British Airways im Vergleich zu anderen Fluggesellschaften, mit denen sie persönlich zu tun gehabt hatten, zu beurteilen, und es ergaben sich so einige interessante Zahlen. Etwa 20 Prozent der Befragten hielten British Airways für besser als die anderen Gesellschaften, mit denen sie bereits geflogen waren. Etwa 15 Prozent sagten, British Airways sei schlechter als die anderen. Die übrigen Befragten äußerten weder im einen noch im anderen Sinn eine eindeutige Meinung.

Die Unternehmensleitung reagierte anfänglich mit vorsichtigem Optimismus auf diese Zahlen. Ein Manager legte sie dahingehend aus, daß „wohl 85 Prozent der Befragten uns für o.k. halten". Als aber das Umfrageergebnis richtig durchdacht wurde, änderte sich die Haltung, und leichte Besorgnis stellte sich ein. Ein anderer Beobachter meinte mit gutem Grund: „Man könnte die Zahlen auch anders auslegen. Anscheinend sehen 65 Prozent der Befragten keinen wesentlichen Unterschied zwischen uns und den anderen Fluggesellschaften. Ich halte das für keine besonders gute Nachricht."

Las man die Zahlen im Lichte einer deutlichen und gezielten Anweisung Colin Marshalls, des Vorstandsvorsitzenden von British Airways, waren das tatsächlich *schlechte* Nachrichten: „Ich will", so Marshall, „daß British Airways die *beste Fluggesellschaft* der Welt ist. Und ich bin bereit, alles nur Erdenkliche zu tun, um das zu erreichen." Wenn 65 Prozent der Leute der Auffassung waren, die Servicequalität sei gerade akzeptabel, hatte British Airways offensichtlich noch einen langen Weg vor sich.

Aus vielen *unserer* täglichen Erfahrungen — wie auch aus dem Fall British Airways — können wir eine ziemlich simple Schlußfolgerung ziehen, die unserer Auffassung nach als das absolut grundlegende Prinzip des Service-Managements gelten darf:

WENN DIE AUGENBLICKE DER WAHRHEIT UNKONTROLLIERT VERSTREICHEN, VERKÜMMERT DIE SERVICEQUALITÄT ZUR MITTELMÄSSIGKEIT.

„Moment mal", werden Sie jetzt vielleicht sagen. „Ist es nicht ein bißchen hart, ein durchschnittliches — weder schlechtes noch hervorragendes — Serviceniveau als ‚mittelmäßig' bezeichnen zu wollen? Ist nur ‚okay' nicht okay?"

Vielleicht ja, aber vergessen Sie nicht, daß Sie sich, um in einer Dienstleistungsbranche überleben und gedeihen zu können, von anderen *unterscheiden* müssen. Ein leistungsstarkes Dienstleistungsunternehmen muß beweisen, daß es etwas wirklich Besonderes zu bieten hat. Vor allem in den Branchen, in denen der Kunde keine eigentlich bedeutsamen Unterschiede in der Palette der angebotenen Dienstleistungen erkennen kann, wird „durchschnittlich", zumindest in der Vorstellung des Kunden, wirklich gleichbedeutend mit „mittelmäßig".

Porter bemerkt hierzu: „Wir hatten viel über SAS und die bekannte Pünktlichkeit des Unternehmens gehört. SAS machte in seiner Werbung ziemlich viel Lärm um diesen Faktor und verkündete den Geschäftsleuten, wie pünktlich die Fluggesellschaft sei. Aufgrund unserer Marktuntersuchung kamen wir jedoch zu dem Ergebnis, daß ein pünktlicher Start keineswegs im Mittelpunkt des Interesses stand.

Unserer Auffassung nach hatte der Faktor Pünktlichkeit seine Bedeutung verloren, als die meisten Fluggesellschaften in dieser Hinsicht besser geworden waren. Tatsächlich sagten unsere Kunden: ‚Erzählen Sie uns bitte nichts von pünktlichem Start. Wir *erwarten* von Ihnen, daß Sie pünktlich starten. Erwarten Sie keine Beifallsstürme, nur weil Ihre Maschinen flugplanmäßig abheben.'"

Daraus können wir lernen, daß *Kundenerwartungen progressiv verlaufen*. Wenn Sie an den kundenfreundlichen Telefonservice in den Vereinigten Staaten gewöhnt sind, werden Sie nicht nur über die „durchschnittliche" Qualität dieser Dienstleistung in New Delhi schockiert sein, sondern Sie werden wahrscheinlich Fehlfunktionen im amerikanischen System besonders kritisieren, obwohl es besser ist als sämtliche anderen Systeme weltweit. Als Kunden erwarten wir gewöhnlich mindestens das Niveau, an das wir gewöhnt sind.

In ihrem Buch *Auf der Suche nach Spitzenleistung* unterstreichen Thomas Peters und Robert Waterman, wie grundlegend wichtig es ist, kundennah zu bleiben. Sie meinen damit, daß man bis in die letzten Einzelheiten herausfinden muß, was für den Kunden wirklich zählt; was ihm gefällt oder mißfällt; was er kauft und was nicht. Einige der traurigsten Firmenpleiten sind darauf zurückzuführen, daß in genau dem Augenblick, in dem sich die Bedürfnisse und Motive des Kunden veränderten, der Kontakt zu ihm verlorenging.

Den Service als Produkt sehen

Es genügt aber nicht, den Kunden besser zu verstehen; wir müssen auch lernen, den Begriff Dienstleistung als solchen besser zu verstehen. Obwohl eine Dienstleistung offensichtlich etwas anderes ist als ein materielles Gut, ist sie trotzdem ein Produkt. Ein Dienstleistungsprodukt — etwas, was für andere gegen eine Gebühr *getan* wird — unterscheidet sich von einer Ware durch mindestens eine, im allgemeinen durch mehrere der folgenden Eigenschaften:

1. Bei einer Dienstleistung fallen Herstellung und Verbrauch zeitlich zusammen; sie kann nicht im voraus produziert oder bereitgehalten werden.

2. Eine Dienstleistung kann nicht zentral produziert, geprüft, bevorratet oder gelagert werden. Sie wird gewöhnlich dort erbracht, wo sich der Kunde gerade befindet, und zwar von Leuten, die sich dem unmittelbaren Einfluß des Managements entziehen.

3. Das „Produkt" kann nicht vorgeführt werden, und es ist nicht möglich, dem Kunden vor Bereitstellung der Dienstleistung ein Muster zur Beurteilung zuzuschicken. Der Produzent kann zwar verschiedene Beispiele zeigen, aber der Haarschnitt eines bestimmten Kunden, zum Beispiel, existiert noch nicht und kann nicht vorgezeigt werden.

4. Der Empfänger der Dienstleistung hat nichts Materielles in der Hand; der Wert der Dienstleistung hängt von seiner persönlichen Erfahrung ab.

5. Die Erfahrung kann nicht an Dritte verkauft oder weitergegeben werden.

6. Im Falle einer fehlerhaften Produktion, kann eine Dienstleistung nicht zurückgerufen werden. Da sich die Leistung nicht wiederholen läßt, sind Entschädigung oder Entschuldigung die einzigen Mittel, um den Kunden doch noch zufriedenzustellen.

7. Die Qualitätssicherung muß vor und nicht nach der Produktion, wie im Falle der Warenherstellung, stattfinden.

8. Die Lieferung der Dienstleistung erfordert im allgemeinen ein gewisses Maß an zwischenmenschlichem Kontakt; Käufer und Verkäufer treten, um die Leistung zu erbringen, auf verhältnismäßig persönliche Weise in Verbindung.

9. Die Zufriedenheit eines Kunden hängt wesentlich mit den Erwartungen zusammen, die er an eine Dienstleistung stellt. Dienstleistungsqualität wird weitgehend subjektiv beurteilt.

10. Je größer die Zahl der Personen, mit denen der Kunde während der Bereitstellung der Dienstleistung zu tun hat, desto geringer die Wahrscheinlichkeit, daß er damit zufrieden ist.

Damit soll nicht gesagt werden, daß jede Dienstleistung alle diese zehn Eigenschaften aufweisen muß oder sollte, oder daß dies die einzigen Charakteristika sind, durch die sich eine Dienstleistung auszeichnet. Trotzdem vermitteln diese Faktoren ein Bild von einer ganz besonderen Art von Transaktion zwischen Käufer und Verkäufer: der Transaktion, die wir als Dienstleistung bezeichnen. Je besser wir verstehen, worum es bei diesem Geschäft geht, desto bessere Zeugnisnoten können wir von unseren Kunden bekommen.

Der Servicezyklus

Wenn man sich über die Qualität der Serviceleistungen eines Unternehmens Gedanken machen will, bietet sich an, zunächst einmal eine Bestandsaufnahme der Augenblicke der Wahrheit in dieser Branche zu machen. Denken Sie an Ihr eigenes Unternehmen. Welches sind die verschiedenen Kontaktpunkte, an denen der Kunde sich ein Urteil über Ihre Firma bildet? Wieviele Möglichkeiten haben Sie, positive Punkte zu sammeln?

Um diesen Denkprozeß zu erleichtern, stellen Sie sich vor, Ihr Unternehmen habe mit dem Kunden im Sinne eines *Servicezyklus* zu tun, d.h. innerhalb einer wiederholbaren Abfolge von Ereignissen, wobei verschiedene Mitarbeiter in den jeweiligen Phasen versuchen, die Bedürfnisse und Erwartungen des Kunden zu erfüllen. Der Zyklus beginnt bei der ersten Kontaktaufnahme zwischen dem Kunden und Ihrem Unternehmen. Das kann der Augenblick sein, in dem der Kunde Ihre Werbung sieht, einen Anruf von einem Ihrer Vertreter bekommt oder sich selbst telefonisch erkundigt. Es kann auch irgendein anderes Ereignis sein, das den Prozeß einer Geschäftsverbindung ins Rollen bringt. Der Zyklus ist beendet, allerdings meist nur vorübergehend, wenn *der Kunde* die Serviceleistung als abgeschlossen betrachtet; er beginnt erneut, wenn er sich entschließt, auf Sie zurückzukommen und mehr zu kaufen.

Um leichter feststellen zu können, welches in Ihrer Beziehung zum Kunden die entscheidenden Momente sind, versuchen Sie, ein Diagramm des Ihrem Unternehmen eigenen Servicezyklus zu zeichnen. Unterteilen Sie den Zyklus in die kleinstmöglichen, noch erfaßbaren und sinnvollen Teile oder Abschnitte. Gehen Sie anschließend den gesamten Zyklus durch, und stellen Sie fest, wo die verschiedenen Augenblicke der Wahrheit stattfinden. Versuchen Sie, bestimmte Augenblicke der Wahrheit mit bestimmten Stufen der Erfahrung des Kunden in Verbindung zu bringen.

Ihre Branche hat ihren ganz eigenen Servicezyklus. Er kann je nach Kunde, Art Ihrer Serviceleistung und je nach Situation unterschiedlich sein. Jeder Kunde, der Ihre Leistung abnimmt, befindet sich in jedem Augenblick an irgendeiner Stelle in seinem ganz persönlichen Servicezyklus. Natürlich sieht ein Kunde seine Erfahrungen normalerweise nicht bewußt im Sinne eines Zyklus vor sich; ihm geht es im allgemeinen um die konkreten Bedürfnisse, welcher Art diese auch sein mögen, die er in einem bestimmten Augenblick hat. Für Sie lohnt es sich aber, sich diesen Zyklus in Abschnitte aufgeteilt vorzustellen, denn hier liegt das Wesentliche Ihrer unternehmerischen Tätigkeit.

Während eines Seminars mit Verwaltungsfachleuten aus dem Gesundheitswesen forderten wir die Teilnehmer auf, ein Diagramm des Servicezyklus zu erstellen, der sich ergibt, wenn ein Patient zu einer Reihe medizinischer Untersuchungen gebracht und schließlich wieder abgeholt wird. Nach einiger Diskussion über die Stellung der verschiedenen Krankenpfleger und -schwestern, Ärzte und Laborassistenten innerhalb des Zyklus war die Aufgabe gelöst. Während die Teilnehmer voller Bewunderung ihr Werk betrachteten, sagte einer der Vertreter zwar laut, aber mehr zu sich selbst: „Mein Gott! Niemand ist zuständig." Seine Erkenntnis erwies sich als sehr wertvoll, und sie bestätigte sich, wie wir feststellen konnten, immer wieder auch in anderen Dienstleistungsbereichen. Er erklärte seine Feststellung ungefähr folgendermaßen:

Unser Krankenhaus ist sehr funktionell organisiert und geführt — nach Funktionen wie Krankenpflege, Hauswirtschaft, Sicherheit, Arzneimittelversorgung, usw. Folglich ist keine bestimmte Person oder Gruppe wirklich für den Gesamterfolg und die Qualität der Erfahrung des Patienten verantwortlich. Die Krankenpfleger sind für einen Teil der Dienstleistung zuständig, die Krankenschwestern für einen anderen, die Laborassistenten wieder für einen anderen, und so weiter. Viele sind für einen Abschnitt des Servicezyklus verantwortlich, aber niemand trägt persönlich die Verantwortung für einen *gesamten Servicezyklus*.

Verallgemeinert man dieses Ergebnis, kommt man zu dem Schluß, daß in einem Unternehmen, das nicht ausgehend von einem Produkt- oder Dienstleistungszyklus, sondern nach Funktionen organisiert ist, niemand eigentlich dafür verantwortlich ist, daß der Servicezyklus reibungslos abläuft. An und für sich ist natürlich der Direktor des Unternehmens rechenschaftspflichtig, und jeder, der mit dem Kunden in Berührung kommt — in diesem Fall mit dem Patienten — ist verantwortlich. Das ändert aber nichts an der Tatsache, daß in den Situationen, in denen niemand eigens für den gesamten Servicezyklus vom Anfang bis zum Ende zuständig ist, die Erfahrung, die der Kunde mit dem Unternehmen macht, nicht gezielt beeinflußt und gesteuert wird. Wenn diese Erfahrungen des Kunden — die Augenblicke der Wahrheit eben — unkontrolliert vorbeigehen, überwiegt die Mittelmäßigkeit.

Drei Eigenschaften, die Unternehmen mit hervorragendem Service gemeinsam haben

Unternehmen mit hervorragender Serviceleistung unterscheiden sich von solchen mit mittelmäßigem Angebot durch drei wichtige Eigenschaften. Wir werden diese Faktoren in den folgenden Kapiteln eingehend zu behandeln haben, so daß hier einige kurze Hinweise genügen.

Eine durchdachte Servicestrategie. Besonders leistungsstarke Unternehmen haben ein umfassendes Konzept für ihre Tätigkeit entdeckt, erfunden oder entwickelt. Durch dieses Servicekonzept, oder diese *Servicestrategie*, wie wir es in späteren Überlegungen nennen werden, werden den Mitarbeitern des Unternehmens die eigentlichen Prioritäten des Kunden bewußt gemacht. Dieses Leitbild beeinflußt alles, was in dem Unternehmen getan wird. Es wird zu einer Parole, einer Art Evangelium und zum Kern der Botschaft, die dem Kunden übermittelt werden soll.

Kundenorientierte Mitarbeiter. Die Mitarbeiter dieser Unternehmen werden vom Management dazu angeregt und dabei unterstützt, ihr Augenmerk ständig auf die Bedürfnisse des Kunden zu richten. Ein leistungsfähiger Mitarbeiter an vorderster Front versteht es, sich auf geradezu „übermenschliche" Art und Weise um den Kunden zu bemühen und sich in seine jeweilige Situation, Stimmung und seine Bedürfnisse zu versetzen. Daraus ergibt sich eine große Bereitschaft, auf den Kunden einzugehen und ihn zuvorkommend zu behandeln, eine solche Hilfsbereitschaft, daß der Kunde diese Serviceleistung als eindeutig besser beurteilt, anderen davon erzählen will und auch wiederkommen wird.

Kundenfreundliche Systeme. Das System, das hinter den Servicemitarbeitern steht und nach dem die Dienstleistung erbracht wird, zielt nicht auf den Vorteil des Unternehmens, sondern wirklich auf den Vorteil des Kunden ab. Konkrete Erleichterungen, Maßnahmen und Verfahren, Methoden und Kommunikationsprozesse lassen allesamt den Kunden erkennen: „Dieser Apparat ist dazu da, deine Bedürfnisse zu befriedigen."

Diesen drei Faktoren — einer klaren Servicestrategie, kundenorientierten Servicemitarbeitern und kundenfreundlichen Systemen — liegt ein wirklich einfaches Konzept zugrunde, und sie sind verhältnismäßig leicht zu verstehen. Sie in die Wirklichkeit umzusetzen, ist trotzdem fast immer, besonders bei großen Unternehmen, ein ungeheuer schwieriges Unterfangen. Von jetzt an wird es in diesem Buch überwiegend um das gehen, was wir über die praktische Durchführung des Service-Managements durch eine aktive Bewältigung dieser drei entscheidenden Faktoren herausgefunden haben.

Das Service-Dreieck

An dieser Stelle unserer Überlegungen drängt sich nun natürlich die Frage auf: Wo soll man ansetzen, um ein *Service-Management* zu entwickeln? Was kann das Management in einem Dienstleistungsunternehmen tun, um direkt oder indirekt die Qualität der Erfahrung des Kunden in den vielen Augenblicken der Wahrheit zu maximieren? Gibt es eine bestimmte Betrachtungsweise, eine Art Rahmen oder ein Denkmuster für ein Management, das überragende Serviceleistungen erbringen soll? So wie wir ein Modell wie den Servicezyklus brauchen, um den Blickwinkel des Kunden zu verstehen, brauchen wir ein betriebsorientiertes Modell, anhand dessen sich die Manager über das, was es zu tun gilt, klar werden können.

Wir halten es für nützlich, sich vorzustellen, Unternehmen und Kunde seien eng durch eine Art Dreiecksbeziehung, wie sie in Abb. 3-1 dargestellt ist, miteinander verbunden. Dieses *Service-Dreieck*, wie wir es nennen wollen, zeigt auf, wie sich die drei Elemente Servicestrategie, Mitarbeiter und Systeme in einer Art schöpferischer Wechselbeziehung um den Kunden als Mittelpunkt drehen.

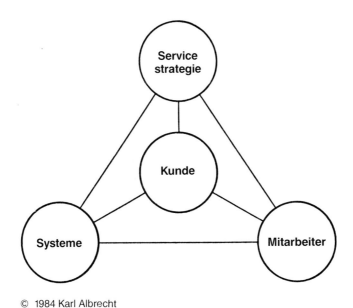

© 1984 Karl Albrecht

Abb. 3-1.: Das Service-Dreieck

Dieses Dreieck ist etwas völlig anderes als die gewöhnlichen Organogramme, die eingesetzt werden, um die verschiedenen Vorgänge in Unternehmen zu verdeutlichen. Es zeigt weniger eine bestimmte Struktur als vielmehr einen *Vorgang*, und es zwingt uns, den Kunden in unser unternehmerisches Konzept einzubinden.

In den folgenden Kapiteln werden wir über das berichten, was wir über jedes dieser vier Schlüsselelemente, Kunden, Strategie, Mitarbeiter und Systeme, wissen. Wir werden jedem dieser Elemente ein Kapitel widmen, möchten hier aber noch einmal sicherstellen, daß das Gesamtbild ausreichend klar ist.

Wenn wir wirklich das praktizieren wollen, was wir über die Entwicklung eines kundenorientierten Unternehmens predigen, ist es sinnvoll, vom Kunden als Basis für eine Definition unserer unternehmerischen Tätigkeit auszugehen. Natürlich ist das Unternehmen dazu da, dem Kunden zu dienen. Das sollte längst klar sein. Aber gehen wir noch einen Schritt weiter und sagen wir, das Unternehmen sei dazu da, *die Bedürfnisse derjenigen, welche dem Kunden dienen, zu befriedigen.* Wir müssen unsere Organisation und unser Management auf Service ausrichten, nicht nur darüber predigen.

Sobald wir eine klare Vorstellung von den Motiven des Kunden und seiner Denkweise haben, müssen wir irgendein funktionsfähiges Servicemodell entwickeln. Wir müssen uns auf eine grundlegende Unternehmensstrategie einigen, anhand derer der Kunde in dem Bild, das er sich macht, und in den Erfahrungen, die er sammelt, unser Unternehmen von unseren Konkurrenten unterscheiden kann. In vielen, wahrscheinlich in den meisten Fällen, bedeutet die Formulierung einer außergewöhnlichen Servicephilosophie, die wirklich einen Unterschied ausmachen kann, eine sehr große Herausforderung. Mit Werbeslogans allein wird das nicht zu machen sein. Die Servicestrategie muß für den Kunden etwas Konkretes und Wertvolles bedeuten, etwas, wofür er zu zahlen bereit ist.

Mit solchen Erkenntnissen über die Kaufmotive des Kunden und einem Servicekonzept, das unserem Unternehmen eine vorteilhafte Marktposition verschaffen kann, bewaffnet, müssen wir dann das Zusammenspiel zwischen der Strategie, den Mitarbeitern unseres Unternehmens und den ihnen zur Erfüllung ihrer Aufgabe zur Verfügung stehenden Systemen untersuchen.

Es kann lehrreich sein, jedes einzelne Element des Service-Dreiecks mehr oder weniger wörtlich aufzufassen und einige der offensichtlichen Wechselwirkungen zu erforschen. Jede Linie in unserem Diagramm kann eine wichtige Wirkung darstellen. So kann die Verbindungslinie vom Kunden zur Servicestrategie zum Beispiel verdeutlichen, wie ausschlaggebend es ist, daß die Servicestrategie von den Grundbedürfnissen und -motiven des Kunden ausgeht. Bloße Mutmaßungen sind hier fehl am Platz. Wenn wir es nicht bereits wissen, müssen wir herausfinden, was in unserem Kunden vorgeht, wenn er über die Dienstleistung, wie wir sie anbieten, nachdenkt.

In umgekehrter Richtung zeigt die Verbindung von der *Servicestrategie* zum Kunden auf, wie diese Strategie unserem Markt vermittelt wird. Es genügt nicht annährend, guten oder irgendwie eindeutig besseren Service zu bieten; wollen wir daraus irgendwelche Vorteile ziehen, muß der Kunde sich dieser Tatsache auch bewußt sein.

Die Verbindungslinie zwischen Kunden und *Mitarbeitern* des Unternehmens bedarf keiner weiteren Erklärung. Hier liegt der entscheidende Berührungspunkt, das ständige Zusammenspiel, das die meisten Augenblicke der Wahrheit ausmacht. Eben dieses

Zusammenspiel bietet die besten Chancen, zu gewinnen oder zu verlieren und sich kreativ zu engagieren.

Eine weitere sehr interessante Linie auf unserer Abbildung verläuft zwischen dem Kunden und den *Systemen*, welche die Mitarbeiter bei der Bereitstellung der Dienstleistung unterstützen sollen. Zu diesen Systemen können sowohl abstrakte Verfahren als auch konkrete Dinge gehören. Viele negative Augenblicke der Wahrheit in der Wirtschaft entstehen aus Besonderheiten oder Fehlfunktionen des Systems. Wenn die Anliegen des Kunden in die Entwicklung von Servicesystemen nur als nebensächliche Überlegung einfließen, sind Mittelmäßigkeit und Unzufriedenheit im wahrsten Sinn des Wortes vorprogrammiert.

Häßliche und unbequeme Tische im Restaurant, enge Sitzreihen im Flugzeug, auf denen die Passagiere wie eine Herde Vieh zusammengepfercht sind, sinnlose Formulare, die auszufüllen eine Unmöglichkeit ist, widersinnig oder verwirrend aufgeteilte Gebäude und Verwaltungsverfahren, die den Kunden mit Aufgaben belasten, die leicht von Angestellten übernommen werden könnten: Durch all solche Situationen wird es den zuständigen Mitarbeitern schwer gemacht, eine effektive Serviceleistung zu erbringen.

Auch die drei äußeren Linien des Service-Dreiecks haben jeweils ihre eigene Bedeutung. Denken Sie zum Beispiel an die Wechselbeziehung zwischen Mitarbeitern und Systemen. Wie oft haben Sie erlebt, daß höchst motivierte Mitarbeiter durch sinnlose Verwaltungsvorgänge, widersinnige Aufgabenverteilung, rückständige Arbeitsvorschriften oder schlechte materielle Ausstattung daran gehindert wurden, eine Serviceleistung der Qualität anzubieten, die sie eigentlich wollten? Unter solchen Umständen ist das Servicekonzept nichts anderes als das übliche Verfahren.

Die Mitarbeiter, die unmittelbar mit dem Kunden zu tun haben, sind im allgemeinen viel besser als das Management in der Lage, nach Möglichkeiten zu suchen, um die Systeme, mit denen sie jeden Tag umgehen, zu verbessern. Die große Frage ist nur: Erkennen die Manager das, und sind sie bereit, die Leute aufzufordern, ihr Wissen praktisch einzusetzen?

Die Verbindungslinie zwischen Servicestrategie und Systemen erinnert daran, daß Planung und Ausführung der Verwaltung und der praktischen Arbeit folgerichtig aus der Festlegung der Servicestrategie abgeleitet werden sollten. Das scheint auf der Hand zu liegen, ist aber manchmal aufgrund der Trägheit und Änderungsunwilligkeit in den meisten Großunternehmen fast ein utopisches Unterfangen.

Und was beinhaltet schließlich die Linie zwischen Servicestrategie und Mitarbeitern? Sie weist darauf hin, daß die Mitarbeiter, die unmittelbar im Kundendienstbereich beschäftigt sind, sich auf eine vom Management eindeutig umrissene Philosophie stützen können müssen. Ohne einen bestimmten Schwerpunkt, ohne Klarheit und Prioritäten können sie sich nur schwer konsequent um Servicequalität bemühen. Die Augenblicke der Wahrheit werden dann vernachlässigt, die Leistung wird schlechter und fällt auf ein Mittelmaß zurück.

Wir werden in den folgenden Kapiteln ausführlicher auf die einzelnen Elemente des Service-Dreiecks und ihre Bedeutung und Folgen eingehen. Im Augenblick kommt es darauf an, daß Sie sich Gedanken über die Wechselbeziehungen zwischen den Schlüsselkomponenten des Servicebereichs machen und sich überlegen, wie ein harmonisches

Zusammenspiel erreicht werden kann. Befassen wir uns zunächst einmal mit der Frage, wie das Unternehmen in seiner Gesamtheit an das Problem des Service herangeht.

Warum eine Kundendienstabteilung?

Wenn ein Unternehmen, das im Dienstleistungssektor tätig ist, eine Abteilung mit der Bezeichnung „Kundendienst" hat, dann kann man sich fragen, was eigentlich alle anderen Abteilungen tun. Wird den anderen Mitarbeitern des Unternehmens damit vielleicht signalisiert, daß sich jemand angemessen um den Kunden kümmert und daß sie sich folglich mit diesem Thema nicht zu befassen brauchen? Sollte nicht das gesamte Unternehmen eine einzige große Kundendienstabteilung sein, zumindest im übertragenen Sinn?

Denken Sie einmal an einige der Dienstleistungsbetriebe, mit denen Sie selbst als Kunde zu tun gehabt haben. Wie wurden Sie behandelt, wenn Sie irgendeinen besonderen Wunsch oder ein besonderes Problem hatten? Unternahmen die Außendienstmitarbeiter etwas, um Ihnen bei der Lösung des Problems behilflich zu sein, oder lenkten sie Sie wenigstens weit genug in die richtige Richtung? Oder wiesen sie Sie einfach ab und murmelten irgend etwas wie, Sie sollten sich an den „Kundendienst" wenden?

Ein solches Verhalten in den Augenblicken der Wahrheit ist nur allzu verbreitet und führt sehr schnell zum Abgleiten in die Mittelmäßigkeit. Die häufig anzutreffende Auffassung ist: „Ich habe meine Arbeit zu erledigen. Es ist Aufgabe irgendeines Kollegen, sich um das Problem dieses Kunden zu kümmern." Es lohnt sich, über diesen Punkt etwas genauer nachzudenken. Natürlich können wir nicht verlangen, daß ein Angestellter eines Dienstleistungsunternehmens augenblicklich alles stehen und liegen läßt, um das Problem eines bestimmten Kunden vollständig zu lösen. Aber das *Bild*, das sich ein Kunde von der Servicequalität in einem solchen Augenblick der Wahrheit macht, hängt wesentlich davon ab, ob er das Gefühl hat, daß man ihm geholfen und seine Wünsche ernst genommen hat. Ein geschickter Angestellter kann das auf vielerlei phantasievolle Art tun, ohne dabei den Fluß seiner Arbeit zu unterbrechen.

Jan Carlzon sagte sehr oft zu seinen Mitarbeitern an vorderster Front: „SAS, das sind *Sie*. In den Augen des Kunden sind Sie das Unternehmen in diesem bestimmten Augenblick der Wahrheit. Ich will, daß Sie auf die eigentlichen Bedürfnisse des Kunden eingehen und nicht irgendwelche Standardformeln verwenden, um ihn loszuwerden."

Um genau dieselbe Botschaft ging es Walt Disney, als er Disneyland gründete. In Disneyland dreht sich alles um die Phantasie. Der Kunde wird in ein verzaubertes Märchenland entführt, wo alles wundervoll und alles möglich ist. Disney wollte, daß jeder Angestellte des Märchenparks verstand, was diese Erfahrung für den Kunden bedeutete. Jedem einzelnen hämmerte er die Botschaft ein: „Sie sind Disneyland."

Diese Auffassung bedeutet, daß jeder Mitarbeiter des Unternehmens, der, wenn auch nur vielleicht zufällig, mit einem Kunden in Berührung kommt, potentiell Service-Aufgaben übernimmt. So kann der Verwaltungsangestellte, wenn er den Gang im Krankenhaus entlanggeht, lächeln und dem Patienten, der eben ankommt oder entlassen wird, freundlich „Guten Tag" sagen. Der Handwerker in einem Hotel kann den Gast im Aufzug grüßen und ihm den Weg zu den Tagungsräumen weisen. Der Verkäufer im Geschenkartikelgeschäft auf dem Flughafen kann einem Passagier dabei behilflich sein, einen verlorenen Gegenstand wiederzufinden oder jemanden ausrufen zu lassen.

In zu vielen Situationen, in zu vielen Augenblicken der Wahrheit zeigen „Nicht-Service"-Mitarbeiter einem Kunden, der Hilfe braucht, die kalte Schulter. Und genau dort setzt der Prozeß des Zurückfallens in die Mittelmäßigkeit ein. Wenn viele kurze Momente der Wahrheit mittelmäßig bewältigt werden, wird die Mittelmäßigkeit zur Norm. Die Herausforderung für das Management besteht darin, dafür zu sorgen, daß dies nicht eintritt.

Eines der verbreitetsten Symptome eines mittelmäßigen Service besteht darin, daß sich der Kunde, um seinen Wunsch erfüllt zu bekommen, durch ein organisatorisches Labyrinth hindurchkämpfen muß. „Dafür ist unsere Abteilung nicht zuständig" ist eine nur allzu gängige Antwort. „Da müssen Sie sich an die Hausverwaltung (oder die Patientenkartei oder die Wartungsabteilung oder den Hausservice usw.) wenden." Wenn Ihre Kunden gezwungen sind, erst mit Ihrem gesamten Unternehmen Bekanntschaft zu machen, ehe ein Problem gelöst wird, dann sollten Sie vielleicht das Servicekonzept Ihres Unternehmens neu überdenken.

Vor der Gründung von AT&T war das damalige „Ma Bell"-Unternehmen berühmt dafür, daß die Kunden von Abteilung zu Abteilung laufen mußten. Man rief die Firma an, weil man ein neues Telefon gelegt oder etwas im Fernsprechdienst verändert haben wollte, und hatte schließlich mit drei oder mehr verschiedenen Abteilungen zu tun. Wenn man zum zweiten Mal in einer bestimmten Abteilung anrief, hatte man einen anderen Angestellten am Apparat, der mit dem Auftrag nie etwas zu tun gehabt hatte. Im Augenblick deutet alles darauf hin, daß es noch für einige Zeit bei der neuen AT&T genauso verwirrend zugehend wird wie bei der alten Telefongesellschaft.

Auch Banken arbeiten oft auf diese Art. Um jegliche Regung menschlicher Urteilskraft und persönlicher Initiative auszuschalten, sind viele Zweigstellen so genau in verschiedene Abteilungen aufgegliedert, daß sehr wenige Mitarbeiter in der Lage sind, den Kunden selbständig durch dieses Labyrinth zu manövrieren. Bei Banken kommt es sehr häufig vor, daß man es mit Leuten zu tun hat, die nur ein einziges winzigkleines Aufgabengebiet beherrschen und dem Kunden auf anderen Gebieten auch nicht im geringsten behilflich sein können.

All dies geschieht nicht aus Böswilligkeit. Leute, die im Dienstleistungsbereich beschäftigt sind, stehen nicht morgens auf und überlegen sich, wie sie den Kunden wohl am schlechtesten behandeln könnten. In vielen dieser Situationen kommt es nur sehr häufig vor, daß niemand für die Lösung des Problems eines Kunden zuständig ist und daß niemand den Unterschied zwischen routinemäßiger Arbeit und Befriedigung der Kundenbedürfnisse sieht. Im Kundendienstsektor Beschäftigte können in ihren Handlungen so sehr zu Robotern werden, daß sie für jeglichen Wunsch eines Kunden eine Standardantwort bereit haben, selbst wenn diese kaum zur Lösung des Problems beiträgt.

Es ist außerdem von Nutzen, die „Nicht-Service"-Mitarbeiter in einem Unternehmen aufzufordern, sich selbst als Servicemitarbeiter zu sehen. Verwaltungsangestellte, Buchhalter, EDV-Fachleute, Ingenieure, für Vertragsabschlüsse zuständige Mitarbeiter und Büroangestellte in den verschiedensten Funktionen sehen sich gerne als vom Schlachtengetöse weit entfernt. Allzu oft betrachten sie die Kollegen, die direkt mit dem Kunden in Berührung kommen, als diejenigen, die mit dem „Pöbel" zu tun haben. Sie sind manchmal in Versuchung, sich selbst auf einer höheren Ebene zu sehen. Ein starker und entschlossener Generaldirektor kann sie von diesem elitären Standpunkt abbringen und sie davon überzeugen, daß die Tätigkeit im Servicebereich von höchstem Wert ist.

Als Robert Townsend Chef der Avis Corporation wurde und die berühmte „We Try Harder"-Kampagne ins Leben rief, entschied er, daß es keinem Manager des Unternehmens schaden würde, eine gewisse Zeit am Schalter zu arbeiten. Er ordnete an, daß sogar Vice Presidents eine Zeitlang unmittelbar mit dem Kunden zu arbeiten hatten.

Er wollte, daß alle, die innerhalb des Unternehmens Schlüsselpositionen innehatten, aus eigener Erfahrung wußten, welche Bedürfnisse und Erlebnisse Mietwagenkunden hatten. Außerdem wollte er mit der Vorstellung aufräumen, die wirklich wichtigen Leute säßen irgendwo in der Unternehmenszentrale. Nach Townsends Auffassung ging es darum, den Leuten klarzumachen, daß Gedeih und Verderb des Unternehmens von den Mitarbeitern an den Schaltern und den Werkstätten abhingen und daß dort die entscheidenden Dinge geschahen.

Elitäre Haltungen und Gruppeninteressen halten sich in den meisten Unternehmen hartnäckig. Manchmal benehmen sich die Mitarbeiter der Buchhaltung, als ob sie glaubten, das Unternehmen bestünde nur, damit sie darüber Buch führen können. Die Angehörigen der technischen Abteilung verhalten sich manchmal, als ob die Aufgabe des Unternehmens darin läge, ihre geistigen Steckenpferde zu pflegen. Wenn man gewisse Ärzte beobachtet, möchte man annehmen, das Krankenhaus sei dazu da, ihrem überzogenen Selbstbewußtsein zu schmeicheln. Es erfordert ein sehr starkes Management, um bei den in diesen verschiedenen Bereichen Tätigen die Erkenntnis durchzusetzen, daß ihre Aufgabe darin besteht, die Außenmitarbeiter zu unterstützen und die Vorgänge mitzutragen, von denen die Qualität der für den Kunden wichtigen Erfahrung abhängt.

Unternehmerische Schizophrenie: Zielkonflikte

Wenn es beim Service-Management hauptächlich darum geht, die Augenblicke der Wahrheit zu bewältigen, dann kommt es hierbei im wesentlichen darauf an, eine *auf Service ausgerichtete Unternehmenskultur* zu schaffen. Werden die Augenblicke der Wahrheit nicht gemeistert und fällt die Servicequalität auf ein Mittelmaß zurück, geht dies im allgemeinen mit einem Mangel an Schwung und Einsatzfreude bei den Mitarbeitern in sämtlichen Unternehmensbereichen Hand in Hand. Eine Haltung à la „Das ist mir völlig egal" schleicht sich in sämtliche Winkel und Ritzen der kollektiven Psyche ein.

Es wird eindeutig „in", so zu handeln, als ob einem die eigene Arbeit oder Leistung bzw. die Zufriedenheit des Kunden ziemlich gleichgültig seien. Leistungsstolz wird in den Wind geschrieben, und die Aufmerksamkeit der gesamten Belegschaft wendet sich dem Banalen und Trivialen zu. Wenn Führungsgeist und Inspiration fehlen, wird die Mittelmäßigkeit immer stärker.

In vielen großen Dienstleistungsunternehmen herrscht ein noch schlimmerer Zustand, eine Art schizophrene Doppelwertigkeit. Die Topmanager reden von der Zufriedenheit des Kunden, der Servicequalität und ähnlichem, und fördern doch in ihrem täglichen Handeln etwas ganz anderes, nämlich allzu oft das Interesse für ihre eigene Person und ihre Autorität. Dieses Verhaltensmuster, wonach „A gefordert und B belohnt wird", führt leicht zu Verwirrung, Motivationsverlust, ja sogar zu Zynismus bei den Mitarbeitern an der Front.

Hervorragende Serviceleistungen erfordern konzentriertes Engagement. Slogans sind hier fehl am Platze. Auch anfeuernde Mitteilungen nützen nichts. Das Ziel läßt sich erst dann erreichen, wenn das Management seine Verantwortung als Führungsmannschaft wahrnimmt und ein Servicekonzept erarbeitet, das in den Augen der Belegschaft glaubwürdig, durchführbar, lohnend und nutzbringend ist. Nur wenn das Klima im Unternehmen stimmt und das Management sich engagiert, kann das Konzept des Service-Managements Wurzeln schlagen und gedeihen.

Service-Management: Alter Wein in neuen Schläuchen?

Während der Seminare, die wir für Hunderte von Managern in verschiedenen Ländern über das Konzept des Service-Managements abhielten, wurde uns immer wieder die Frage entgegengehalten: „Was ist da denn eigentlich Neues dran? Das ist doch nur dasselbe Gerede über Kundenzufriedenheit, das wir seit Jahren hören. Heißt Service-Management nicht einfach, neuen Wein in alte Schläuche zu füllen?"

Vielleicht, aber schauen wir uns diese Schläuche etwas näher an. In den Vereinigten Staaten wird seit langer Zeit so manches Lippenbekenntnis zum Thema Befriedigung des Kunden abgelegt. Wir gefallen uns in Aussagen wie: „Der Kunde hat immer recht", „Der Kunde kommt zuerst", und so weiter. Und trotzdem gibt es bis heute kein klar umrissenes Modell für so etwas wie Service-Management. Manager neigen dazu, das Problem der Zufriedenstellung des Kunden der Kundendienstabteilung zu überlassen. Außer wenn plötzlich zu viele Beschwerden eingehen, gehen sie in den meisten Fällen davon aus, daß jemand sich auf angemessene Weise um den Kunden kümmert. Dann wird es Zeit, etwas dagegen zu unternehmen.

Das Service-Dreieck liefert ein dringend notwendiges Denkmodell für die Frage der Servicequalität und der Möglichkeiten, um die Augenblicke der Wahrheit zu meistern. Mit Ausnahme einiger besonderer Überlegungen über die Notwendigkeit einer Veränderung der Unternehmenskultur deckt sich das Modell zugegebenermaßen mit vielen bereits bekannten Aspekten des Kundendienstes. Aus unserer Sicht als Management-Fachleute sind wir jedoch der Überzeugung, daß die skandinavischen Erfahrungen insofern einen wertvollen Beitrag leisten, als sie zu einer neuen Auffassung von Service im Sinne einer vorrangigen Aufgabe des Topmanagements aufrufen.

4
Der Kunde: König oder Bauer?

Zu verstehen, was der Kunde wahrnimmt,
ist für den Service-Erfolg von entscheidender Bedeutung.
Karl Albrecht / Ron Zemke

„Der Kunde ist König" ist wahrscheinlich der am meisten strapazierte Business-Slogan. Dieses und ähnliche Schlagworte vermitteln zunächst den Eindruck, dem jeweiligen Unternehmen sei daran gelegen, die Bedürfnisse und Wünsche seiner Kunden zu berücksichtigen. Wie die Dinge wirklich stehen, zeigt sich aber nicht in Slogans, sondern in der Erfahrung, die der Kunde tatsächlich mit einem Unternehmen macht. Zu oft wird der Kunde eher wie ein Bauer als wie ein König oder eine Königin behandelt.

Zugegeben, wir sind nach einigen Jahren Arbeit mit verschiedenartigen Unternehmen vielleicht, was Service-Slogans und Schlagworte anbelangt, ein bißchen zynisch geworden. Wir sind letztendlich zu dem Schluß gekommen, daß zwischen Service und Werbesprüchen so gut wie kein Zusammenhang besteht.

Was der Kunde wahrnimmt:
Was haben Sie in letzter Zeit für mich getan?

Oft klafft die Vorstellung davon, wie der Kunde ein Unternehmen tatsächlich sieht, und wie das Unternehmen glaubt, daß es gesehen wird, sehr weit auseinander. Zu verstehen, was der Kunde wahrnimmt, kann für den Erfolg eines serviceorientierten Unternehmens von ausschlaggebender Bedeutung sein. Es genügt nicht, guten Service zu bieten; der Kunde muß die Tatsaché, daß er guten Service bekommt, auch *wahrnehmen*. Hieraus ergeben sich einige interessante Überlegungen über die Rolle des Kunden und die Rolle des Dienstleistungsunternehmens, sowie über die Frage, wie der eine den anderen sieht.

Zunächst einmal müssen wir uns darüber im klaren sein, daß der Kunde sich keine Gedanken über die alltäglichen internen Probleme eines Unternehmens macht; sie sind ihm gleichgültig. Manager und Angestellte neigen oft dazu, das zu vergessen, besonders wenn sie mit den Kunden unter nicht gerade idealen Bedingungen arbeiten müssen. Für Schwierigkeiten bei der Terminierung oder mit der Computeranlage, für unzureichende Lagerbestände und Tarifauseinandersetzungen ist im Denkschema des Kunden kein

Platz. Der Kunde hat nur ein einziges echtes Anliegen: daß seine ganz persönlichen Bedürfnisse befriedigt werden.

Die Kunden interessiert es gewöhnlich nicht, ob Sie sich „sehr anstrengen". Sie wollen nur, daß ihre eigenen Probleme gelöst werden. Die Angestellten im Kundendienstbereich lassen sich zu oft von den besonderen Problemen ihres Unternehmens gefangennehmen und vergessen diese einfache, aber entscheidende Tatsache. Der Kunde ist egozentrisch. Es gibt keinen besonderen Grund zu glauben, daß es anders sein sollte.

Auch der Begriff der Treue wird in serviceorientierten Unternehmen oft diskutiert. „Produkttreue" und „Kundentreue" sind Schlagwörter, die Werbe- und Marketingfachleute bei der Analyse von Umsatzvorsprüngen und Bevölkerungsuntersuchungen verwenden. So etwas wie Kundentreue gibt es jedoch nicht, zumindest nicht in der Form, in der viele kunden-/produktorientierte Leute diesen Begriff auffassen.

Drei Dinge sind über Kundentreue zu sagen: Sie hängt von den jeweiligen Umständen ab, ist zerbrechlich und vergänglich. Wenn das Niveau der Leistung hinter den Erwartungen zurückbleibt, beginnt die Treue zu schwinden. Der Kunde wünscht und erwartet, daß die ihm gebotenen Dienstleistungen immer ein angemessenes Niveau erreichen. Entspricht das Serviceniveau seinen Erwartungen nicht mehr, wählt der Kunde, sofern vorhanden, Alternativen und bemüht sich so, zufriedengestellt zu werden. Damit soll nicht gesagt sein, der Begriff der Kundentreue habe seine Gültigkeit völlig verloren; dies bedeutet nur, daß eine solche Haltung ein beständig befriedigendes Serviceniveau als Grundlage haben muß.

Ein gutes Beispiel für eine Verbindung zwischen Kundentreue und Service ist das berühmte Sears Restaurant in San Francisco. Der Eigentümer, Al Boyajian, betreibt das Restaurant seit 32 Jahren; es hat fünf Tage die Woche geöffnet, bietet Frühstück und Mittagessen und kommt im Durchschnitt auf 800 bis 900 Kunden pro Tag. Manchmal dauert es bis zu 45 Minuten, bis man einen Tisch ergattert hat, aber Stammkunden sind der Ansicht, es lohne sich, so lange zu warten, und zwar aus verschiedenen Gründen. Der Hauptgrund ist die Tatsache, daß Boyajian geradezu zwanghaft peinlich auf Qualität und Service achtet. Er setzt sich mit aller Kraft dafür ein, qualitativ hochwertigen Service und die bestmögliche Küche zu bieten.

Boyajian ist ständig mit seinen Kunden in Kontakt und bittet sie um Anregungen für jede Kleinigkeit. Er glaubt, daß seine Kunden behandelt werden sollten als seien sie seine Gäste zu Hause. Seine Gäste sind *ihm* treu, denn eben dieses Gefühl der Zuverlässigkeit und Treue vermittelt auch er.

Sichtbarer und unsichtbarer Service

Es kann sehr aufschlußreich sein, zwei Arten von Service zu unterscheiden: sichtbaren und unsichtbaren Service. Ist Service deutlich sichtbar — wie im Fall des Restaurants in San Francisco —, erzielt er beim Kunden eine andere Wirkung als wenn er verhältnismäßig unsichtbar ist. Die Form, in der manche Dienstleistungen angeboten werden, gibt uns kaum Anlaß, uns länger darüber Gedanken zu machen. Die Leistungen von Gas- und Stromwerken sind ein Beispiel für unsichtbaren Service. Die von ihnen erbrachten Leistungen sind insofern verhältnismäßig „unsichtbar", als wir uns kaum einmal fragen, warum eigentlich jedesmal, wenn wir den Schalter betätigen, das Licht angeht.

Nach demselben Prizip wird das Elektrizitätswerk bei zumindest zwei verschiedenen Gelegenheiten auf einmal sehr deutlich „sichtbar": Wenn wir unsere Rechnung bekommen und wenn wir den Schalter betätigen und das Licht nicht angeht. In diesen Momenten ändert sich möglicherweise unsere Auffassung von der Qualität der Dienstleistung dieses Unternehmens von Grund auf. Fast kaum jemand verkneift sich, wenn er die Stromrechnung aufmacht, einen gedanklichen oder verbalen Kommentar darüber, wie teuer die Stromversorgung ist.

Natürlich ist eine solche Auffassung den Elektrizitätsgesellschaften gegenüber nicht ganz gerecht, denn die meisten von ihnen bieten, besonders in Krisenzeiten, eindeutig schnellen und zuverlässigen Service. Aus den meisten Kundenbefragungen geht hervor, daß die US-Bürger mit Qualität und Zuverlässigkeit der Gas- und Stromversorgung im Grunde zufrieden sind. Während die Elektrizitätswerke kaum etwas gegen die ständige Verteuerung der Energie unternehmen können, können sie dieses unumgängliche negative Image dadurch wettmachen, daß sie, wenn nur irgend möglich, äußerst verläßliche Dienstleistungen bieten.

Das negative Image, das die Versorgungsunternehmen als Dienstleistungbetriebe in der Öffentlichkeit haben, ist zu einem erheblichen Teil darauf zurückzuführen, daß sie eine bevorzugte Zielscheibe der Medien, insbesondere der Presse sind. Kündet ein Versorgungsunternehmen eine Tariferhöhung an, bezieht es in der Presse mindestens viermal Prügel. Die erste Tracht Prügel ist fällig, wenn der entsprechende Antrag formell dem für die öffentlichen Versorgungunternehmen zuständigen Gremium vorgelegt wird, die nächste während der Anhörung über die Tariferhöhung, die nächste, wenn der Ausschuß der Erhöhung zustimmt und schließlich noch eine, wenn die erhöhten Tarife in Kraft treten. Dieses langwierige Verfahren für eine Neufestsetzung der Tarife und eine diesbezüglich Entscheidungsfindung ist für die Zeitungen ein gefundenes Fressen. Ohne daß er sich dessen voll bewußt ist, entsteht beim Kunden der Eindruck: „Ich brauche bloß einmal nicht hinzuschauen, und schon erhöhen diese Gauner die Tarife."

Während der Kunde sich über „unsichtbare" Dienstleistungen, so wie das, was hinter dem Lichtschalter steckt, kaum Gedanken macht, gibt es einige andere Dienstleistungen, mit denen er immer wieder unmittelbar konfrontiert ist. Nehmen wir zum Beispiel einen Zahnarztbesuch oder eine Flugreise. Der Kunde achtet ständig auf den Service, und es ist ihm ausgesprochen wichtig, daß er in jedem Fall für sein Geld eine entsprechende Leistung bekommt.

Ein Besuch beim Zahnarzt ist für die meisten Menschen ein äußerst unangenehmes Erlebnis, und sie beobachten alles, was der Arzt oder seine Vorzimmerdamen tun, sehr kritisch. Dasselbe gilt in gewissem Maße für eine Flugreise. Wenn jemand nicht aus beruflichen Gründen sehr häufig fliegt, kann ein Flug ein aufregendes und sogar belastendes Erlebnis sein. Flugreisen sind ziemlich teuer, und die Passagiere wollen das Gefühl haben, daß sie für ihr Geld auch guten Service bekommen. Werden diese Erwartungen in irgendeiner Form nicht erfüllt, behält der Kunde das gesamte Ereignis oft in ungünstiger Erinnerung.

Der Preis für die Mißachtung der Kundenmotivation

Die Museumsdirektion einer großen Stadt wollte ihr Haus attraktiver machen. Sie beschloß, an einem bestimmten Tag eine Umfrage unter den Besuchern durchzuführen, um mehr über deren Interessen zu erfahren. Die Museumsangestellten verteilten am Eingang Fragebögen. Die Besucher füllten die Karten aus und warfen sie beim Verlassen des Gebäudes in einen Kasten.

Anschließend wurden die Ergebnisse von den Mitarbeitern des Museums ausgewertet. Eine der Schlüsselfragen der Umfrage lautete: „Warum sind Sie heute ins Museum gekommen?" Die häufigste Antwort war: „Weil es draußen regnete". Die zweithäufigste Antwort lautete: „Um auf die Toilette zu gehen". Stellen Sie sich die Stimmung der Museumsleitung angesichts dieser Art von Reaktion seitens ihrer „Kunden" vor. Genau genommen, hat ein Museum Kunden wie jedes andere Dienstleistungsunternehmen. Kämen die Leute nicht, um sich die ausgestellten Kunstwerke anzuschauen, müßte es zumachen. Wir haben hier ein hervorragendes Beispiel für einen Unternehmer, der zu wenig über die Motivation des Kunden weiß.

Wenn ein Kunde mit einem Dienstleistungsunternehmen in Kontakt kommt, bekommt er zunächst einen Gesamteindruck, er sieht noch nicht die einzelnen Bestandteile. Wir haben diese umfassende Erfahrung in einem vorangegangenen Kapitel als Servicezyklus bezeichnet. Im Falle einer Fluggesellschaft beginnt der Servicezyklus, wenn der Kunde telefonisch einen Flug bucht. Dann geht der Zyklus weiter: Der Kunde fährt zum Flughafen, kauft sein Ticket, checkt sein Gepäck am Schalter der Fluggesellschaft ein, geht an Bord, ißt während des Fluges etwas oder schaut sich einen Film an, landet in einer bestimmten Stadt und erledigt, was er zu erledigen hat, bis es Zeit zum Rückflug ist. Der gesamte Prozeß läuft dann noch einmal umgekehrt ab, und der Zyklus ist beendet, wenn Kunde und Gepäck wieder heil zu Hause sind.

An jedem Punkt dieses Zyklus kommt der Kunde mit einem bestimmten Teilbereich des Unternehmens in Berührung. Das Bild, das er sich macht, kann durch jeden einzelnen Mitarbeiter oder Faktor, mit dem er unterwegs zu tun hat, verändert oder beeinflußt werden.

So erkennen wir, daß der Kunde ein bestimmtes Denkmuster oder bestimmte Vorstellungen hat, wohingegen die einzelnen Angestellten der Fluggesellschaft wiederum ihr ganz eigenes Denkmuster haben. Jeder Mitarbeiter bekommt sozusagen nur „ein Bein des Elefanten" zu fassen: Er kennt sich in seinem persönlichen Aufgabengebiet bestens aus, versteht aber meistens nichts von den Aufgaben oder Zuständigkeiten anderer Angestellter.

Stellen Sie sich einmal folgende Situation vor: Ein Passagier wandert durch die Abflughalle und kann seinen Flugsteig nicht finden. Vielleicht bittet er einen zufällig vorbeikommenden Gepäckabfertiger um Auskunft. Nun ist dieser vielleicht sogar bei der Fluglinie unseres Passagiers angestellt, aber er hat zufällig gerade Mittagspause. Seine Antwort besteht vielleicht darin, daß er, während er sich ein belegtes Brot in den Mund stopft, etwas vor sich hinbrummt und vage in irgendeine Richtung zeigt.

Welches positive Ergebnis — wenn überhaupt eines — könnte eine solche Begegnung zwischen Kunden und Angestelltem haben? Eine andere, hilfreichere Antwort bestünde darin, daß der Gepäckabfertiger stehenbleibt und sagt: „Oh ja, der Flugsteig, den Sie suchen, ist am Ende dieser Halle auf der rechten Seite." Beide dieser möglichen Antworten erfordern dieselbe Zeit, letztere hinterläßt langfristig gesehen jedoch einen sehr viel günstigeren Eindruck bei dem Kunden.

Wir haben hier einen Fall, in dem der Gepäckabfertiger vielleicht nicht an dem betreffenden Flugsteig beschäftigt ist und die Mitarbeiter oder die Arbeitsweise dort nicht kennt. Ist er jedoch in irgendeiner Form mit dem Gesamtunternehmen vertraut — was das Ergebnis einer entsprechenden Kundendienstschulung sein könnte —, kann er dem Fluggast, der ja indirekt seinen Lohn bezahlt, bereitwillig Auskunft geben und ihm seine Hilfe anbieten.

Nun ist sich andererseits der Kunde wahrscheinlich nicht bewußt, daß er den Gepäckabfertiger während seiner Mittagspause anspricht. Er will nur seinen Flugsteig finden, um seine Maschine nicht zu verpassen. Darin liegt an diesem bestimmten Ort und zu dieser bestimmten Zeit die vorrangige Motivation des Kunden, alles andere ist nicht besonders wichtig. Kurze Begegnungen wie diese entscheiden oft über das positive oder negative Image der Fluggesellschaft.

Sämtliche Bemühungen einer Luftfahrtgesellschaft um Marketing, Werbung und Kundenfreundlichkeit können durch eine korrekte bzw. unhöfliche Reaktion seitens eines einzigen Angestellten entweder beträchtlich aufgewertet oder zunichte gemacht werden. Dies ist nur ein Beispiel dafür, wie wichtig es ist, daß alle Mitarbeiter und nicht nur diejenigen, deren Funktionen den Kontakt mit dem Kunden ohnehin mit sich bringen, serviceorientiert sind.

Mangelnde Kenntnis der Kundenmotivation ist nach wie vor ein Hauptproblem in vielen Dienstleistungsunternehmen. Auf einem der am stärksten expandierenden Märkte unserer Wirtschaft, der Personal-Computer-Branche, waren nach dem anfänglich rasanten Anstieg der Verkaufszahlen und der Produktivität nur mehr begrenzte Wachstumsraten zu verzeichnen. Ein wesentlicher Grund für dieses verlangsamte Wachstum liegt in der mangelnden Akzeptanz des Computers seitens der „pragmatischen" Bevölkerung, der Leute nämlich, die noch immer der Auffassung sind, es wäre ihrem Naturell zu abträglich, sollten sie lernen, mit einem Computer umzugehen.

Diese Pragmatiker bilden die dritte Stufe eines in fünf Phasen ablaufenden Prozesses der Ausbreitung einer Technologie, der von den Soziologen folgendermaßen dargestellt wird:

1. Experimentierfreudige — Leute, denen es Spaß macht, mit neuen Geräten, Erfahrungsmöglichkeiten oder Moden zu spielen.

2. Frühe Anwender — Leute, die Neuheiten gerne einer praktischen Anwendung zuführen.

3. Pragmatiker — die Mehrheit, die eine neue Technologie nur dann ausprobiert, wenn sie bewährt ist und eine hohe Lebenserwartung hat.

4. Späte Anwender — Leute, die eine Technologie annehmen, wenn sie dazu gezwungen sind.

5. Widerstand Leistende — Leute, die eine Technologie überzeugt ablehnen.

Nach dieser Theorie stellten bisher die Experimentierfreudigen und frühen Anwender die Mehrheit der Computerkäufer. Sie sind stark technisch orientiert und begrüßen und testen eine neue Technologie mit Begeisterung. Leider scheint sich zwischen den ersten beiden Gruppen und der dritten nun ein deutlich sichtbarer Abgrund aufzutun.

Zwischen den Pragmatikern und Experimentierfreudigen bzw. frühen Anwendern scheint ein wesentlicher Unterschied zu bestehen. Es zeigt sich immer deutlicher, daß die Pragmatiker nicht, wie viele Mitglieder der Branche geglaubt und gehofft hatten, bereit sind, Computer rasch und begeistert einzuführen. Pragmatiker denken anders, sie haben andere Werte, eine andere technische Orientierung und ganz andere persönliche Bedürfnisse.

Viele Computerhersteller, Softwarehäuser und EDV-Fachverlage scheinen nicht in der Lage zu sein, zu den Bedürfnissen und Motivationen dieses Teilmarktes Zugang zu finden. Die Werbung, die nach wie vor auf vorrangig technisch denkende Anwender ausgerichtet ist, beweist, daß die Computerhersteller noch immer davon ausgehen, daß zwischen den einzelnen Stufen der Einführung dieser Technologie keine Lücke entstehen wird.

Anscheinend hofft man in der Computerindustrie, daß die nächste Käuferwelle bereit sein wird, ihr Geld auf dieselbe Art und Weise und aus denselben Gründen anzulegen wie die Anwender der ersten beiden Wellen. Man geht offensichtlich davon aus, daß jeder rechtzeitig lernen wird, den Computer zu lieben, und daß es auch ohne besondere Zugeständnisse möglich sein wird, die übrige Bevölkerung für sich zu gewinnen.

Die Ausbreitungstheorie geht hingegen davon aus, daß sich aufgrund der völlig unterschiedlichen technischen Orientierung der Angehörigen der verschiedenen Stufen eine solche Kluft entwickeln wird. Mit immer kleiner werdender Zahl der Experimentierfreudigen und frühen Anwender, die noch keinen Computer besitzen, wird es für die Hersteller immer schwieriger, ihr Produkt auf diesen schrumpfenden Teilmärkten abzusetzen.

So wie die meisten Computer- und Softwareanbieter noch nicht gelernt haben, ein Produkt zu schaffen, das für Pragmatiker interessant wäre, haben die meisten Werbeagenturen noch nicht gelernt, ihre Anzeigen auf dieses Segment des Marktes zuzuschneidern. In den meisten Fällen stellt die Computer- und Softwarewerbung technische Daten, hochkomplizierte Eigenschaften und andere Faktoren heraus, die nur für stark technisch vorgebildete Käufer von Interesse sind. Diese Werbetexte sind selten in einer jedermann verständlichen Sprache abgefaßt, was letztendlich nur den Werbeagenturen und den von ihnen geförderten Unternehmen selbst schadet.

Wie sich Kunden verlieben und „entlieben"

Was heute „in" ist, ist vielleicht morgen schon veraltet. Wenn sich die Zeiten ändern und die Kunden andere Bedürfnisse oder Anliegen haben, kann eine bisher einträgliche und sichere Dienstleistung schließlich von der Bildfläche verschwinden. Sehr wenige der heute bestehenden Unternehmen existierten vor fünfzig Jahren in auch nur annähernd ähnlicher Gestalt. Umgekehrt waren viele noch gestern ertragreiche Branchen gezwungen, um zu überleben, Veränderungen vorzunehmen.

Die Geschichte von Unternehmen als anpassungsfähige Wirtschaftseinheiten ist alles andere als beeindruckend. Es kommt nur allzu häufig vor, daß ein Unternehmen miterlebt, wie sich die Struktur seiner Branche von Grund auf ändert und es trotzdem völlig außerstande ist, seine Ressourcen zu mobilisieren, um mit diesem Wandel fertigzuwerden. Es scheint für ein größeres Unternehmen verhältnismäßig schwierig zu sein, seine Technologie, seine Ressourcen und seine Philosophie einschneidend zu ändern. Verfolgen wir die Geschichte von Unternehmen, die sich schlecht angepaßt haben sowie von Unternehmen, denen dies gut gelungen ist, können wir eine ganze Menge über die Anpassung an sich wandelnde Kundenbedürfnisse lernen.

Nehmen wir einmal den Fall der Kirchen. Die Kirchen als Gruppe haben ein echtes Marketingproblem, wie sich in der Tatsache zeigt, daß die Zahl der Gottesdienstbesucher und die Einnahmen in den letzten Jahren ständig zurückgegangen sind. Früher boten die Kirchen so etwas wie geistige Führung und dienten den Bewohnern von Kleinstädten als Treffpunkt und Zentrum, wo man seinen Einfluß geltend machen konnte. In der Vergangenheit waren die Kirchen vielleicht die einzigen Institutionen, die in ländlichen Gemeinden Möglichkeiten zu sozialem Kontakt boten. In der heutigen „mobizentrischen" Gesellschaft finden die Menschen diesen Kontakt jedoch immer mehr am Arbeitsplatz, in Vereinen und in ihrem Wohnviertel. Den meisten Kirchen ist es nicht gelungen, ihre „Produkte" an das sich wandelnde Umfeld ihrer „Kunden" anzupassen.

Ein weiteres Beispiel für eine Institution, welche die Verbindung zu den Bedürfnissen ihrer Kunden verloren hat, sollte hier erwähnt werden: der Niedergang der Pfadfinder. Jahrelang hielten die Boy Scouts eine patriotische Tradition aufrecht, die dazu beitrug, Knaben zu verantwortungsbewußten jungen Männern zu machen. Die Werte und Ideale, welche dieses historische Dienstleistungsunternehmen lehrte, haben das Leben vieler berühmter Männer mitgeprägt. Präsidenten, Sportler und Schauspieler waren der Ansicht, aus ihrer Mitgliedschaft bei den Pfadfindern in vieler Hinsicht Nutzen für ihr persönliches Leben gezogen zu haben.

Aber wie steht es heute um die Pfadfinder? Die Mitgliederzahlen sind dramatisch zurückgegangen, schon weil sich den Jungen — und auch Mädchen — heute so viele Alternativen für ihr Leben bieten. Zunächst einmal hat das Fernsehen heute eine sehr viel größere Bedeutung als noch vor dreißig Jahren, als die Scouts beliebt waren. Die jungen Leute heute haben ihre eigenen Wertvorstellungen, die von Ideen, welche die Pfadfinderei verdrängt haben, geprägt sind. Wenn ein Jugendlicher das Alter erreicht, in dem die Pfadfinderei für ihn eine Attraktion darstellen könnte, hat er sich vielleicht bereits entschieden, daß er viel lieber zu Hause vor dem Fernseher sitzen möchte.

Das Pfadfindertum hat den Sprung in unsere heutige moderne Zeit nicht geschafft. Die Bewegung muß eine stärkere persönliche Anziehungskraft ausüben können, um die Jungen und Mädchen entsprechenden Alters für sich zu gewinnen und die gültigen Werte, welche die Pfadfinderei anzubieten hat, zu verbreiten. Die Bewegung bemühte sich nicht mehr um neue Mitglieder und entsprach nicht mehr den Bedürfnissen der jungen Leute. Gegenwärtig machen sich die Führungskräfte der Pfadfinder ernsthafte Gedanken, was sie unserer Jugend anbieten können und sollten. Erst wenn sie die Motivation und Bedürfnisse ihrer „Kunden" verstehen, können sie attraktive Möglichkeiten offerieren.

Es kommt vor, daß sich Dienstleistungsunternehmen veränderten Bedürfnissen nicht anpassen, obwohl sie sich in einer idealen Position befinden, um die Vorreiterrolle zu übernehmen. Insbesondere zwei Branchen fielen dem technologischen „Bocksprung"-Effekt zum Opfer, der die Innovation auf vielen Gebieten zu kennzeichnen scheint. Sowohl die Hotellerie als auch die Eisenbahnen verpaßten wichtige Gelegenheiten, um zu expandieren und neue Kundendienstkonzepte in neuen Bereichen zu entwickeln. Weder Hotels noch Eisenbahnen ist es gelungen, sich die wandelnden Bedürfnisse ihrer Kunden zunutze zu machen. Sie erkannten nicht, daß der Mittelstand sich veränderte, daß er breiter und mobiler wurde.

Das Hotelgewerbe war immer eine blühende Branche gewesen, die den Bedürfnissen einer reisenden Ober- und Mittelschicht gerecht wurde. Als aber das Reiseverkehrsaufkommen wuchs, wurden plötzlich preisgünstige Unterbringungsmöglichkeiten, die Zeit und Geld sparten, nötig. Der Reisemarkt brauchte saubere, preisgünstige Zimmer in der Nähe von Flughäfen und Autobahnen.

Vermutlich hätte das Hotelgewerbe bei der Schaffung der Motel-Industrie die Führung übernehmen sollen. Die Spitzenkräfte in der Hotellerie hatten die Kenntnisse und die Erfahrung, um den Bedürfnissen der reisenden Bevölkerung entsprechen zu können. Es wäre nur folgerichtig gewesen, daß sie Geld und Energie in die Entwicklung der Motelbranche als zwangsläufiger Ausweitung ihrer eigenen Tätigkeit steckten. Tatsächlich war es aber so, daß sich die Motels als fast völlig eigenständige Branche entwickelten. Die Hiltons, Marriotts and Sheratons bemühten sich nicht um ein preis- und verkehrsgünstiges Beherbergungsangebot. Diese Innovation erforderte eine neue Mannschaft.

Die Geschichte der Eisenbahn war von ihren Anfängen bis Ende der vierziger Jahre eine echte Erfolgsstory. Mit der Bahn zu reisen war beliebt, billig und verhältnismäßig schnell. Viele Menschen benützten die Züge, und viele Unternehmen verschickten ihre Waren im ganzen Land mit der Bahn. Während ihrer Blütezeit war die Bahn wegen ihres Service und ihrer Zuverlässigkeit auf großen Strecken beliebter als das Auto. Als jedoch die Zivilluftfahrt aufkam und es den Bahngesellschaften nicht gelang, aus ihrer Erfahrung im öffentlichen Verkehrswesen Nutzen zu ziehen, begann der Niedergang der Bahnindustrie.

Auch hier wäre es nur folgerichtig gewesen, hätte die Bahn bei der Entwicklung der neuen Luftfahrtindustrie die Vorreiterrolle übernommen. Im Management der Bahn saßen die führenden Köpfe und Fachleute der Verkehrsbranche. Ihr Wissen hätte dazu beitragen sollen, das Flugzeug als wirksame verkehrstechnische Alternative zu entwickeln. Wer wäre besser geeignet gewesen, aus der neuen Branche im Personen- und Warenverkehr Nutzen zu ziehen? Die Fluggesellschaften jedoch traten mit einer aggressiven neuen Führungsmannschaft auf den Plan und wurden schnell bei Reisenden und Verladern beliebt.

Die Kunden fanden Flugreisen billiger, schneller und effizienter. Die Speditionen stellten fest, daß sich Waren mit dem Flugzeug mit einem Mindestmaß an Verspätung an ihren Bestimmungsort befördern ließen. In dieser Zeit hatten sich die Bahngesellschaften nicht um die notwendige Kapitalumschichtung gekümmert, und ein Großteil des rollenden Materials war bald veraltet und oft sogar gefährlich. Die Fahrpläne für Güterzüge waren unsachgemäß gestaltet, was zu erheblichen Verspätungen führte.

Im Laufe der Jahre unternahmen die Fluggesellschaften kühne Schritte, um aus dem wachsenden Volumen an Geschäftsreisen Kapital zu schlagen; sie boten häufige Verbindungen auf den kurzen Strecken zwischen den Großstädten sowie Flüge von Kontinent zu Kontinent. Sie sicherten sich ihre Überlegenheit über die Bahn, indem sie für Flugpläne und den Ticketverkauf Computertechnologie einsetzten und ihre Maschinen regelmäßig mit der neuesten Technologie der führenden Hersteller ausstatteten.

Das Management der Bahngesellschaften beging zwei grundlegende Fehler. Erstens sah es nicht voraus, welche Auswirkungen die kommerzielle Luftfahrt auf die Bahn haben würde, und folglich brachte es sein Know-how nicht in die Entwicklung dieses neuen Verkehrsträgers ein. Zweitens nahm es keine Verbesserungen an Technologie, Dienstleistungen und Ausstattung vor, um diese den sich wandelnden Bedürfnissen der Kunden anzupassen. Diese Starrheit und mangelnde Anpassungsfähigkeit war wesentlich dafür verantwortlich, daß die Bahn immer mehr an Beliebtheit verlor und immer seltener benutzt wurde.

Ein Unternehmen, das in den USA die Veränderung kommen sah und ihr mit einer wirksamen Unternehmensstrategie begegnete, war Sears, Roebuck & Co. Sears sorgte dafür, daß die Waren tatsächlich zum Kunden gelangten und wurde dadurch zum größten Einzelhandelsunternehmen der Welt. Um die Jahrhundertwende beschloß die Geschäftsleitung von Sears, sich vorrangig auf Landwirte und Bewohner ländlicher Gemeinden als Kunden zu konzentrieren. Den Sears-Leuten war bald klar, daß sie ein leistungsfähiges Vertriebsnetz entwickeln mußten, denn die amerikanische Bevölkerung war über das ganze Land verstreut und verhältnismäßig wenig mobil.

Sears stieg ins Versandgeschäft ein und gab damit den Anstoß zur Entwicklung eines wichtigen wirtschaftlichen Trends, der viele Jahre lang bestehen blieb. Auch die Einzelhandelsgeschäfte in den Städten waren eine sichere Umsatzquelle; Sears konzentrierte sich jedoch auf die Landbevölkerung, die damals über 80 Prozent der Gesamtbevölkerung ausmachte. Die kleinen Käufe der einzelnen Farmer summierten sich zu einer riesigen Kaufkraft.

In den zwanziger und dreißiger Jahren jedoch machte das Auto die Amerikaner mobiler, und viele von ihnen wanderten in die Städte ab, um in der Industrie zu arbeiten. Als sich eine amerikanische Mittelschicht mit neuen Kaufwünschen und einem neuen Kaufverhalten bildete, paßte sich das Sears-Management diesen Veränderungen in der Bevölkerungsstruktur an und beschloß, der Absatzpolitik eine neue Stoßrichtung zu geben. Der Schwerpunkt der unternehmerischen Tätigkeit wurde auf den Einzelhandel verlagert. Dies bedeutete eine durchgreifende Veränderung in Aufbau und Arbeitsweise des gesamten Unternehmens. Heute sind weniger als 5 Prozent der amerikanischen Bevölkerung in der Landwirtschaft tätig. Sears betreibt heute eine große und erfolgreiche Kette von Einzelhandelsgeschäften in unserer stark verstädterten Gesellschaft, woran sich ablesen läßt, daß das Unternehmen einige strategisch sehr bedeutsame Veränderungen im Kundendienstbereich vorgenommen hat.

Die Bedeutung der Marktforschung

Soll ein Unternehmen in der Lage sein, sich mit seinen Kunden zu verändern und zu entwickeln, kommt der Marktforschung eine entscheidende Rolle zu. Marktuntersuchungen sagen einem Dienstleistungsunternehmen in kurz zusammengefaßter Form, wie es von den Kunden gesehen wird und wo seine Chancen liegen könnten. Einige Unternehmen stecken erhebliche Summen in die Marktforschung, andere erstaunlich wenig. Natürlich gibt es keinen „richtigen" Investitionsumfang, aber es ist sinnvoll, all die Informationen zu sammeln, die man benötigt, um ein klares Bild von der Motivationsstruktur des Kunden zu bekommen, um zu verstehen, wie er unser Unternehmen sieht und welche Möglichkeiten wir haben, unsere Stellung zu verbessern.

Wirksame Marktforschung beschäftigt sich im allgemeinen mit zwei Arten von Informationen: *demographischen* und *psychographischen*. Demographische Angaben enthalten allgemeine menschliche Eigenschaften, anhand derer sich bestimmte Segmente der Verbraucherbevölkerung abstecken lassen. Zu diesen demographischen Daten gehören zum Beispiel Alter, Geschlecht, Einkommensgruppe, Haushaltsgröße und Wohnverhältnisse. Aus diesen Informationen ergibt sich ein statistischer Überblick über die Kundenbevölkerung.

Psychographische Angaben beschreiben Haltungen, Vorlieben, Überzeugungen, Wertsysteme, soziale Gewohnheiten und Erwartungen. Psychographische Daten sind im allgemeinen schwieriger und nur mit höherem Kostenaufwand zu bekommen als demographische Informationen. Demographische Daten sind oft aus der Öffentlichkeit zugänglichen Quellen zu beziehen, psychographische Daten existieren in den Köpfen der Menschen. Fast immer gibt es nur eine Möglichkeit, um etwas über die Einstellung der Menschen zu erfahren: Man muß sie danach fragen.

Wie wir bereits in anderem Zusammenhang betont haben, existiert im Kopf des Kunden eine Art unsichtbare Notenliste, anhand derer dem Dienstleistungsunternehmen ein Zeugnis ausgestellt wird. Oft ist sich der Kunde dieses Bewertungssystems nicht bewußt. Die meisten Menschen reagieren in ihrer Rolle als Kunden auf bestimmte Ereignisse, ohne jedoch notwendigerweise zu verallgemeinern. Wenn Sie jemanden fragen, warum er eine bestimmte Bank, ein Hotel oder eine Fluglinie den anderen vorzieht, wird er wahrscheinlich gute Gründe dafür anführen. Aber üblicherweise verteilen die Verbraucher nicht bewußt und auf umfassende Weise Noten an Dienstleistungsunternehmen.

In den Dienstleistungsunternehmen werden oft viele Mutmaßungen über Einstellung und Gewohnheiten der Kunden angestellt; es wird oft viel herumgeraten. Die Spitzenkräfte in Dienstleistungsbranchen bilden sich im allgemeinen ihre Meinung von den Kunden aufgrund langjähriger Erfahrungen, aber kaum mit aktuellen Informationen. Jeder Manager hat seine eigene Theorie darüber, was für den Kunden wichtig ist, aber in verhältnismäßig seltenen Fällen stützt sich diese Theorie auf ausreichend gründliche Untersuchungen.

Um es mit den Worten des berühmten Detektivs Sherlock Holmes zu sagen: „Es ist ein kapitaler Fehler zu theoretisieren, bevor man über Informationen verfügt." Wir haben in einem früheren Kapitel dieses Buches darauf hingewiesen, wie wichtig es ist, die Kaufmotive des Kunden zu kennen. Was erwartet der Käufer von einer Dienstleistung wie der, die wir anbieten? Welche Faktoren zählen für ihn? Was veranlaßt den Käufer, immer wieder unsere Dienstleistung anstatt alle anderen verfügbaren Möglichkeiten zu wählen? In unserer Arbeit mit Dienstleistungsfirmen stellen wir oft fest, daß die Manager nur eine äußerst ungenaue Vorstellung davon haben, was für den Kunden wirklich zählt.

Hier nun ein kurzes, aber aufschlußreiches Beispiel: die Geschichte einer Ausbildungsleiterin im Hotelgewerbe, die eines unserer Seminare über Service-Management besuchte. Sie hatte selbst mit verschiedenen Managern und Abteilungsleitern in ihrem Hotel ein Seminar durchgeführt. Es ging dabei um die Qualität des Kundendienstes. Als es Zeit war für die Kaffeepause, fragte jemand in der Gruppe: „Welche Augenblicke der Wahrheit enthält ein so einfaches Ereignis wie eine Kaffeepause? Welche Faktoren sind für eine gute Pause wichtig?" Es wurde daraufhin in der Gruppe eine Blitzbefragung durchgeführt, um festzustellen, was die einzelnen Teilnehmer in einer Kaffeepause für wichtig hielten.

Einige Zeit später führte die Schulungsleiterin eine kleine Umfrage im Hotel durch. Sie fragte den für den Kaffeeausschank zuständigen Kellner, was seiner Ansicht nach eine gelungene Kaffeepause ausmache. Außerdem fragte sie den Food-and-Beverage-Manager sowie den Hoteldirektor nach ihrer Meinung. Der Kellner, der Abteilungsleiter und der Hoteldirektor waren sich allesamt einig, daß der Kaffee von höchster Qualität, gut zubereitet und in hübschem Porzellan serviert sein sollte. Er sollte von einer auf Hochglanz polierten, eleganten Kaffekanne auf einem sauberen, hübsch gedeckten Tisch serviert werden.

Von den Teilnehmern des Seminars erwähnte kein einziger diese Faktoren. Sie wollten am Kaffeeausschank schnell vorwärtskommen, ohne sich bei dem Versuch, eine Tasse Kaffee oder Tee zu ergattern, durch eine Menschenmenge durchkämpfen zu müssen. Weiterhin wünschten sie sich, daß der Kaffeeausschank sich in Nähe der Toiletten und Telefone befände, ein Faktor, den keiner der Planer berücksichtigt hatte. Es stellte sich heraus, daß die Teilnehmer das Kaffeetrinken im umfassenderen Kontext einer totalen Erholungspause sahen, in der verschiedene Bedürfnisse befriedigt werden konnten. Keiner von ihnen erwähnte Qualität oder Aroma des Kaffees. „Ich frage mich", sagte unsere Hotelfachlehrerin nachdenklich, „wie oft wir versuchen, unseren Kunden etwas schmackhaft zu machen, was ihnen eigentlich gar nicht wichtig ist."

Es ist gefährlich, einfach anzunehmen, wir wüßten, was die Leute wollen und wofür sie zu zahlen bereit sind. Manager, die kaum Erfahrung mit der Ermittlung oder Auswertung psychographischer Angaben haben, schenken diesem Prozeß oft nur wenig Beachtung. Viele von ihnen verlassen sich auf die „offensichtlichen Tatsachen", die sie über ihre Kunden wissen. Aber wie das Beispiel der Kaffeepause gezeigt hat, trifft das, was wir für offensichtlich halten, vielleicht gar nicht zu. Um noch einmal Sherlock Holmes zu zitieren: „Nichts ist so trügerisch wie eine offensichtliche Tatsache."

Welche Art von Informationen wir über den Markt brauchen, hängt weitgehend davon ab, welche Art von Dienstleistungen wir anbieten und welche strategischen Handlungsalternativen wir in Betracht ziehen. Sind wir zum Beispiel ein Krankenhaus und wollen unsere Tätigkeit auf die Bereiche Gesundheit und Fitness ausdehnen, müssen wir absehen können, wie unsere gegenwärtigen Kunden möglicherweise auf einen solchen

Schritt reagieren. Würden sie uns als glaubhaften Anbieter dieser Leistungen sehen? Welche Hoffnungen haben sie, diese Bedürfnisse befriedigt zu sehen? Welche Art von Erfahrung schwebt ihnen vor, wenn sie an körperliches Wohlbefinden denken? Welche Art von Einrichtungen würden sie erwarten? Welche Art von Werbebotschaft würde bei ihnen ankommen?

Sind wir ein Fachzeitschriftenverlag, der eine Buchreihe über ein Spezialgebiet herausbringen möchte, wollen wir wahrscheinlich wissen, ob unsere Leser uns als kompetent ansehen, solche Bücher auf den zu Markt bringen. Würden wir mit Verlagen konkurrieren, die bei uns Werbung machen? Haben wir eine Glaubwürdigkeit, auf die wir aufbauen können? Wird die Tatsache, daß ein bestimmtes Buch unter unserem Namen herauskommt, die Verkaufszahlen steigern? Wie genau wissen wir, was für Bücher unsere Leser wollen? Wir sind zwar ein anerkannter Zeitschriftenverlag, haben aber noch wenig Erfahrung in der Herausgabe von Büchern, die ein völlig anderes Verhältnis zur Kundschaft erfordern.

Falls wir uns mit dem Gedanken tragen, das Image unseres Produkts oder unserer Dienstleistung zu verändern, wie genau wissen wir, was für ein Bild unsere Kunden davon gegenwärtig haben? Der international bekannte Werbefachmann und Designer David Ogilvy erzählt gerne die Geschichte seiner ersten Erfahrungen mit Haushaltswaren, insbesondere der Badeseife „Dove". Seine Werbestrategie zielte darauf ab, zu erklären, dieses neue Produkt sei eigentlich keine Seife, sondern etwas anderes, neues, besseres als gewöhnliche Seife. Seine Kampagne in den Printmedien lief unter dem Slogan: „Dove macht Seife obsolet." Er war mit seinen anfänglichen Anstrengungen sehr zufrieden, bis eine Umfrage unter den Lesern der Anzeige ergab, daß 40 Prozent gar nicht wußten, was das Wort *obsolet* bedeutet. Es kann ein schwerwiegender Fehler sein, Schwierigkeiten, Zeit und Mittel zu unterschätzen, die erforderlich sind, um einem Markt einen abstrakten Begriff oder eine nützliche Neuerung zu vermitteln, wie im übrigen viele Personal-Computer- und Softwarehersteller im Moment feststellen müssen.

Festzustellen, was der Kunde denkt, ist wichtig und kann eine echte Herausforderung bedeuten. Es ist eine Kunst zu wissen, welche Informationen man braucht und wie man die richtigen Fragen stellt, um sie auch zu bekommen. Vieles von dem, was als Marktforschung gilt, sind eigentlich Meinungstests, die sich auf vorgefertigte Fragen stützen. Wenn Sie die Besucher eines Konzerts während der Pause fragen, wie ihnen die Musik, ihre Plätze und die Getränke gefallen bzw. schmecken, werden Sie ihre Meinung dazu erfahren. Wenn Sie aber vergessen zu fragen, wie sie in den Konzertsaal gekommen sind, werden Sie wahrscheinlich nie erfahren, daß viele die Gegend gefährlich finden und oft nicht ins Konzert gehen, weil sie Angst davor haben, ihren Wagen in einer unsicheren Gegend abzustellen.

Gute Marktforschung bedeutet eine geschickte Art der Untersuchung, anhand derer wir uns wichtige Informationen verschaffen können. Das stimmt selbst dann, wenn wir nicht genau wissen, was für Fragen wir stellen sollten.

Image als kontrollierte Wahrnehmung

Abschließend nun noch einige Gedanken zum Thema Dienstleistungs-Image. Welche Faktoren fallen Ihnen ein, wenn Sie das Wort *Image* hören? Dazu gehören vielleicht Freundlichkeit, Glaubwürdigkeit, Ehrlichkeit, moralisches Verhalten, guter Ruf, Vertrauen, ein Gefühl der Beständigkeit, Konsequenz, Qualität und Integrität. Dies sind einige der Elemente, die das Image eines Unternehmens ausmachen können. Aber was ist eigentlich ein Image?

Eine praktische Definition des Begriffes *Image* vom Standpunkt der Unternehmensstrategie könnte folgendermaßen lauten: „Eine kontrollierte Wahrnehmung seitens des Kunden von der Art und Weise, auf die das Unternehmen seine Tätigkeit betreibt". Wie wollen wir von unseren Kunden gesehen werden? Welche Art von Image wollen wir uns durch unser Geschäftsgebaren verschaffen?

Will man ein Image aufbauen, ist es von ausschlaggebender Bedeutung, daß man weiß, wie das Image eines Unternehmens entsteht. Das Konzept der Augenblicke der Wahrheit erinnert uns daran, daß sich unser Image von einem Moment zum anderen und von einem Tag zum anderen infolge sämtlicher Erfahrungen, die der Kunde im Umgang mit uns sammelt, entweder verbessern oder verschlechtern kann. Wir prägen die Wahrnehmung des Kunden — unser Image —, indem wir den Augenblicken der Wahrheit ihr Gepräge geben.

Es ist bemerkenswert, daß die drei wichtigsten Dienstleistungen von Unternehmen kommen, die im Grunde genommen ein ziemlich negatives Image haben, nämlich die Gas- und Stromversorgung, das Fernsprechwesen und die Post. Rechnen Sie einmal aus, wieviele Minuten Sie arbeiten müßten, um die Beförderung eines Briefes bezahlen zu können. Die entsprechenden Gebühren sind also lächerlich gering. Stellen Sie sich vor, wie hoch Ihre „Arbeitskosten" für ein Telefongespräch, selbst zum Ferngesprächstarif, wären. Und Ihre Heizkosten: Überlegen Sie sich einmal, wieviel Mühe es Sie kosten würde, genügend Brennstoff zusammenzutragen und zu verbrennen, um dieselben Annehmlichkeiten zu haben, die Sie heute durch eine einfache Drehung am Thermostat bekommen.

Es stimmt zwar, daß die Führung dieser drei Dienstleistungsunternehmen nicht immer Glanzleistungen vollbringt; aber für den Preis, den wir dafür bezahlen, bieten sie uns wertvolle Dienstleistungen. Ironischerweise haben die meisten Kunden jedoch einen alles andere als guten Eindruck von diesen drei Unternehmen, die möglicherweise selbst dann Imageprobleme hätten, wenn sie immer wirksame Leistungen erbrächten, durch hochqualifizierte Spitzenkräfte vertreten würden und kundenfreundliche Systeme zu bieten hätten. Ein Aspekt des Service-Dreiecks, den offensichtlich all diese Unternehmen vernachlässigen, ist die Servicestrategie. Sie teilen dem Kunden nicht genügend über ihre Dienstleistungen mit. Die meisten gehen davon aus, daß guter Service ihnen gute Noten einbringen wird und verhalten sich relativ passiv.

Diese Annahme ist eindeutig falsch. Um ihr Image zu verbessern, müssen diese Gesellschaften der Öffentlichkeit eine deutlichere und glaubwürdigere Botschaft vermitteln. Sie müssen ihren Kunden zeigen, was sie für ihr Geld bekommen. Mit anderen Worten, diese Unternehmen sollten Servicestrategien entwickeln, die vorrangig darauf abzielen, dem Kunden die Stärken des Unternehmens deutlicher bewußt zu machen.

Kommen wir nun auf das Konzept des Service-Dreiecks zurück (siehe Abb. 3-1). Stellen wir fest, daß die Elemente konsequente Servicestrategie, kundenorientierte Mitarbeiter an vorderster Front und kundenfreundliche Systeme vorhanden sind und sich wechselseitig verstärken, dann tun wir das Notwendige, um uns ein positives Image zu verschaffen. Dadurch, daß wir positiv auf die Erfahrung des Kunden einwirken, schaffen wir indirekt ein solches Image. Dadurch, daß wir dafür sorgen, daß die Dinge in den Augenblicken der Wahrheit positiv ablaufen, verbessern wir sein Bild von unserem Unternehmen.

5
Die richtige Servicestrategie finden

Eines der wichtigsten Dinge, die ein Unternehmen tun kann, ist, genau festzustellen, in welcher Branche es tätig ist.
Peter Drucker

Wir setzen unsere schrittweise Untersuchung des Service-Dreiecks fort und kommen jetzt zur *Servicestrategie.* Wir haben die Bedeutung des Standpunkts und die Motivationsstruktur des Kunden geklärt und müssen uns nun Gedanken darüber machen, welche Möglichkeiten wir haben, um das Dienstleistungsunternehmen auf dem Markt zu „positionieren".

Nach Meinung des Managementtheoretikers Peter Drucker besteht eines der wichtigsten Dinge, die ein Unternehmen tun kann, darin, daß es genau bestimmt, in welcher Branche es eigentlich tätig ist. Dies trifft besonders auf Dienstleistungsunternehmen zu. Oft ist vielleicht nicht klar, worin der Unternehmenszweck genau besteht, weil keine materiellen Güter von irgendeinem Fließband rollen. Alle, die mit Entwicklung und Bereitstellung einer Dienstleistung zu tun haben, sollten dieselbe Vorstellung von dieser Dienstleistung und ihrem Zweck für den Kunden haben. Dies gilt sowohl, wenn die Dienstleistung das primäre Produkt ist, als auch, wenn sie einfach ein „gebündeltes" oder sekundäres Attribut des Produktes ist.

Im folgenden Kapitel wollen wir einige Antworten auf die Fragen anbieten, mit denen sich jedes Dienstleistungsunternehmen, das die Qualität seines Service zur obersten Priorität machen will, vor allem auseinandersetzen muß.

1. Was ist eine Servicestrategie?
2. Warum sollten wir eine genau festgelegte Servicestrategie haben?
3. Wann muß eine solche Strategie neu überdacht werden?
4. Welches sind die Bestandteile einer wirksamen Servicestrategie? (Welche Elemente umfaßt sie?)
5. Wie sieht eine typische Servicestrategie aus? (Was besagt sie?)

Die Erstellung bzw. Neuformulierung einer Servicestrategie ist oft eine anspruchsvolle und unsere Kreativität herausfordernde Aufgabe. In einigen Fällen werden gründliche Marktuntersuchungen eindeutige Hinweise darauf geben, wie das Unternehmen in der Vorstellung des Kunden zu positionieren ist. In anderen Fällen muß man sich vielleicht mit einigen schwierigen Fragen und Themen herumschlagen, wobei ein sehr gutes Urteilsvermögen seitens der Führungskräfte erforderlich ist. In einem späteren Kapitel werden wir auf einige Managementtechniken zu sprechen kommen, anhand derer eine Servicestrategie entwickelt werden kann. Hier soll es uns nur um den Denkprozeß hinter einer wirksamen Servicestrategie gehen.

Was ist eine Servicestrategie?

Während es keine allgemein anerkannte Antwort auf diese Frage gibt, wollen wir zumindest folgende praktikable Definition vorschlagen:

> Eine Servicestrategie ist eine klar definierte Methode zur Bereitstellung von Dienstleistungen; sie geht von einem überlegt gewählten Nutzeffekt aus, der für den Kunden von Wert ist und eine starke Wettbewerbsposition herstellt.

Weitblick und Einsicht spielen für die Entwicklung einer Servicestrategie eine wichtige Rolle. „Einen Durchblick haben" bedeutet, „den Wald vor lauter Bäumen zu sehen". Den Wald zu sehen bedeutet zu erkennen, was auf dem Markt um Ihr Unternehmen herum vor sich geht, Ihre Marktposition zu analysieren und eine klare Vorstellung von der Stellung, die Sie einnehmen möchten, zu entwickeln. Es handelt sich hier um einen höchst komplexen, unternehmerisch ausgerichteten Denkprozeß, der Urteilsvermögen, Kreativität und die Fähigkeit, global zu denken, erfordert.

Viele Unternehmen handeln so, wie sie handeln, weil sie dasselbe schon letztes Jahr getan haben und im Jahr davor und all die Jahre davor. Das große Schwungrad der Gewohnheit hält viele Unternehmen auf demselben Weg, auch wenn schon lange klar ist, daß sie, wenn sie sich nicht anpassen, schweren Zeiten entgegengehen. Die grundlegenden Ziele Ihres Unternehmens in Frage zu stellen erfordert eine Menge Tatkraft, Entschlossenheit und Mut. Aber genau dieser Aufgabe müssen sich immer mehr Führungskräfte stellen: Denn die Wirtschaftsstruktur verändert sich weiter, das Potential alter Märkte ist erschöpft, neue Märkte entwickeln sich.

Die Fähigkeit, ein umfassendes Servicekonzept zu entwickeln und in die Praxis umzusetzen, wird in immer mehr Branchen immer dringender erforderlich. Der bloß verwaltende Geschäftsführer, der Manager, der einem lärmenden Aktionismus huldigt, und der traditionsgebundene Fachmann: sie alle laufen mehr als je zuvor Gefahr, obsolet zu werden oder ihr Unternehmen obsolet zu machen. Der Schwerpunkt wird immer mehr darauf liegen müssen, die strategische Ausrichtung eines Unternehmens im Sinne einer marktorientierten Servicestrategie zu bestimmen.

Eine andere Möglichkeit, den Begriff Servicestrategie zu definieren, besteht darin, sie als *Ordnungsprinzip* zu beschreiben, aufgrund dessen die Mitarbeiter eines Dienstleistungsunternehmens ihre Anstrengungen konzentriert auf nutzenorientierte Leistungen, die für den Kunden wichtig sind, ausrichten. Dieses Prinzip kann für jeden, vom Topmanagement bis hinunter zum „kleinen" Angestellten zur Richtschnur werden. Es muß festlegen: „Das sind wir, das tun wir, und daran glauben wir." Hält sich das Unternehmen an dieses Prinzip, werden Service-Entscheidungen innerhalb seines Tätigkeitsbereiches erleichtert.

Eine weitere Spielart der Definition von Servicestrategie lautet folgendermaßen: *ein Konzept, das den anzubietenden Wert beschreibt.* Bei dieser Anschauungsweise steht die Art der Erfahrung, die der Kunde mit einer Dienstleistung macht, im Mittelpunkt. Angelpunkt dieser Definition ist die Vorstellung, daß das zählt, was in den Augen des Kunden etwas wert ist, und nicht notwendigerweise das, was für die Marketing- oder Werbefachleute des Unternehmens von Bedeutung ist.

Ist dieses Konzept eindeutig genug umrissen und nutzenorientiert, kann es eine wirksame Grundlage für eine Werbekampagne bilden, d.h., das Unternehmen kann vor die Öffentlichkeit treten und den Kunden mitteilen, daß es gute Produkte und Dienstleistungen anzubieten wünscht. Es kann auch eine an das Unternehmen selbst gerichtete Aussage sein, anhand derer jedem Mitarbeiter verdeutlicht wird, wie wichtig es ist, Kundendienst von höchster Qualität zu bieten, und was genau Qualitäts-Service bedeutet.

Warum überhaupt eine Servicestrategie?

Welchen Sinn hat es, eine Servicestrategie zu verkünden? Ist es erforderlich, irgendeine sorgfältig formulierte Erklärung abzugeben, und wenn man erst mal eine Strategie hat, was macht man dann damit?

Zunächst einmal „positioniert" eine wirksame Servicestrategie Ihre Dienstleistung auf dem Markt. Mit ihrer Hilfe können Sie Ihre Botschaft auf vereinfachtem Wege übermitteln — in sinnvoller und bedeutungsvoller Form und aufbauend auf einem bekannten Kaufbedürfnis oder einer bekannten Motivation. Der Gedanke, eine Dienstleistung oder ein Dienstleistungsunternehmen auf dem Markt zu positionieren, so wie man eine Ware positioniert, ist für Führungskräfte ziemlich neu. Jeder Student der Betriebswirtschaft lernt das Konzept der Produktpositionierung als wesentlichen Schritt in der Entwicklung einer Absatzstrategie kennen. Ein Porsche hat eine andere Marktstellung, d.h., er spricht andere Werte und Vorlieben an als ein Mercedes oder ein Honda. In manchen Aspekten ähneln Porsche-Käufer vielleicht den Käufern anderer Marken, aber wenn es um die Wahl eines Autos geht, wollen sie ganz bestimmte Dinge und sind auch bereit, dafür zu bezahlen.

Selbst wenn eine Ware anderen Produkten in derselben Gruppe stark ähnelt, können wir für sie eine eindeutige Marktposition festlegen. Im Fall von Zahnpasta kann zum Beispiel der Schwerpunkt bei der Werbung auf der Gesundheit („verhindert Karies") oder auf dem Sex-Appeal („macht Ihre Zähne weißer, Ihr Lächeln strahlender") liegen. Aus diesen unterschiedlichen Auffassungen von der Produktpositionierung ergibt sich jeweils ein anderer Ansatz bei der Gestaltung der Werbebotschaft. Ebenso können wir eine Dienstleistung entweder im Hinblick auf persönliche Vorteile („Fliegen Sie bequem und stilvoll") oder auf praktischen Nutzen („Mit uns sind Sie rechtzeitig am Ziel") positionieren.

Da sich die meisten Unternehmen bisher kaum Gedanken über ein unternehmerisch gestaltetes oder geschickt vermarktetes Angebot gemacht haben, hat sich das Konzept der Positionierung in der Servicewerbung nicht ohne weiteres durchgesetzt. Dienstleistungsunternehmen, die keine klar umrissene Vorstellung von ihrer Marktposition haben, sind schnell zu erkennen: Ihrer Werbung fehlt die Aussagekraft. Wenn die Marketing- und Werbefachleute nicht wissen, wie der „Schlachtruf" eigentlich lautet, bleibt ihnen nichts anderes übrig als auf Slogans mit wenig Inhalt zurückzugreifen.

Ein Beispiel: Obwohl viele Hotelketten erhebliche Summen für ganzseitige Anzeigen im Vierfarbendruck in den Zeitschriften der Fluggesellschaften oder in Wirtschaftsmagazinen aufwenden, ähneln die Aussagen und die Aufmachungen einander oft ziemlich. Man zeigt vielleicht eine Aufnahme der Hotelhalle, eines Zimmers, einer hübschen jungen Dame an der Rezeption oder das typische „Glückliche-Leute"-Foto, d.h. teuer gekleidete Gäste beim Abendessen im Hotelrestaurant oder bei einem Drink in der Halle. Man könnte die Bilder, Werbetexte und Hotelnamen ohne weiteres austauschen; es bestünde kein oder kaum ein Unterschied.

Viele Hotels haben auch Schwierigkeiten mit einer Positionierung ihres Tagungs- und Konferenzangebots, das ein sehr rentables Geschäft sein kann. Der typische Werbeprospekt für das Tagungsangebot eines Hotels zeigt aufwendige Fotos von Golfplatz, Schwimmbad und Restaurant und vielleicht hier und da eine Aufnahme eines leeren Tagungsraums. Im Hotelgewerbe versteht man sich oft bestens darauf, die Gäste für die Nacht unterzubringen und für ihr leibliches Wohl zu sorgen, aber die Verantwortlichen scheinen sich keine Vorstellung davon machen zu können, was Geschäftsleute während ihrer Tagungen eigentlich tun.

Bei einem Führungskräfteseminar zum Beispiel geht es vorrangig um betriebswirtschaftliche Fragen, nicht um Golf. Die Spitzenkräfte gehen vielleicht zwei oder drei Tage lang in einem Sitzungsraum in Klausur und schlagen sich mit den strategischen Problemen des Unternehmens herum. Sicher finden sie den Gedanken, daß auch ein Freizeitangebot verfügbar ist, angenehm, aber sie wählen das Hotel weitgehend aufgrund seiner Eignung als Rahmen für ihre Fachgespräche. Es erschiene damit sinnvoller, mit einem auf individuelle Bedürfnisse zugeschnittenen Serviceangebot, das zum reibungslosen Ablauf einer Konferenz beiträgt, zu werben.

Auch den Banken fällt es schwer, eine klare Vorstellung davon zu entwickeln, wie sie sich für den Kunden kenntlich machen sollten. Der Inhalt ihrer Werbespots im Rundfunk und ihrer Anzeigen in den Printmedien ist oft pathetisch und seicht. Viele verwenden nette Verschen im Radio, in der Hoffnung, daß sich die Hörer ihren Namen wenigstens so einprägen. Aber nach Jahren dieser Art von Werbung denkt der Mann (oder die Frau) auf der Straße noch immer, Bank sei gleich Bank.

Kalifornische Banken scheinen eine besondere Vorliebe für Bilder von Golfplätzen in ihrer Werbung zu haben. Damit soll anscheinend die Botschaft übermittelt werden: „Wenn Sie Ihr Geld in unserer Bank anlegen, wird es wachsen, Sie werden reich werden und eine Menge Zeit haben, um Golf zu spielen." Die Tatsache, daß verhältnismäßig wenige Menschen Golf spielen — im Verbund mit dem ziemlich vagen Inhalt der Werbebotschaft — bedeutet, daß der einzige Teil der Anzeige, der beim Kunden hängenbleibt, der Name der Bank ist. Handelt es sich um ein Werbeplakat und geht man von einer durchschnittlichen Wahrnehmungszeit von fünf Sekunden aus, bedeutet das, daß nicht einmal der Name ankommt.

Wenn Ihr Unternehmen über eine klar umrissene Servicestrategie verfügt, die sich auf das stützt, was für den Kunden zählt, dann können die Werbeleute ihre kreativsten und effektivsten Techniken einsetzen, um diese Botschaft auf dem Markt durchzusetzen.

Der zweite Vorteil einer eindeutigen Servicestrategie liegt darin, daß sie dem Unternehmen eine einheitliche Marschrichtung vorgibt. Die Manager auf allen Ebenen wissen damit, worum es bei der Tätigkeit des Unternehmens eigentlich geht, wo die entscheidenden Prioritäten liegen und was sie unternehmen sollten, um diese Ziele zu erreichen.

Drittens wissen damit die Serviceleute an vorderster Front, was das Management von ihnen erwartet und worauf es in der Firma ankommt. Eine deutlich erkennbare Servicestrategie, die allen Mitarbeitern dargelegt worden ist, führt überall im Unternehmen zu der Überzeugung, daß „der Dienst am Kunden das wichtigste Kriterium für den Unternehmenserfolg" ist. Jeder weiß damit, woran er diese Art von Service erkennen kann.

Wann muß die Servicestrategie überdacht werden?

Dienstleistungsunternehmen revidieren im allgemeinen ihre Servicestrategie aus zwei Gründen: um Veränderungen auf dem Markt zuvorzukommen; oder sie reagieren damit auf eine Krise, die dadurch entstanden ist, daß sie in gefährlichem Ausmaß den Kontakt zum Markt verloren haben. Leider ist letztere Situation die sehr viel häufigere.

Der erste Fall tritt im allgemeinen ein, wenn die Führungsmannschaft die Beziehung des Unternehmens zu seiner Kundschaft systematisch und regelmäßig einer Bewertung unterzieht. Dies kann in Form einer jährlichen „Klausurtagung" der Topmanager, einer Strategiekonferenz oder einer Planungsüberprüfung stattfinden. Die Führungsspitze kommt zusammen, um den Unternehmensabschluß, Marktzahlen und wichtige Entwicklungstendenzen in der Branche zu besprechen.

In einem vorzeitigen Erkennen von Veränderungen in Bedürfnissen und Motivationen der Kunden liegt der Schlüssel zu einer Anpassung der Servicestrategie Ihres Unternehmens. Hand in Hand damit geht das Konzept der „Vorausschau", das in diesem Kapitel bereits angesprochen worden ist. Leistungsfähige Dienstleistungsunternehmen beobachten den Markt ständig, um rechtzeitig Signale zu erkennen, die auf wichtige Veränderungen in den Bedürfnissen, Vorlieben oder Kaufmotiven der Kunden hinweisen könnten. Der richtige Zeitpunkt, um die Servicestrategie Ihres Unternehmens zu überdenken, ist, bevor diese Tendenzen voll ausgeprägt sind, nicht hinterher, wenn es vielleicht zu spät ist, um ein Abwandern der Kundschaft zu anderen Firmen, Dienstleistungen oder Gütern zu verhindern.

Eine systematische Marktforschung kann so manche Frage beantworten, die sich das Unternehmen vielleicht über das gegenwärtige Verbraucherverhalten stellt. Um eine fundierte Servicestrategie zu entwickeln, braucht es aber mehr als nur Marktforschung. Strategisches Denken, Planung, Analyse der eigenen Stärken und Aufzeichnung der Chancen: all dies sind unternehmerische Verfahren, anhand derer sich die Vorgänge auf dem Markt untersuchen lassen.

Die zweite und leider allzu häufige Gelegenheit, die Servicestrategie zu überdenken, ergibt sich, wenn ein Unternehmen durch den Schock einer Krise zu einer Reaktion gezwungen ist. Die Führungsmannschaft erkennt dann plötzlich, daß der Umsatz erheblich gefallen ist oder Marktanteile verlorengegangen sind. Unter diesen Umständen ist es jedoch oft nicht einfach zu erkennen, welches die richtigen Maßnahmen sein könnten, um dieser Situation abzuhelfen.

In solchen Fällen spielen oft verschiedene Faktoren eine Rolle, welche die Lage verwirren und die Erkenntnis, daß eine Revision der Servicestrategie erforderlich ist, erschweren. Das Management verliert vielleicht wertvolle Monate, wenn nicht gar Jahre, in Debatten über das, was zu tun sei. Ohne zuverlässige Marktuntersuchungen und eine gründliche Revision des Servicebereiches merken die Verantwortlichen vielleicht nicht einmal, daß sie die eigentlich treibenden Kräfte hinter der Kundenmotivation aus den Augen verloren haben. Der Unterschied zwischen diesen beiden Anpassungsverfahren ist eindeutig; es ist der Unterschied zwischen einem „proaktiven" und einem „reaktiven" Führungsstil. Im ersten Beispiel ergreift Ihr Unternehmen auf eine Revision der Servicestrategie abzielende Maßnahmen, bevor sich der Markt verändert. Es sieht im Zuge dieses Wandels neu entstehende Verbraucherbedürfnisse vorher und nimmt damit eine proaktive Haltung ein. Im zweiten Beispiel bemüht sich Ihr Unternehmen um eine Veränderung seiner Waren und Dienstleistungen, um eine Abwanderung des Kunden zu neuen Anbietern zu verhindern: Es reagiert auf den sich wandelnden Markt. Leider kann es aber sein, daß sich die neuen Trends zu diesem Zeitpunkt bereits so stark durchgesetzt haben, daß es viel Zeit und Mühe kostet, Ihre Kunden zurückzugewinnen.

Welches sind die Bestandteile einer Servicestrategie?

Eine wirksame Servicestrategie bringt drei wichtige Konzepte ins Spiel: die Marktforschung, den Unternehmensauftrag und die Grundwerte des Unternehmes. Durch eine Verbindung dieser drei grundlegenden Denkprozesse ist es möglich, etwas wirklich Aussagekräftiges über die Bedürfnisse und Erwartungen des Kunden zu erfahren und sich so auf dem Markt von der Konkurrenz abzuheben.

Zuverlässige Marktforschung und die richtige Auswertung ihrer Ergebnisse sind die grundlegenden Ansatzpunkte für die Entwicklung einer guten Servicestrategie. Leistungsstarke Dienstleistungsunternehmen lassen alle verfügbaren Informationen in ihre strategische Serviceplanung einfließen. Sie messen einer kontinuierlichen Beobachtung ihres Umfeldes höchste Bedeutung bei.

Ein weiteres wichtiges Element ist eine eindeutige Bestimmung Ihres unternehmerischen Auftrags. Welche Ziele hat unser Unternehmen? Diese Aussage kann eigens in der Satzung oder in einer Erklärung zur Unternehmenspolitik, in welcher die Unternehmensziele dargelegt werden, enthalten sein. Sie kann knapp und prägnant oder auch ausführlich gehalten sein. Dies hängt weitgehend davon ab, was die Unternehmensführung bevorzugt. Auf jeden Fall sollten in dieser Darstellung des Unternehmensauftrags der Zielmarkt, die Art der diesem Markt angebotenen Dienstleistung sowie die von Ihrem Unternehmen gewählten Mittel, um auf diesem Markt Fuß zu fassen, erläutert sein.

Das dritte Grundelement einer wirksamen Servicestrategie ist ein Komplex eindeutig festgelegter und allgemein bekannter unternehmerischer Prinzipien, in welchen die

Überzeugungen und Wertvorstellungen Ihres Hauses zum Ausdruck kommen. Wird eine solche Reihe fundierter unternehmerischer Grundsätze festgelegt, insbesondere im Hinblick auf den Servicebereich, können Serviceleistungen auf viel kreativere Weise bereitgestellt werden. Dadurch kann sich ein Unternehmen oft den Wettbewerbsvorteil verschaffen, durch den es sich weniger serviceorientierten Konkurrenten gegenüber als überlegen erweisen kann.

Fehlt eines dieser drei Elemente, so täte das Topmanagement gut daran, die Dinge in Ordnung zu bringen. Versucht man, eine Servicestrategie ohne gründliche Kenntnis der Marktverhältnisse, ohne eine klare Vorstellung vom eigentlichen Auftrag des Unternehmens oder den Grundwerten, die es vertreten will, zu entwickeln, kann das zu Enttäuschungen führen oder überhaupt ergebnislos verlaufen.

In unserer Arbeit mit Unternehmen sind wir immer wieder zu der Erkenntnis gekommen, daß eine Klärung der Unternehmensziele und eine Abstimmung der Grundprinzipien, die jedem im Unternehmen vermittelt werden sollen, einen ungeheuer wichtigen Beitrag zu einem besseren Verständnis der Branche und einem deutlicheren Bild von den Prioritäten im Servicebereich leisten konnten.

Wie sieht eine gute Servicestrategie aus?

Wir wollen nun versuchen, die fünfte und letzte Frage zu beantworten. Dazu wollen wir eine Reihe von Fällen näher erläutern und auf die erkennbaren Strategien leistungsfähiger, servicebewußter Unternehmen eingehen. Diese Unternehmen bieten eine Vielzahl unterschiedlicher Güter und Dienstleistungen an, aber es lassen sich in allen Aspekten ihrer Tätigkeit wiederkehrende Leitmotive erkennen. Sie alle halten sich an eine eindeutig festgeschriebene Servicestrategie. Die Unternehmensphilosophie ist vielleicht von Spitzenmannschaft zu Spitzenmannschaft unterschiedlich; sie alle stimmen aber darin überein, daß der Service der Schlüssel zu ihrem Erfolg ist. Schauen wir uns einige der Unternehmen, die eine wirksame Servicestrategie entwickelt, verwirklicht und verfolgt haben, etwas näher an.

McDonald's Restaurants. Wir alle kennen diese im Franchisesystem organisierte, seit langem bestehende und in aller Welt vertretene Restaurantkette. In den dreißig Jahren seines Bestehens war McDonald's fast immer der Marktführer in der von hartem Wettbewerb gekennzeichneten Schnellrestaurantbranche. Das Unternehmen hat Modellcharakter, die Konkurrenten bemühen sich, mit den jeweils neuesten Entwicklungen Schritt zu halten. Das Unternehmen ist so erfolgreich, weil sich jedes einzelne Restaurant an wohlüberlegte gastgewerbliche Führungsprinzipien hält.

Neue Nahrungsmittel werden vor der Markteinführung sehr gründlich getestet, und man bemüht sich ständig um eine Verbesserung der bereits wirksam gestalteten Kundenbedienung. Die Servicestrategie von McDonald's zielt auf *Schnelligkeit, Effizienz, Preisgünstigkeit und vor allem Bequemlichkeit* für den Kunden, der schnell etwas essen möchte. Die Gerichte werden überall auf der Welt unter Beachtung derselben hohen Qualitätsstandards zubereitet, sind schmackhaft und werden zu einem vernünftigen

Preis angeboten. Das Serviceniveau schwankt kaum einmal, sämtliche Restaurants zeichnen sich durch gleichbleibend unaufdringliche Ausstattung und freundliche Atmosphäre aus.

Holiday Inn Hotels. Die Holiday-Inn-Hotelkette bietet Geschäftsreisenden und Reisenden der gehobenen Mittelschicht *Bequemlichkeit zu vernünftigen Preisen.* In den meisten großen bis mittelgroßen Städten liegen die Holiday-Inn-Hotels in der Nähe der Innenstadt oder des Flughafens. Die Zimmer sind sauber und komfortabel. Die Hotels verfügen entweder über ein eigenes Restaurant oder liegen in der Nähe verschiedener anderer Restaurants und Gaststätten.

Obwohl die Holiday-Inn-Kette in den Vereinigten Staaten kaum zu den „Vier-Sterne"-Luxushotels gehört, bietet sie dem Gast mit ihren Serviceleistungen ausgesprochen viel für sein Geld. Übrigens ist die Muttergesellschaft, die Holiday Corporation, auch Inhaber der Embassy-Suite-Hotels, die eine ganz andere Service-Ausrichtung haben. Sie bieten hochkarätigen Gästen aus Wirtschaft und Handel persönlichen Service der Luxus- und Extraklasse.

Hyatt-Hotels. Wie die Holiday-Inn-Ketten bieten die Hyatt-Hotels dem Geschäftsreisenden Komfort und eine angenehme Atmosphäre. Der Unterschied liegt darin, daß die Hyatt Hotels eindeutig der Luxusklasse angehören und stolz darauf sind, den Gästen allen Komfort bieten zu können. Ihre Servicestrategie zielt darauf ab, Geschäftsreisenden eine luxuriöse Umgebung zu bieten.

Alle Hyatt-Regency-Hotels sind äußerst imposante, im Innern aufwendig ausgestattete Gebäude. Sie liegen in den meisten Großstädten im Zentrum. Das Management der Hyatt-Hotels bemüht sich, den Kunden Vorteile zu bieten, welche diese zum Wiederkommen veranlassen und zur Entstehung einer Stammkundschaft beitragen. Derartige Serviceleistungen werden von einem Hotel wie Holiday Inn vielleicht nicht geboten, und Hyatt hofft auf die Bereitschaft des Kunden, für Extra-Luxus-Service mehr Geld auszugeben.

Mervyn's Kaufhäuser. Die Servicestrategie von Mervyn's ist darauf angelegt, dem preisbewußten Kunden für sein Geld außerordentlich viel zu bieten. Mervyn's Kaufhäuser existieren in den meisten Großstädten, sie bieten eine breite Auswahl qualitativ hochwertiger Marken- und Nicht-Markenbekleidung für Herren, Damen und Kinder. Das Unternehmen betreibt eine umfangreiche Werbekampagne, wobei durch die Tageszeitungen mehrseitige Prospekte an die Haushalte verteilt werden. So werden Käufer in die Geschäfte gelockt, und das Verkaufspersonal, das keinerlei Druck auf die Kunden ausübt, sowie das umfangreiche und preisgünstige Angebot tragen zum Erfolg der Kette bei.

Deluxe Check Printers. Die Philosophie dieses Unternehmens ist es, den Kunden Qualität bei hoher Druckgeschwindigkeit zu bieten. Wie der Name sagt, druckt Deluxe Check Printers überall in den USA Schecks für Banken und Sparkassen. Das Unternehmen hat erkannt, daß Bankkunden, die ein neues Girokonto eröffnen, nicht übermäßig lange auf ihre neuen Schecks zu warten gewillt sind. Deluxe hat Hochgeschwindigkeits-Drucktechniken entwickelt und sich einen Namen für Präzision im Umgang mit den Kunden aus dem Bankensektor gemacht. Man könnte die Servicestrategie des Unternehmens als äußerst schnelle Reaktion und maximale Bequemlichkeit für die Bankkunden beschreiben.

British Airways. British Airways, auf die wir in Kapitel 10 noch näher eingehen werden, führt ihren gegenwärtigen Erfolg zu einem großen Teil darauf zurück, daß man es verstanden hat, sich den Erkenntnissen aus Marktuntersuchungen entsprechend anzupassen. British Airways war schwerpunktmäßig in vier verschiedenen Bereichen, die sich aus mehreren Marktstudien ergeben hatten, aktiv. Die Servicestrategie, welche das Unternehmen entwickelte, basiert darauf, daß man sich für den Fluggast interessiert und sich um ihn kümmert, seine Probleme schnell und wirksam löst, flexibel mit den Bedürfnissen der Kunden umgeht und Dinge, die schiefgehen, wieder in Ordnung bringt.

Country Fair Vergnügungspark. Ron Zemke hat in einem Fall, den wir in Kapitel 10 noch ausführlicher beschreiben werden, mit Country Fair bei der Entwicklung einer einfachen Servicestrategie zusammengearbeitet. Es ging dabei darum, den Kunden ein „Vergnügen" erleben zu lassen. Sämtliche Angestellten und Manager bemühten sich aufgrund von vier entscheidenden Kriterien, nämlich Freundlichkeit, Sauberkeit, Service und Show, gezielt um den Kunden, wodurch es gelang, eine Stammkundschaft aufzubauen und durch Mund-zu-Mund-Propaganda bekannt zu werden.

Medizinisches Zentrum Krankenhaus Santa Monica. Karl Albrecht hat mit dem Management des Krankenhauses Santa Monica in Kalifornien eine gezielte Servicestrategie entwickelt. Man ging dabei von durch Marktforschung gewonnenen wichtigen Erkenntnissen aus, wonach die Patienten größten Wert auf bestimmte ausschlaggebende Aspekte ihrer persönlichen Erfahrung mit dem medizinischen Personal und den Serviceleuten, die sie versorgen, legen. Herzstück dieser Servicestrategie sind professionelle Glaubwürdigkeit, individuelles Interesse für die jeweilige Situation der Patienten und die Bereitschaft, auf die von ihnen geäußerten Wünsche einzugehen.

In diesem Zusammenhang sei auf ein häufiges Mißverständnis zum Thema Servicestrategie hingewiesen: Faktoren wie Sauberkeit, schöne Räumlichkeiten und Ausstattung und wohlschmeckendes Essen tragen oft nichts zur Servicestrategie bei. Wenn der Kunde von Ihnen einfach ein sauberes Krankenhaus *erwartet*, bekommen Sie für Sauberkeit keinen Pluspunkt; Sie verzeichnen nur Minuspunkte, wenn das Krankenhaus nicht sauber ist. In einem solchen Fall ist Sauberkeit eine *Mindestvoraussetzung*, um im Wettbewerb bestehen zu können, kein Bestandteil einer Strategie. Sind alle anderen Krankenhäuser schmutzig, dann bedeutet Sauberkeit vielleicht einen Wettbewerbsvorsprung. Sind die anderen Krankenhäuser sauber, tun Sie gut daran, diese Voraussetzung ebenfalls zu erfüllen.

Bei bestimmten Servicestrategien, wie zum Beispiel im Fall von Luxushotels, sind Faktoren wie Sauberkeit und gute Küche für den Erfolg von wesentlicher Bedeutung, sie dienen aber nur einem höheren Zweck. Sie sind unabdingbar, soll die eigentliche Servicestrategie erfolgreich sein. Diese Strategie muß etwas bieten, was über die gängigen Erwartungen des Gastes hinausgeht. Natürlich ist nicht jeder Reisende bereit, für Luxus-Service zu bezahlen. Nicht jeder kann es sich leisten. Bei den meisten Dienstleistungen ist der Markt in mindestens drei Stufen gegliedert: in preisbewußte, wertbewußte und qualitätsbewußte Käufer.

Ein preisbewußter Käufer verfügt im allgemeinen über ein begrenztes Einkommen und muß daraus das Beste machen. Er würde liebend gerne in einem der Crowne-Plaza- oder Embassy-Suite-Hotels der Holiday Corporation wohnen, muß sich aber mit dem

Hampton Inn zufriedengeben. Aus diesem Grund bietet die Holiday Corporation eine breite Palette an Auswahlmöglichkeiten.

Der wertbewußte Käufer hat ein höheres verfügbares Einkommen und ist in seinen Kaufmöglichkeiten flexibler; trotzdem achtet er bei seinen Entscheidungen darauf, daß er für sein Geld auch etwas Angemessenes bekommt. Dieser Kunde wählt vielleicht zur Feier seines Hochzeitstages oder für einen anderen besonderen Anlaß ein Spitzenrestaurant, würde aber ansonsten, nur um einmal auswärts zu essen, dort nicht hingehen.

Der qualitätsbewußte Käufer ist ein anderer Typ. Er gehört einer kleinen sozio-ökonomischen Gruppe an, in der jeder die Freiheit hat, unter den besten Hotels, Restaurants und Urlaubsangeboten auf dem Markt auszuwählen. Wenn auch sein persönlicher Geschmack nicht notwendigerweise extravagant ist, will er höchste Qualität und hat dafür auch das notwendige Geld.

Diese Unterschiede in der Kauforientierung können sich manchmal in ganz unerwartetem Zusammenhang zeigen. Obwohl sich zum Beispiel ganz Amerika über die übermäßigen Kosten der medizinischen Versorgung erregt, sind einige teure Krankenhäuser, gerade weil sie sich an Kunden mit höchsten Ansprüchen wenden, sehr gut im Geschäft. Privatzimmer mit Sonderausstattung, zusätzliche Angebote wie Stereoanlage oder Videokassettenrecorder und Unterbringungsmöglichkeiten für Verwandte und Freunde auf Besuch: all dies sind Faktoren, die ihre Wirkung auf zahlungskräftigere Patienten nicht verfehlen.

Und wie sieht Ihre Servicestrategie aus?

Es ist durchaus möglich, daß keines der oben genannten Beispiele genau auf Ihr Unternehmen paßt. Welche Servicestrategie für Sie die richtige ist, hängt von Ihrem Markt ab, von den Bedürfnissen, Erwartungen und Motiven Ihrer Kunden, von der Stärke Ihrer Hauptkonkurrenten, von Ihrem besonderen unternehmerischen Auftrag, von den Grundprinzipien und Werten Ihres Unternehmens und schließlich davon, wie Sie Ihre eigenen Möglichkeiten einschätzen.

Die für Sie am besten geeignete Servicestrategie zu finden, kann schwierig sein und eine Herausforderung bedeuten; es kann aber auch ganz einfach sein. Wie auch immer, Sie werden jedenfalls in dem Maße, in dem Sie Ihre Strategie eindeutig definiert, sie einfach und verständlich gemacht und den Spitzenleuten und anderen Mitarbeitern Ihres Unternehmens nahegebracht haben, in der Lage sein, Ihr Unternehmen so zu lenken, daß es diese Strategie in die Praxis umzusetzen vermag.

Der Unterschied zwischen Produkt und Kundenbedürfnissen

Bisher haben wir uns fast ausschließlich damit beschäftigt, wie man erkennbare Kundenbedürfnisse befriedigen kann. In fast allen Seminaren, die wir über das Konzept des Service-Managements durchgeführt haben, kommt irgendwann ein Punkt, wo jemand unsere geradezu besessene Betonung dieses Modells nicht mehr so ohne weiteres akzeptiert und die Richtigkeit dieses Konzepts sogar bestreitet. Im allgemeinen klingt der Einwand etwa folgendermaßen:

> Moment einmal! Natürlich spielt der Kunde bei der Gestaltung unserer Dienstleistungen eine prägende Rolle, aber es kommt auch sehr oft vor, daß der Konsument gar nicht weiß, was er braucht. Es gibt unzählige Beispiele für Unternehmen, deren Erfolg auf Waren und Dienstleistungen basiert, von denen der Kunde nicht im entferntesten wußte, daß er sie braucht, bis wir ihm gesagt haben, daß er sie braucht.

Zugegeben, das stimmt! Es gibt beliebig viele Beispiele von Waren und Dienstleistungen, mit denen offensichtlich Bedürfnisse erst *geschaffen* werden und nicht umgekehrt. Das Telefon, das Auto, die Kreditkarte und die Gewerkschaften ließen sich allesamt als Beispiele für Produkte und Dienstleistungen nennen, für die es, bis sie erfunden wurden, keine Nachfrage gab. Nehmen wir noch das Flugzeug, die parlamentarische Demokratie, die Börse, den Personal Computer, den Kurzbrief und womöglich noch die Schrift, dann haben wir sämtliche Zutaten einer interessanten Auseinandersetzung über die Ursprünge der Innovation.

Man kann also etwas völlig Neues erfinden — etwas, wofür es keine offensichtliche und dringende Nachfrage gibt — und es auch erfolgreich vermarkten. Aber es muß darauf hingewiesen werden, daß es sich hierbei meist um ein schwieriges und risikoreiches Unternehmen handelt. Eine Innovation, die durch die technologische Entwicklung oder durch wirtschaftliche Überlegungen und nicht durch die Verbraucherbedürfnisse bestimmt ist, läßt sich oft nur schwer durchsetzen. Nehmen wir ein anscheinend so selbstverständliches und wichtiges Produkt wie den Sicherheitsgurt. Es ist ein sinnvolles Produkt, das vom Verbraucher spontan angenommen werden *sollte*. Tatsache aber ist, daß der Anschnallgurt, wäre er nicht zur Sicherheit der Menschen gesetzlich vorgeschrieben, vielleicht schon vor Jahrzehnten in der Versenkung verschwunden wäre.

Ein ausgezeichnetes Beispiel dafür, was geschieht, wenn Innovation und Verbraucherbedürfnisse aufeinanderprallen, ist vielleicht der Kampf der Banken um die Ablösung von Schalterangestellten durch Bankomaten. Dieser Konflikt ist einfach zu verstehen. Ein durchschnittlicher Bankvorgang kostet die Bank bei einem Angestellten „aus Fleisch und Blut" mehr als doppelt so viel wie die gleiche Operation von einem Bankomaten ausgeführt. Die Banken wollen unbedingt, daß wir „High-Touch" für „High-Tech" aufgeben. Das Problem ist nur, daß viele das nicht wollen. Marktuntersuchungen ergeben immer wieder dasselbe: Bequemlichkeit, schnelle Bedienung, sichere Konten, persönliches Interesse und Kontakt mit kompetentem Personal sind die großen Trümpfe der Banken im Privatkundengeschäft.

Obwohl in den Vereinigten Staaten flächendeckend automatische Bankschalter aufgestellt wurden — in den letzten zehn Jahren wurden dafür etwa 1 Milliarde Dollar aufgewandt —, hat 1984 nur etwa ein Drittel der Bevölkerung zur Erledigung von Bankangelegenheiten eine Tastatur bedient und seine persönliche Geheimnummer eingegeben. Nach einer Studie liefen weniger als 10 Prozent der über 45 Milliarden Bankoperationen in diesem Zeitraum über Computer; für alle anderen wurden Schecks verwandt.

Die Banken haben offensichtlich nicht aufgegeben und bemühen sich noch immer nach Kräften, uns von den Vorteilen von Bankomaten zu überzeugen. Im Lauf der Jahre wurden eine ganze Reihe Prämien und Anreize angeboten. Das *Wall Street Journal* berichtete neulich über den jüngsten Plan, den eine der Banken ausgeheckt hatte. Die National Bank in Pittsburgh versandte Zwei-Dollar-Schecks an Tausende von Kunden; diese waren jedoch nur gültig, wenn sie über einen Bankomaten auf das Konto eingezahlt wurden. Die Ameritrust in Cleveland veranstaltete einen Wettbewerb, bei dem die Benutzer von Bankomaten Apple-Computer, Farbfernsehgeräte und Mikrowellenherde gewinnen konnten.

Bei der Central National Bank in Cleveland hat man eine Strategie entwickelt, durch die es dem Kunden schwerer gemacht werden soll, sich am Schalter bedienen zu lassen. Dort müssen die Kunden, um einen Angestellten an den Schalter zu rufen, ihre Automatenkarten in ein Terminal einführen. Nach Daniel Hertzberg, Reporter des *Wall Street Journal*, schreckt die Colonial Bank in Waterbury nicht einmal davor zurück, „auf die Tränendrüse der Leute zu drücken": Jedesmal, wenn ein Kunde einem Bankomaten gegenüber einem Angestellten den Vorzug gibt, werden fünf Cents für einen Fonds zur Behandlung krebskranker Kinder gespendet. Und trotz all diesen Aufhebens reagieren zwei Drittel der Bankkunden noch immer mit „Nein, Danke, kein Bedarf" auf dieses Angebot.

Werden sich die Banken als die Stärkeren erweisen? Werden wir schließlich den Bankomaten als wirksames Mittel für unsere privaten Bankoperationen akzeptieren? Im Wirtschaftsleben wie beim Poker sollte man nie gegen die Bank spielen. Vergessen Sie nicht, daß der Banksektor auf der Grundannahme basiert, daß „die Zeit weiterläuft", und bisher ist das noch immer so gewesen. In dem Artikel im *Wall Street Journal* wurde im übrigen darauf hingewiesen, daß es der Citibank bereits gelungen ist, mehr als die Hälfte ihrer Privatkundschaft zum Bankomaten zu bekehren.

Letztlich geht es aber gar nicht darum, ob es den Banken gelingen wird, uns zu überzeugen, und ob wir dann bereit sein werden, unsere Bankgeschäfte über eine Tastatur abzuwickeln. Was man aus dieser Geschichte lernen kann, ist, wieviel ein solcher Kampf kostet. Versucht man ein Bedürfnis und eine Nachfrage zu schaffen, wo es keine gibt, oder, schlimmer noch, will man die Verbraucher überzeugen, etwas zu tun, was sie gar nicht wollen und wovon sie meinen, daß sie es auch nicht gerne tun werden, dann sind drei Dinge vonnöten: Zeit, Geld und noch einmal Geld. Und zusätzlich kann ein gelegentliches Gesetz durchaus unterstützende Wirkung haben. Ein Bedürfnis ausfindig zu machen und zu erfüllen ist ein billigeres und einfacheres Verfahren, wenn es auch vom unternehmerischen Standpunkt nicht ganz so interessant sein mag.

6
Das Servicesystem aufbauen

Die Fähigkeit, Bedürfnisse und Wünsche des Kunden zu verstehen, läßt sich in einem einfachen Satz zusammenfassen: „Man lernt nie aus."
Karl Albrecht / Ron Zemke

Es ist nun an der Zeit, ein weiteres entscheidendes Element des Service-Dreiecks näher zu untersuchen, nämlich das *System*. Unter Servicesystem verstehen wir den gesamten Apparat, d.h. sowohl die gesamte materielle Ausstattung als auch die abstrakten Verfahren, welche den Servicemitarbeitern zur Verfügung stehen und mit deren Hilfe sie die Bedürfnisse des Kunden befriedigen können. Im vorliegenden Kapitel wollen wir die Grundvoraussetzungen eines guten Servicesystems erläutern, d.h., es geht um ein Verfahren, anhand dessen sich das gesamte Servicesystem so planen läßt, daß seine Wirksamkeit maximiert wird. Wir möchten Sie daher bitten, auf den folgenden Seiten immer ein Gesamtsystem vor Augen zu haben. Wir wollen versuchen, die entscheidenden Bestandteile einer Servicesystemanalyse und -planung zu ermitteln.

Welche Bestandteile hat jedes Servicesystem? In einem Vergnügungspark zum Beispiel besteht ein Großteil des Servicesystems aus den Anlagen: das Gelände, die verschiedenen Attraktionen, die Organisation des Essensangebots, der Kartenverkauf, die Reinigung und alle anderen Tätigkeiten, die zum Funktionieren des Parks beitragen. Das System umfaßt auch weniger deutlich sichtbare Tätigkeiten, zum Beispiel die Beschaffung, das Abladen und die Lagerung von Lebensmitteln. Auch Wartung und Instandsetzung der Anlagen bilden einen sehr wichtigen Teil des Servicesystems. Obwohl der Kunde diese und andere Schlüsselelemente des Systems nie zu sehen bekommt, sind sie unabdingbar für die Bereitstellung der Dienstleistung.

Der für den Erfolg eines Servicesystems entscheidende Faktor ist die Kundenfreundlichkeit. Servicesysteme, bei denen die Kundenfreundlichkeit keinen sehr hohen Stellenwert hat, vernachlässigen automatisch Bequemlichkeit und leichte Zugänglichkeit *für den Kunden* zugunsten der Annehmlichkeit für die Mitarbeiter. Ein kundenfreundliches System zeichnet sich andererseits dadurch aus, daß es von Grund auf darauf angelegt ist, die Dinge für den Kunden leicht zu machen. In der Gestaltung eines wirksamen Servicesystems werden die in der Servicestrategie festgehaltenen Serviceprioritäten in die Wirklichkeit umgesetzt. Das System ist kundenfreundlich, weil Ausgangs- und Endpunkt die Bedürfnisse, Erwartungen und Kaufmotive des Kunden sind.

Bedürfnisse und Erwartungen

Wir haben bereits darauf hingewiesen, wie wichtig es ist, die Kaufüberlegungen des Kunden zu kennen. Wir müssen herausfinden, was der Kunde will — was er kaufen wird und was nicht. Um die Nachfrageseite des Servicepakets zu beschreiben, verwenden wir zwei verschiedene Begriffe aus der Verbraucherpsychologie, nämlich *Bedürfnisse* und *Erwartungen*. Es ist wichtig, diese beiden Elemente zu unterscheiden, denn sie sind beide ausschlaggebend dafür, wie zufrieden der Konsument letztendlich mit einer Dienstleistung sein wird. Sollen die Kunden mit der angebotenen Leistung zufrieden sein, muß das Servicepaket eines Unternehmens nicht nur das enthalten, was die Kunden brauchen, sondern auch das, was sie erwarten.

Verbraucher*bedürfnisse* haben die Eigenschaft, sich nicht für sehr lange Zeit befriedigen zu lassen. Modeerscheinungen kommen und gehen, Trends setzen sich durch und verschwinden wieder, der Lebensstil und das Geschäftsgebaren ändern sich. Die Menschen werden älter, und es kommt vielleicht zu merklichen Verschiebungen in der Bevölkerungsstruktur; folglich müssen Güter, Dienstleistungen und ganze Märkte neu überdacht werden.

Die Menschen gewöhnen sich auch an Güter und Dienstleistungen, die sie früher als Neuheit empfanden. F. Stewart DeBruicker und Gregory L. Summe sprechen vom „Kundenerfahrungsfaktor".[1] Sie stellen fest, daß ein Verbraucher mit wachsender Erfahrung mit einem Produkt oder einer Dienstleistung sich seiner eigenen Bedürfnisse immer stärker bewußt wird und immer mehr erkennt, welche Vielzahl von Möglichkeiten ihm zur Verfügung steht, um sie zu befriedigen. Außerdem seien nicht alle Kunden gleich; ihre Bedürfnisse und Motive ändern sich, je mehr Erfahrung sie mit der von Ihnen angebotenen Ware oder Dienstleistung haben. Wir können zwei verschiedene Typen von Verbrauchern unterscheiden: der unerfahrene Universalist, der ohne Vorbereitung an Ihr Produkt oder an Ihre Dienstleistung herangeht, und der erfahrene Spezialist und anspruchsvolle Käufer, der Ihre Ware bzw. Ihre Dienstleistung ziemlich gut kennt.

Wenn ein Kunde die Erfahrungsleiter hinaufklettert und vom unerfahrenen Universalisten zum erfahrenen Spezialisten wird, beginnt durch diesen Prozeß eine Verschiebung seiner Bedürfnisse; er steckt seine Erwartungen höher und wird kritischer in seinem Urteil. Je nach Art der Ware oder Dienstleistung zahlt es sich möglicherweise aus zu versuchen, Ihren Service „maßzuschneidern" und für verschiedene Kenntnis- und Erfahrungsstufen etwas zu bieten. So können Sie mit Ihrem Angebot für Anfänger attraktiv sein, ohne dabei die Fortgeschrittenen auszulassen, und umgekehrt.

Die *Erwartungen*, die wir an eine Dienstleistung richten, wirken sich selbstverständlich auch darauf aus, was wir als befriedigend empfinden. Die Erwartungen, die ein Unternehmen, bei dem wir kaufen wollen, für uns absteckt, sowie die Art und Weise, wie diese Erwartungen erfüllt werden, entscheiden darüber, ob wir bei dieser Firma Kunde bleiben. Die führenden Kräfte in jedem Unternehmen sollten sich über die Service-Erwartungen, die sie erwecken, ernsthaft Gedanken machen.

Der schwedische Fachmann für Dienstleistungsmanagement Richard Normann beschreibt die jeweilige Reaktion auf erfüllte bzw. nicht erfüllte bewußte Erwartungen folgendermaßen:

Erst wenn in dem Dienstleistungspaket gewisse Dinge *nicht* angeboten werden, die wir aufgrund früherer Erfahrungen oder gegebener Versprechen erwarten, vermissen wir sie. Als Verbraucher sind wir in der Tat durch unsere Gewohnheiten und Erwartungen so geprägt, daß wir normal und gut funktionierende Dienstleistungen kaum wahrnehmen. Wenn wir in ein gutes und teures Restaurant gehen, erwarten wir ein hervorragendes Essen und freundlichen Service, und von einer Fluglinie erwarten wir, daß sie die Wartezeiten so gering wie möglich hält. Wenn die Dienstleistung normal funktioniert, verschwenden wir keinen weiteren Gedanken daran. Das Fehlen einer guten Leistung oder eine Leistung, die unsere Erwartungen nicht erfüllt, fällt uns eher auf. Wir akzeptieren ohne weiteres einen Leistungsstandard, der unsere Vorstellungen übersteigt, eine schlechtere Leistung jedoch bemerken wir sofort und reagieren darauf.[2]

Wir können der Behauptung Normanns, guter Service werde weitgehend gar nicht bemerkt, nicht ganz zustimmen. Sicher hat er aber recht damit, daß eine der Schwierigkeiten im Dienstleistungsbereich darin liegt, daß eine glaubwürdige Reaktion auf die Servicequalität kaum zu bekommen ist. Die Verbraucher werden es uns sehr wahrscheinlich viel eher wissen lassen, wenn ihre Erwartungen nicht erfüllt worden sind, als wenn dies der Fall ist. Man mag versucht sein, falsch zu reagieren, wenn der Kunde mit irgendeinem Aspekt des Service nicht zufrieden ist. Wenn wir ausschließlich Schlechtes hören, können wir uns vielleicht kaum vorstellen, daß irgend etwas von dem, was wir tun, durchaus annehmbar ist. Wir müssen sorgfältig darauf achten, daß dieser Faktor die Gestaltung einer neuen Servicestrategie nicht in ganz falsche Bahnen lenkt.

Schauen wir uns einmal näher an, wie der Verbraucher eine Dienstleistung beurteilt. Zwar kann eine nicht erfüllte Erwartung den Kunden zu Protest veranlassen; langfristig beurteilt er den Service eines Unternehmens jedoch aufgrund der Gesamtheit aller Faktoren. Das Urteil, das wir über die Gesamtqualität einer Serviceleistung abgeben, setzt sich im allgemeinen aus den Wechselbeziehungen — den Augenblicken der Wahrheit — mit dem Anbieter der Leistung und aus unserer Reaktion auf die dabei beteiligten materiellen Werte zusammen.

Einige Fachleute schlagen folgende Faustregel zur Messung von Service vor: „Man braucht zwölf ‚Pluspunkte', um einen ‚Minuspunkt' auszugleichen." Andere lehnen den halbwissenschaftlichen Charakter solcher Berechnungen ab; ihrer Ansicht nach haben für die Gesamtentscheidung darüber, ob eine Dienstleistung annehmbar ist und es sich lohnt, darauf zurückzukommen, unterschiedliche Faktoren unterschiedliches Gewicht. Letztendlich läßt sich daraus lernen, daß hoch angesetzte Erwartungen nur schwer wieder zu beschneiden sind. Ein Dienstleistungsunternehmen muß in der Lage sein, die Leistungen, die es anbietet, sei es nun irgendwelcher zusätzlicher Service oder unentbehrliche Dienstleistungen, auch tatsächlich bereitzustellen.

Das Servicepaket: Wem man was anbietet

Eines der nützlichsten Konzepte im Bereich des Service-Managements ist der Begriff des *Servicepakets*. Dieser aus Skandinavien stammende Terminus wird dort häufig zur

Beschreibung unterschiedlicher Serviceniveaus verwendet. Obwohl Fachleute den Begriff unterschiedlich definieren, kommen die meisten auf etwa folgenden gemeinsamen Nenner:

> Das Servicepaket ist die Gesamtsumme der dem Kunden angebotenen Güter, Dienstleistungen und Erfahrungen.

Es ist sinnvoll, sich folgende Verbindung zwischen Servicestrategie, Servicepaket und Servicesystem vorzustellen:

SERVICE-STRATEGIE	→	SERVICE-PAKET	→	SERVICE SYSTEM
definiert den Tätigkeitsbereich des Unternehmens		definiert das Angebot		stellt den Service bereit

Das Konzept des Servicepakets bietet einen Rahmen für eine systematische Analyse des Systems, anhand dessen die Dienstleistung bereitgestellt wird. Ihr Servicepaket ergibt sich folgerichtig aus Ihrer Servicestrategie. Es bildet den von Ihnen gebotenen Grundwert. Ihr Servicesystem wiederum leitet sich aus der Definition des Servicepakets ab.

An diesem Paket ist eigentlich nichts Geheimnisvolles. Die meisten Unternehmen verfügen bereits über einen Komplex an Gütern, Dienstleistungen und Erfahrungen. Mit Ausnahme einiger weniger Fälle ist das Servicepaket am Anfang klein und wächst im Lauf der Jahre. Ist eine Revision erforderlich, ist es jedoch sinnvoll, zu den Grundprinzipien zurückzukehren und die gesamte Struktur von der Warte der Servicestrategie aus zu durchdenken.

Richard Normann von der Service-Management-Gruppe in Paris unterscheidet zwischen *Kernleistungen* — den wesentlichen Vorteilen, um die es dem Kunden geht — und *peripheren oder Zusatzleistungen* — den Kleinigkeiten oder zusätzlichen Pluspunkten, die dem Kunden geboten werden. Ähnlich wird in Skandinavien zwischen *primärem* und *sekundärem Servicepaket* unterschieden.

Das primäre Servicepaket ist das Herzstück Ihres Serviceangebots. Es enthält Ihre Existenzberechtigung als in dieser Branche tätiges Unternehmen. Ohne das primäre Servicepaket wäre Ihre Tätigkeit sinnlos. Es muß die tragenden Grundprinzipien Ihrer Servicestrategie widerspiegeln und muß eine Gesamtheit an wesensverwandten Gütern, Dienstleistungen und Erfahrungen bieten, durch die dem Kunden der Eindruck hoher Qualität vermittelt wird.

Ihr *sekundäres Servicepaket* dient dazu, das primäre Servicepaket zu stützen, zu ergänzen und ihm zusätzlichen Wert zu verleihen. Es sollte keine bunt durcheinandergewürfelten, unüberlegt hinzugefügten Extras enthalten. Sämtliche Bestandteile des sekundären Pakets sollten eine Art Hebelwirkung haben, d.h., sie sollten dazu beitragen, den Wert des Gesamtpakets in den Augen des Kunden zu steigern.

Ist man sich der potentiell synergistischen Beziehung zwischen dem primären und dem sekundären Servicepaket bewußt, ist man auf dem richtigen Weg zur Entwicklung einer kreativen und effektiven Dienstleistung.

In einem allgemeinmedizinischen Krankenhaus zum Beispiel besteht das primäre Servicepaket für den Kunden/Patienten aus Unterbringung, Krankenpflege und der vom zuständigen Arzt verordneten Behandlung. Zu den sekundären bzw. peripheren Leistungen gehören zu Komfort und Annehmlichkeit beitragende Dinge wie Telefon und Fernsehen, Sonderleistungen für Besucher, das Geschenkartikelgeschäft, die Apotheke und so weiter.

In einem Hotel gehört zum primären Servicepaket ein sauberes, angemessen eingerichtetes Zimmer. Das sekundäre Servicepaket umfaßt Sonderleistungen wie Weckdienst, Frühstück und Zeitung, Wäscherei, Schuhreinigung und einen Pendelverkehr vom und zum Flughafen.

Die Unterscheidung zwischen primären und sekundären Serviceelementen ist in vielen Fällen von ausschlaggebender Bedeutung. Wenn zwei oder mehr Unternehmen auf etwa demselben Markt um denselben Kunden werben und dieselben Grundleistungen anbieten, haben sie nur eine Möglichkeit, einen Wettbewerbsvorteil zu erringen: Sie müssen Extra-Service bieten.

Sobald die Kernleistung ihre Aufgabe erfüllt, d.h. das Grundbedürfnis befriedigt hat, werden die peripheren Teile des Servicepakets zu den für die Entscheidung des Kunden ausschlaggebenden Faktoren. In vielen Fällen liegt der Unterschied zwischen mehreren Wettbewerbern nur in diesen zusätzlichen Elementen. Oft sind die von Unternehmen A und von Unternehmen B angebotenen Güter und Dienstleistungen in ihren Grundeigenschaften aus der Sicht des Kunden praktisch nicht zu unterscheiden. Er beurteilt dann den Wert der jeweiligen Produkte anhand ihrer zusätzlichen Eigenschaften. So erweist sich das Unternehmen, dessen peripheres Paket den Kunden am besten anspricht, oftmals als der stärkste Anbieter auf dem Markt.

Die Hotels testen zum Beispiel verschiedene periphere Serviceangebote und versuchen herauszufinden, welche für den Kunden, der längst daran gewöhnt ist, die wesentlichen Bestandteile des Kernservicepakets als selbstverständlich zu erwarten, wirklich von Bedeutung sein könnten. So vermieten zum Beispiel die Hotels der Luxusklasse der Holiday-Inn-Kette, die Crowne Plaza Hotels, Personal Computer auf Stundenbasis an Geschäftsreisende.

Einige Banken stellen sich besonders auf die Wünsche der Senioren unter ihren Kunden ein und bieten Gesellschaftsräume, kostenlosen Kaffee und sogenannte Investment-Clubs als Treffpunkt an. Immer mehr Krankenhäuser richten eine Schlankheitsklinik, Babykurse für werdende Mütter und Väter und einen Überweisungsservice für Patienten ein, die eine weitere Behandlung brauchen, aber keinen Hausarzt haben.

Ein weiterer wichtiger Anhaltspunkt für die Entwicklung eines Servicepakets ist die Unterscheidung zwischen *explizitem* und *implizitem* Nutzen. Expliziter Nutzen ist deutlich erkennbar, wie zum Beispiel die äußerst zuvorkommende und individuelle Bedienung in einem Luxusrestaurant. Impliziter Nutzen liegt hingegen in einem vielleicht subtileren Aspekt des Service, wenn Sie zum Beispiel der Oberkellner namentlich anspricht und sich, wenn Sie Ihre Geschäftspartner oder Kunden zum Mittagessen bringen, an Ihr Lieblingsgericht erinnert. Gute Küche und guter Service sind explizite Vorteile. In einem Spitzenrestaurant namentlich begrüßt zu werden, ist ein impliziter Vorteil. In manchen Fällen muß der im peripheren Servicepaket enthaltene implizite Nutzen gewichtiger und bedeutsamer als der explizite Nutzen des Kernpakets sein.

Die Aufstellung eines Servicepakets erfordert genaue Kenntnisse über die Wünsche, Bedürfnisse und Erwartungen der Kunden, eine gezielte Strategie für die Bereitstellung der Serviceleistung und eine Menge Kreativität und Urteilsfähigkeit, was die Marktsituation anbelangt. Haben Sie das Servicepaket einmal eindeutig definiert, können Sie darangehen, Ihr Servicesystem zu entwickeln bzw. zu revidieren, um so Ihre Wettbewerbsstärke zu maximieren.

Das Dienstleistungssystem: Die richtigen Dinge richtig tun

Bisher war Planung — im strategischen Sinn — für die für Dienstleistungssysteme Zuständigen ein Fluch, oder zumindest hat man diesen Eindruck. Viele, wenn nicht die meisten Servicesysteme, mit denen wir alle tagtäglich in Berührung kommen, wirken schwerfällig, unbeweglich und kaum fähig, uns zu Begeisterungsstürmen hinzureißen.

Service war in den meisten Wirtschaftszweigen in diesem Jahrhundert fast immer etwas, worüber man sich erst hinterher Gedanken machte. Manager sahen ihn abwechselnd als sinnreichen Trick im Marketing oder als notwendiges und kostspieliges Nebenprodukt der Güterproduktion. Service wurde kaum einmal als starke strategische Kraft und schon gar nicht als unternehmerischer Inhalt an sich gesehen.

Für den aufstrebenden Industriellen der ersten Jahrzehnte unseres Jahrhunderts war Dienstleistung untrennbar mit „Dienerei" verbunden, mit Dienstmädchen, Butlern, Hotelpagen, Kutschern und Leichenbestattern. Es war kaum etwas, was ein Möchtegern-Millionär als Profitquelle gesehen hätte. Ein echter Industriekapitän hatte es nicht nötig, so etwas wie Servicequalität zur Kenntnis zu nehmen, außer wenn er selbst der Empfänger war.

Angesichts dieser Vorstellungen von Dienstleistungen braucht man sich kaum zu wundern, daß die meisten Servicesysteme heute so schlecht sind. Nicht daß jemand sie absichtlich so konzipierte hätte, daß nur mittelmäßiger Service geboten werden kann; man hat sie vielmehr aus unternehmerischen Überlegungen ausgespart und sie in ihrer „Entwicklung" sich selbst überlassen. Es ist dies schlicht eine historische Unterlassungssünde. Läßt man zu, daß sich ein unternehmerisches System eigenständig entwickelt, kann man ziemlich sicher sein, daß es den Weg des geringsten Widerstandes geht und eher nach innen als nach außen gerichtet ist.

G. Lynn Shostack, Senior Vice President der New Yorker Bankers Trust Company und Dienstleistungsexpertin stimmt dieser Auffassung von Servicequalität zu. In einem vor kurzem in der *Harvard Business Review* erschienenen Artikel schreibt sie dazu:

> Beispiele für schlechten Service finden sich überall; in allen Umfragen stehen Dienstleistungen ganz oben auf der Liste der Dinge, mit denen die Kunden unzufrieden sind. Einfälle wie H & R Blocks Steuerberatung, McDonald's Fast-Food-System und

Walt Disneys Unterhaltungsangebot sind so dünn gesät, daß sie das Produkt eines Genies zu sein scheinen — ein brillanter Einfall, der sich nicht wiederholen läßt.[3]

Das Wesentliche hierbei ist, daß wir auf der Schwelle eines Zeitalters mit einer beispiellosen Nachfrage nach qualitativ hochwertigen Dienstleistungen weltweit stehen und daß die meisten Servicesysteme, die uns zur Deckung dieser steigenden Nachfrage zur Verfügung stehen, etwa so sinnvoll strukturiert sind wie ein wilder Brombeerstrauch. Sie haben weder Sinn noch Verstand; sie sind weder unternehmenspolitisch noch wirtschaftlich sinnvoll und völlig unlogisch. Sie zeigen keinerlei Anzeichen von Planung.

Bei einem überlegt geplanten und gezielt durchgeführten Servicesystem fällt vor allem auf, daß die Serviceleistung an sich einfach und unkompliziert wirkt. Das System funktioniert so gut, der Service wird so mühelos erbracht, daß das „System" praktisch unsichtbar ist. Wenn Sie zum Beispiel jemals einen der großen, modernen Vergnügungsparks besucht haben, haben Sie wahrscheinlich über die Sauberkeit des Geländes und die Schönheit und Üppigkeit der Blumen und Sträucher gestaunt. Vielleicht haben Sie etwas gesagt wie: „Donnerwetter, ich wünschte unser Garten (unsere Stadt/unsere Firma) könnten so makellos und gepflegt sein wie dieser Park. Wie schaffen die das? Die Mitarbeiter hier müssen wirklich gute Arbeit leisten."

Dem ist keineswegs so. Disneyland und die meisten anderen bekannten Vergnügungsparks beschäftigen Leute mit Niedrigstlöhnen, dieselben Teenager, die wir nicht dazu bewegen können, sich mal ein bißchen anzustrengen. Wie bringen sie das fertig? Geben sie etwas ins Trinkwasser? Drohen sie? Weit gefehlt.

Es stecken keine Magie oder übermenschlichen Fähigkeiten dahinter. Denken Sie einmal an die Blumen, Sträucher und Bäume, die Ihnen so gut gefallen haben. Die meisten Vergnügungsparks verfügen über eine große Gärtnerei mit geschulten Kräften, die sich in stundenlanger Arbeit um die grüne Pracht kümmern. Als Gast sehen Sie diese Leute nie bei der Arbeit; Sie sollen sie ja auch nicht sehen. Sie erledigen das meiste nachts, wenn der Park für die Öffentlichkeit geschlossen ist.

Sauberkeit verlangt ähnlich geschickte Organisation; ständig wird etwas direkt vor Ihnen dafür getan, aber Sie bemerken es kaum. Ein ganzer Schwarm von jungen Leuten durchkämmt laufend den Park, jeder hat sein ihm zugeteiltes Gebiet, hebt Papier auf und wischt verschüttete Getränke auf. Im bekanntesten Vergnügungspark, Disneyland, gibt es über das gesamte Gelände verteilte Röhren, die wie eine Art Riesenstaubsauger den Abfall abtransportieren. Als Besucher werden Sie nie sehen, daß ein Arbeiter eine riesige Karre mit übelriechendem Abfall wegfährt.

Außerdem halten sich sämtliche Mitarbeiter an eine Art in der gesamten Branche gültigen Verhaltenskodex. Von jedem im Vergnügungspark Beschäftigten, vom Unternehmenschef bis hin zum letzten Hot-Dog-Verkäufer, wird erwartet, daß er Abfall, den er irgendwo entdeckt, sofort aufhebt. Aus den Augen, aus dem Sinn! Die Mitarbeiter sorgen dafür, daß Ihnen Müll erst gar nicht unter die Augen kommt, und Ihnen kommt es daher nie in den Sinn, daß jemand ja schließlich den gesamten Abfall beseitigen muß. Worum es hier geht, ist die Tatsache, daß hinter den fast immer blitzblanken, geruchsfreien und attraktiven besten Vergnügungsparks Planung, Vorausdenken und konsequente Durchführung und nicht übermenschliche Anstrengungen stehen.

Vergleichen Sie das einmal mit *planlosen* Dienstleistungssystemen, die sich ja leicht ausmachen lassen. Ungeplante Systeme haben eine unverkennbare Eigenschaft gemeinsam: Sie scheinen nur dem Unternehmen und seinen Mitarbeitern zu dienen und nicht die Aufgabe zu haben, Dienstleistungen zu erbringen oder dafür zu sorgen, daß die Kunden mit dem Service zufrieden sind.

Es gibt einen einfachen „Lackmustest", anhand dessen Sie nachweisen können, ob die Systeme in dem Unternehmen, mit dem Sie zu tun haben, „geplant" sind oder sich von selbst „entwickelt" haben. Wenn Sie das nächste Mal eine Firma anrufen, achten Sie einmal auf zwei Dinge. Zählen Sie erstens, durch wieviele Abteilungen man Sie weiterleitet, bis jemand auf Ihre Wünsche eingeht. Dann zählen Sie die Zahl der Mitarbeiter, die Ihnen erklären, sie könnten Ihnen leider nicht behilflich sein, weil für das, was Sie wissen wollen, der Verkauf, die Kreditabteilung, die Arbeitsplanung, die Lohn- und Gehaltsbuchhaltung, die Öffentlichkeitsarbeit oder irgendeine andere Abteilung zuständig ist, oder weil der Kollege, der sich auskennt, im Augenblick mit einem *wirklich* wichtigen Gast beim Essen ist, aber später wieder im Büro sein wird und Sie doch bitte noch einmal anrufen möchten.

Natürlich wissen wir im Grunde alle genau, daß das oberste Ziel darin besteht, dem Kunden für sein Geld etwas zu bieten. Aber in den meisten Unternehmen wirkt eine Vielzahl von gegenseitigen Verpflichtungen und Anreizen zusammen, wodurch sich die Beschäftigten erst den Regeln des Systems und erst dann den Bedürfnissen des Kunden verpflichtet fühlen. Dies ist vielleicht auch die Ursache für so manche Spannung zwischen Innen- und Außendienst.

Die internen Mitarbeiter stehen den im Außendienst, besonders im Verkauf, Tätigen, oft etwas mißtrauisch gegenüber. Vertreter wirken oft nicht nur wie professionelle Karnevalsgestalten, Aufschneider und Schwätzer; sie scheinen auch ständig auf Sonderbehandlung und Gefälligkeiten für ihre Kunden zu drängen. Für den Angestellten im Unternehmen grenzt dieses Verhalten schon an Treulosigkeit, wenn nicht gar an Verrat.

Es gibt unzählige Beispiel für Systeme, die vorrangig im Dienst des Unternehmens zu stehen scheinen: die Aufnahmestelle im Krankenhaus, bei der es eher um Geld als um Schmerzen geht; Kfz-Werkstätten, bei denen Haftung und Garantie vor der Instandsetzung kommen; die Kreditvergabe bei manchen Banken, wo der Kunde sich eher wie ein Schwindler und Schnorrer als wie ein Geschäftspartner vorkommt; Ämter, bei denen Funktionalität Formularen geopfert wird; und EDV-Abteilungen, bei denen Maschinen und Verfahren vor schneller Information rangieren.

Um ein Dienstleistungssystem wirklich kundenfreundlich zu gestalten, muß es umfassend geplant oder revidiert werden. Richard Normann, der eng mit der SAS-Geschichte verbunden war, bemerkt folgendes zu einem erfolgreichen Servicesystem, das für andere ein nachahmenswertes Vorbild sein kann:

> In der Praxis ist es nicht immer leicht, bei der Dienstleistung genau zu trennen zwischen der Leistung selbst, dem Prozeß der Leistungserstellung und dem gesamten System, das zu der Leistungserstellung führt.... Die Fähigkeit, in großen Zusammenhängen zu denken und vorhandene Strukturen und Prozesse zu integrieren, ist also für die Schaffung eines effektiven Dienstleistungssystems unverzichtbar.[4]

Lynn Shostack fügt hinzu:

> Es gibt verschiedene Gründe dafür, daß Servicesysteme nicht analytisch geplant werden. Dienstleistungen sind insofern etwas Ungewöhnliches, als sie eine Wirkung, aber keine Gestalt haben. Wie das Licht können sie nicht gespeichert werden, man kann sie nicht besitzen, und Produktion und Verbrauch fallen oft zeitlich zusammen.[5]

Nach Lynn Shostack ist dieses unstete Wesen von Dienstleistungen jedoch keine Entschuldigung für eine willkürliche oder dem Zufall überlassene Gestaltung von Servicesystemen. Sie sagt weiter: „Ohne eine bis in alle Einzelheiten gehende Planung ist es unmöglich, Qualität oder einheitliche Leistungen zu gewährleisten."

Dienstleistungen systematisch planen

Es wird nun immer deutlicher, daß ein zuverlässiges Dienstleistungsangebot systematisch geplant werden kann und muß. Mancher meint da vielleicht, das Schreckgespenst fließbandähnlicher, technisierter Arbeit ohne Raum für Individualität und freie Persönlichkeitsentfaltung auf sich zukommen zu sehen; aber so muß es nicht sein. Für uns ist das Ziel einer systematischen Serviceplanung genau das Gegenteil von „Dehumanisierung". Bei einer systematischen Planung geht es darum, all die Formulare, Verfahren und den gesamten Firlefanz, der zwischen der Dienstleistung und dem Kunden steht, auf ein Mindestmaß abzubauen. Gleichzeitig müssen die Serviceplaner immer darauf achten, daß der Verbraucher die Leistung bekommt, die er von dem Unternehmen erwartet, und zwar zu für das Unternehmen rentablen Kosten.

Wie bereits erwähnt, kann von einer Dienstleistung, da es sich ja um etwas Immaterielles handelt, kein Prototyp hergestellt werden; sie kann nicht wie eine neue Schreibmaschine, ein Auto oder ein Computerprogramm im Windkanal getestet oder von eventuellen Fehlern befreit werden. Um ein neues Dienstleistungskonzept zu erproben und seine Gültigkeit nachzuweisen, müssen oft teure und von der breiten Öffentlichkeit zu beobachtende Markttests durchgeführt werden. Findet die Serviceleistung beim Verbraucher keinen Anklang oder, schlimmer noch, erweist sie sich als attraktiv, enttäuscht aber durch Schwächen im „Liefersystem", kann dies für das Unternehmen eine Image-Einbuße bedeuten, die sich auch auf das Vertrauen der Kunden in *andere* Dienstleistungen und Güter desselben Unternehmens auswirkt. Viele Unternehmen sehen das als so großes Problem, daß sie es vorziehen, um die neue Service-Idee zu testen, mit hohem Kostenaufwand eine eigene Gesellschaft mit einem anderen Namen — oft ein kleines Unternehmen — zu gründen, anstatt den Ruf der Muttergesellschaft aufs Spiel zu setzen. Diese Strategie fördert mit Sicherheit die Möchtegern-Unternehmer in der Firma, aber sie trägt kaum dazu bei, das Risiko des eigentlichen Projekts zu vermindern.

Hilfreich sind in diesem Zusammenhang neue Verfahren, anhand derer sich Dienstleistungen auf dem Papier entwerfen und, ähnlich wie bei der Entwicklung materieller Güter, Störungen vor der Entwicklung ermitteln und beseitigen lassen. Diese eben aufkommende Kunst/Wissenschaft der Dienstleistungsentwicklung — des Service Engineering — ist so neu, daß man sich noch nicht einmal auf einen Namen geeinigt, geschweige denn einen Komplex von Grundsätzen und Verfahren festgelegt hat. Die wenigen Praktiker, die sich bewußt sind, hier einer Sache mit Zukunft auf der Spur zu sein, beschreiben ihre Arbeit anhand von Analogien zu den vertrauten Mitteln und Verfahren der Arbeitsanalyse: Arbeitsablaufplanung, Bewegungs-Zeit-Studie und so weiter.

Einige Dienstleistungen sind tatsächlich so einfach, daß sie ohne weiteres mit Hilfe der gewöhnlichen Techniken der Arbeitsanalyse beschrieben werden können. Die folgende kurze Schilderung erklärt ausreichend deutlich, was ein Angestellter in einem Schmuckgeschäft zu tun hat, wenn ein Kunde eine Serviceleistung fordert.

VERFAHREN ZUR ENTGEGENNAHME VON REPARATURWARE
Bringt ein Kunde ein Stück zur Reparatur, stellen Sie zunächst fest, ob die Ware im eigenen Geschäft gekauft wurde. Als Kaufnachweis dient die Rechnung mit der Zahlungsbestätigung.

Wenn die Ware im eigenen Haus gekauft wurde: Füllen Sie einen rosa Empfangsschein aus, stecken Sie die Ware in einen Umschlag für Reparaturwaren, heften Sie den rosa bzw. oberen Durchschlag an den Umschlag und händigen Sie den verbleibenden, d.h. weißen Durchschlag dem Kunden aus.

Wenn die Ware nicht im eigenen Haus gekauft wurde: Füllen Sie einen blauen Empfangsschein aus, stecken Sie die Ware in einen Umschlag für Reparaturwaren, heften Sie den blauen bzw. oberen Durchschlag an den Umschlag und händigen Sie den verbleibenden, d.h. grünen Durchschlag dem Kunden aus.

Nachdem der Kunde das Geschäft verlassen hat: Tragen Sie den Vorgang in das Geschäftsbuch ein und verschließen Sie die Ware im Safe.

Diese Beschreibung des Vorgehens während einer Serviceleistung ist absolut brauchbar, wenn auch etwas simpel. Anhand dieser Vorlage könnte das Verfahren mit den Direktoren anderer Schmuckabteilungen auf Eignung und Genauigkeit hin verglichen werden. Außerdem könnte diese Beschreibung für die Mitarbeiterschulung eingesetzt werden. Selbst wenn wir davon ausgehen, daß ein Verkäufer noch zwanzig oder dreißig andere Aufgaben erfüllen muß, ist diese Methode einer genauen Beschreibung der einzelnen Serviceleistungen wahrscheinlich völlig ausreichend. Fügt man noch eine mittlere Arbeitszeit hinzu, läßt sich leicht errechnen, welcher Anteil der Kosten für eine Schmuckreparatur auf den Verkäufer entfällt.

Viele, wenn nicht die meisten Dienstleistungen sind viel komplexer und erfordern erheblich mehr Zeit als die von dem Angestellten erfüllte Aufgabe. Selbst eine so einfache Aufgabe wie die des Benzinzapfens an einer Tankstelle mit vollem Service ist ein ziemlich komplizierter Vorgang. Abb. 6-1 zeigt einen Ausschnitt aus der entsprechenden Tätigkeitsanalyse.

Aufgrund des komplexen Charakters der Tätigkeit eines Tankwarts — was hauptsächlich auf die zahlreichen Entscheidungen, welche die einzelnen Arbeitsaufgaben erfordern, zurückzuführen ist — läßt sich diese Dienstleistung besser in algorithmischer Form oder als Arbeitsablaufdiagramm veranschaulichen. Beachten Sie, daß es mit zunehmender Verzweigung der Aufgaben immer schwieriger wird, die Kosten zu kalkulieren.

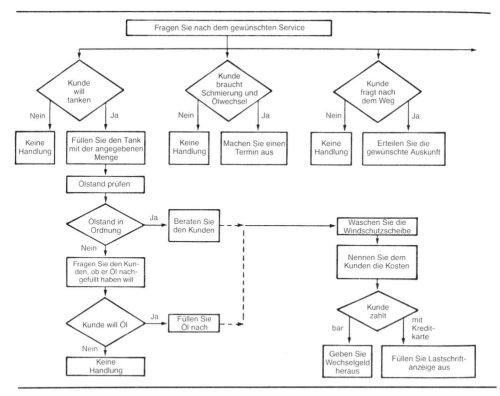

Abb. 6-1.: Ausschnitt aus einer Darstellung der Aufgabengliederung für die Tätigkeit eines Tankwarts

Allein durch die Darstellung eines so komplexen Sachverhaltes in einer Form, die einen Gesamtüberblick ermöglicht, kann der Planer der Frage nachgehen, welchen zusätzlichen Wert einige der Aufgabengruppen der Serviceleistung in den Augen des Kunden verleihen.

Abb. 6-2 enthält die Darstellung einer Entscheidungsanalyse für den scheinbar so einfachen Vorgang der Einlösung eines Schecks — aus dem Blickwinkel des Kassierers. Bedenkt man, daß ein Kassierer nicht nur Schecks einlöst, sondern Einzahlungen für eine Vielzahl von verschiedenen Konten entgegennimmt und außerdem Zahlungen und Zahlungsanweisungen annimmt sowie Reiseschecks verkauft, wird klar, warum die Schalterangestellten der Banken solch begeisterte Anhänger des Bankomaten sind.

Art der Zahlungsanweisung	Vorgelegt von Dem Kassierer gut bekannter Kunde mit Giro-, Sparkonto oder Einlagenzertifikat	Dem Kassierer NICHT gut bekannter Kunde mit Giro-, Sparkonto oder Einlagenzertifikat	Kunde, der lediglich einen Teilzahlungskredit hat	Nicht-Kunde in Begleitung eines gut bekannten Kunden, der die Zahlungsanweisung indossiert hat	Nicht-Kunde	Mit dem Kassierer befreundeter oder verwandter Nicht-Kunde
Auf uns bezogener Barscheck des Ausstellers	gemäß TC 61 an Aussteller BAR	gemäß TC 61 an Aussteller BAR*	nicht zutreffend	nicht zutreffend	nicht zutreffend	nicht zutreffend
Auf uns gezogener, an eine Einzelperson zahlbarer persönlicher Scheck (oder bar auszuzahlen, wenn nicht vom Aussteller vorgelegt)	gemäß TC 61 an Aussteller BAR	gemäß TC 61 an Aussteller BAR*	BAR*, wenn kleiner Betrag. WEITERLEITEN wenn großer Betrag gemäß TC 61	gemäß TC 61 an Aussteller BAR	an Vorgesetzten WEITERLEITEN	an Vorgesetzten WEITERLEITEN
Auf andere Bank gezogener persönlicher Scheck	gemäß TC 88 an Kunden	gemäß TC 88 an Kunden*	an Vorgesetzten WEITERLEITEN	gemäß TC 88 an Kunden	höflich ZURÜCKWEISEN	höflich ZURÜCKWEISEN
Auf uns gezogener Lohnscheck	gemäß TC 61 an Aussteller BAR**	gemäß TC 61 an Aussteller BAR**	an Vorgesetzten WEITERLEITEN	gemäß TC 61 an Aussteller BAR**	Identität feststellen und BAR** gemäß TC 61 oder WEITERLEITEN	gemäß TC 61 an Aussteller BAR**
Auf andere Bank gezogener Lohnscheck	BAR	BAR, wenn Bank unbekannt, nur bei Deckung	an Vorgesetzten WEITERLEITEN	BAR	höflich ZURÜCKWEISEN	höflich ZURÜCKWEISEN
Versicherungswechsel	BAR	EINZAHLEN bei Deckung	als Verrechnungsscheck verbuchen	an Vorgesetzten WEITERLEITEN	höflich ZURÜCKWEISEN	als Verrechnungsscheck verbuchen
Auf uns gezogener Bankscheck, bankgarantierter oder bestätigter Scheck	BAR	BAR*	BAR, wenn nicht identifiziert, WEITERLEITEN	BAR	an Vorgesetzten WEITERLEITEN	an Vorgesetzten WEITERLEITEN
Auf andere Bank gezogener Bankscheck, bankgarantierter oder bestätigter Scheck	BAR	an Vorgesetzten WEITERLEITEN	an Vorgesetzten WEITERLEITEN	an Vorgesetzten WEITERLEITEN	höflich ZURÜCKWEISEN	höflich ZURÜCKWEISEN
Schecks einer staatlichen Stelle	BAR	BAR*	an Vorgesetzten WEITERLEITEN	BAR	höflich ZURÜCKWEISEN	höflich ZURÜCKWEISEN
Auf uns gezogene indossierbare Anweisung	Zahlungsanweisungsabteilung anrufen, wenn o.k., BAR	Zahlungsanweisungsabteilung anrufen, wenn o.k., BAR*	Zahlungsanweisungsabteilung anrufen, wenn o.k., BAR*	Zahlungsanweisungsabteilung anrufen, wenn o.k., BAR	an Vorgesetzten WEITERLEITEN	an Vorgesetzten WEITERLEITEN
Andere indossierbare Anweisungen	BAR	BAR*, wenn notwendig, nur bei Deckung	an Vorgesetzten WEITERLEITEN	BAR	höflich ZURÜCKWEISEN	höflich ZURÜCKWEISEN
Reiseschecks	BAR	BAR*	BAR*	BAR	BAR*	BAR

WICHTIG: Diese Tabelle ist nur eine Anleitung. Sie zeigt auf, was Sie in verschiedenen Situationen versuchen KÖNNEN. Es bedeutet NICHT, daß die angegebenen Dinge tatsächlich getan werden dürfen. Dies hängt von den Vorschriften der Bank bezüglich unterschiedlicher Schecks und Kunden ab. Sie müssen selbst entscheiden, ob die Art des Kontos, über das der Kunde verfügt, die vorgelegten Ausweispapiere und die Art des vorgelegten Schecks die zulässige Maßnahme rechtfertigen. Verwenden Sie diese Tabelle nicht in Gegenwart von Kunden, und verwenden Sie die hier angegebenen Begriffe und Einteilungen nicht im Gespräch mit Kunden.

„BAR BEI DECKUNG" heißt, daß die Zahlungsanweisung nur eingelöst wird, wenn sie durch das Guthaben des Kunden gedeckt ist.

* Ein Sternchen bedeutet, daß Sie die Identität der Person, welche die Anweisung vorlegt, immer anhand der Unterschriftskarten oder, sofern nicht vorhanden, anhand anderer eindeutiger Unterlagen feststellen müssen. Der verwendete Nachweis ist auf der Rückseite der Anweisung zu vermerken.

** Zwei Sternchen bedeuten, daß Sie die Unterschrift und die Zeichnungsberechtigung auf Firmenschecks überprüfen müssen.

Unter gut bekanntem Kunden ist jemand zu verstehen, dessen Konto seit mindestens einem Jahr und ohne Probleme besteht, und der regelmäßig zur Bank kommt. Sie kennen seinen Namen, seinen Beruf und seine Unterschrift auswendig. Sie glauben, er könne bei Widerruf für den Betrag aufkommen.

Quelle: Clyde Jackson: *Verbal Information Systems: A Comprehensive Guide to Writing Manuals*, Association for Systems Management, Cleveland, Ohio, 1974.

Abb. 6-2.: Entscheidungsanalysetabelle für die Tätigkeit eines Bankkassierers — Einlösung von Schecks

Mit Hilfe einer der ausgeklügeltsten und vielversprechendsten Methoden im Bereich der Serviceplanung und -gestaltung läßt sich ein Ergebnis erzielen, das Lynn Shostack als "service blueprint", als Service-Entwurf bezeichnet.[6] Anhand eines solchen Service-Entwurfes kann der Planer feststellen, welche Vorgänge während der Bereitstellung der Dienstleistung ablaufen; er kann potentielle Störungen im System ausmachen und einen zeitlichen Rahmen für die Bereitstellung der Dienstleistung abstecken. Dadurch wird umgekehrt eine systematische Rentabilitätsanalyse der Serviceleistung möglich. Und all dies findet statt, solange die neue Dienstleistung oder der entsprechende Vorschlag noch ausschließlich auf dem Reißbrett existiert.

Die Rentabilitätsanalyse und der Entwurf in Abb. 6-3 stammen in abgewandelter Form aus einem 1984 in der *Harvard Business Review* erschienenen Artikel, in dem Lynn Shostack zum ersten Mal ihren Ansatz näher erläuterte. Auf die Gefahr hin, dieses Kapitel zu einem Kurs in Serviceplanung zu machen, möchten wir doch auf einige der Eigenschaften des Service-Entwurfes hinweisen, die unserer Auffassung nach zu Gestaltung und Entwicklung einer Dienstleistung beitragen können.

1. Ein Service-Entwurf kann ein ziemlich langes Papier werden. Wie Sie sehen, kann sich selbst eine so einfache und unkomplizierte Dienstleistung wie das Schuhputzen in einem solchen Entwurf über mehrere Stufen erstrecken. Wir haben einmal im Rahmen der Entwicklung eines Schulungsprogramms die Aufgaben eines Bankkassierers ähnlich detailliert aufgegliedert. Der vollständige Algorithmus, ein einem Service-Entwurf ähnliches Arbeitsablaufdiagramm, nahm 36 Din-A-3-Seiten ein.

2. Im Gegensatz zu einem unkomplizierten Ablaufdiagramm bietet der Service-Entwurf eine Aufgliederung von Tätigkeiten, die vom Kunden wahrgenommen werden können oder die seine Beteiligung erfordern. Ebenso werden Materialien und Tätigkeiten, mit denen der Kunde nicht unmittelbar zu tun hat, berücksichtigt; sie bilden ja einen Teil des Servicesystems und tragen folglich zu den eigentlichen Kosten der Leistung bei; sie werden aber „offline" und außerhalb des Ablaufs der Bereitstellung der Dienstleistung verzeichnet.

3. Anhand des Service-Entwurfes lassen sich die Schwachstellen bzw. die Punkte ermitteln, an denen eine Dienstleistung in ihrer gegenwärtigen Form leicht versagen könnte. Macht man sich die Sachkenntnis von Leuten, die mit ähnlichen wie den in der Entwicklung befindlichen Dienstleistungen gearbeitet haben, zunutze, lassen sich mögliche und wahrscheinliche Störfälle vorhersehen und durch eine Abwandlung des Ablaufs umgehen; das System kann so weitgehend ausfallsicher gestaltet werden.

4. Ist der Entwurf auf Vollständigkeit hin überprüft und sind eventuelle Schwachstellen gefunden bzw. behoben, können die Kostenermittlung und Rentabilitätsanalyse der Dienstleistung beginnen. Handelt es sich um eine bereits bestehende Dienstleistung, ist das ein verhältnismäßig einfacher Vorgang. Mit Hilfe von Stoppuhrtests lassen sich für die einzelnen Vorgänge Normalarbeitszeiten und mittlere Abweichungen ermitteln und in den Entwurf eintragen. Der Entwurf eignet sich außerdem für „Was ist, wenn"-Spiele. Man stellt hypothetische Fragen über Abwandlungen der Dienstleistung und berechnet die Auswirkungen auf die Rentabilitätsanalyse, um interessante, aber unrentable — und unmögliche — Spielarten auf dem Reißbrett zu belassen und zu vermeiden, daß sie in das „Liefersystem" eingebracht werden.

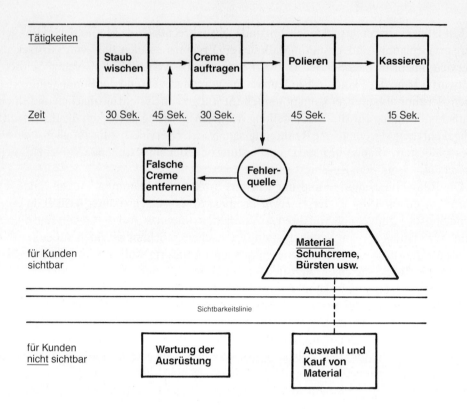

Abb. 6-3.: Service-Entwurf: Schuhputzen

Ob Sie sich nun für Lynn Shostacks oder eine andere Methode entscheiden: Die Erstellung eines Diagramms, das die Bereitstellung einer Dienstleistung verdeutlicht, bietet einige zusätzliche Vorteile.

- Wenn Sie unmittelbar eine Darstellung vor Augen haben, aus der hervorgeht, welche und wieviele Leute Sie brauchen, um Ihr Servicesystem zu betreiben und zu lenken, wird die Entscheidungsfindung über Personalbeschaffung, -zuteilung und -ausbildung erleichtert.
- Mit Hilfe des Entwurfes als Gesprächsgrundlage lassen sich Überlegungen darüber, wo eine Automatisierung eine Kosteneinsparung bedeutet und wo persönlicher, zwischenmenschlicher Kontakt ein Muß ist, wesentlich gezielter anstellen.
- Konkurrierende Dienstleistungen können durch eine Darstellung in Diagrammform und durch einen Vergleich der Entwürfe näher untersucht werden.
- Verwendet man den Service-Entwurf als Ausgangspunkt für Überlegungen über eine mögliche Produktivitätssteigerung, ist es sehr viel leichter, die Beschäftigten für eine Mitarbeit zu gewinnen. Die Beteiligung der Belegschaft ist ein ausschlaggebender Faktor für eine Dezentralisierung komplexer Service-Entscheidungen und für die Beseitigung der Gestaltungsprobleme, mit welchen neu einzuführende Dienstleistungen im allgemeinen zu kämpfen haben.

Der größte Vorteil, den eine peinlich genaue Analyse der Entwicklung und Durchführung von Serviceleistungen und Servicesystemen mit sich bringt, ist möglicherweise etwas, was Normann als die „Fähigkeit, ganzheitlich und im Sinne einer Integration von Struktur und Prozeß zu denken" bezeichnet. Instrumentarien und Techniken wie der Service-Entwurf ermöglichen in diese Richtung gehende Denkvorgänge. Die Fähigkeit, eine Dienstleistung als rationales und praktisch durchführbares Konzept zu planen, ist eine entscheidende Voraussetzung für die Bewältigung der nächsten Problemstufe nach der Transportfähigkeit, nämlich der Frage, wie ein erfolgreiches Dienstleistungsunternehmen auf dem Weg ständigen Wachstums und ständiger Innovation gehalten werden kann.

Gestaltung des Arbeitssystems

Obwohl wir uns ein ganzes Kapitel lang ausführlich mit den Wünschen und Bedürfnissen der Menschen beschäftigt haben, die das Servicesystem in Betrieb halten, sollten wir hier einen Moment stehenbleiben und uns Gedanken darüber machen, welche Beziehung zwischen dem Servicesystem und der Lenkung, Weiterbildung, Motivierung und Entlohnung der Leute besteht, welche Schecks einlösen, Maschinen instandsetzen, Aufträge entgegennehmen, ans Telefon gehen, Buchungen vornehmen, Medikamente katalogisieren, kochen und überhaupt die Arbeit des Servicesystems erledigen. Bei den meisten Servicesystemen sind die Kosten der Hardware im Vergleich zu den Arbeitskosten verschwindend gering. Ebenso ist in einem Servicesystem menschliches Versagen sehr viel wahrscheinlicher als der Ausfall eines Teils der Maschinerie. Diese einfache, aber zwingende Feststellung veranlaßte die Federal Express Company, vor der Einführung von Zap Mail, des von diesem Unternehmen angebotenen elektronischen Postdienstes, das Personal an den Datenstationen mit einem Aufwand von 5,5 Millionen Dollar zu *schulen*. Obwohl die eigentliche Übermittlung von Botschaften durch das System weitestgehend automatisiert ist, gewährleisten letztlich die *Mitarbeiter* von Federal Express, daß die Nachrichten in Hartkopie innerhalb der zugesagten zwei Stunden übermittelt werden und beim Empfänger eintreffen. *Kernstück* des Zap-Mail-Servicesystems von Federal Express ist die Forderung des Kunden, Informationen rasch von A nach B zu befördern, unabhängig davon, wie dies geschieht oder wieviele Computer und nachrichtentechnische Anlagen das Unternehmen hat. Federal Express wußte das, und folglich war die Ausbildung der Servicemitarbeiter nicht weniger sorgfältig als die Entwicklung und Konstruktion des „Fax"-Systems. Ganz gleich, ob Ihre Dienstleistung zu 99 Prozent automatisiert ist oder zu 100 Prozent über den direkten Kontakt mit dem Verbraucher abgewickelt wird: es sind immer die Menschen, die dafür sorgen, daß eine Serviceleistung funktioniert.

Folglich müssen Sie sich, wenn Ihre Dienstleistung erst einmal geplant, von Fehlern bereinigt und für die praktische Umsetzung bereit ist, über verschiedene Punkte Gedanken machen. Der erste Punkt ist eine *Messung*. Natürlich wollen und müssen Sie die Leistungsfähigkeit des Service und des Systems messen. Zunächst einmal muß es darum gehen, das Leistungsniveau des Systems zu bewerten. Woran mißt man das Ergebnis? An der Zahl der pro Stunde geputzten Schuhe? An den Einnahmen pro Kunden? An der Tiefe der Beziehung?

Und in welchem Zusammenhang stehen Ihre Ergebnismessungen mit den Subsystemen bzw. Vorgängen innerhalb des Servicesystems? Welche entscheidenden Vorgänge müssen Sie messen? Ist es von Bedeutung, wieviele Personen ein und ausgehen? Sollten Sie nicht nur die Ergebnisse, sondern auch die Möglichkeiten messen? Ist die durchschnittliche Länge eines Telefongesprächs eine wichtige Variable, die in unmittelbarem Zusammenhang mit den Ergebnissen, die Sie messen, steht? Ist die Kundenzufriedenheit allein ein gültiger Maßstab? Diese Prozeßbewertungen sollten Ihnen Hinweise darauf geben, wie schnell Sie sich den angestrebten Ergebnissen nähern, sollten Sie darin bestärken, strengere Maßstäbe anzulegen und Ihr Vorgehen rationaler zu gestalten, bzw. Ihnen entsprechende Anregungen geben. Die erste wichtige Frage, die Sie sich dabei stellen müssen, ist: Welches ist die geringstmögliche Zahl an Indikatoren, die ich messen kann und dann immer noch ziemlich verläßlich weiß, daß das System über ausreichend Steuermechanismen verfügt?

Welche Faktoren sollten gemessen werden, um die Leistung der Mitarbeiter zu ermitteln? Ist es wichtig, die Leistung der Personen getrennt von der einzelner Vorgänge und des Systems zu messen? Es kommt vor allem darauf an, daß die Leistung der Arbeiter und Angestellten gerecht gemessen wird. Sie müssen ihre Leistung anhand von Faktoren bewerten, auf die sie unmittelbar, einzeln oder als Gruppe, Einfluß haben. In einem Vergnügungspark zum Beispiel stehen der Bruttoerlös und die Gesamtbesucherzahl nur indirekt in Zusammenhang mit der Arbeit eines einzelnen Angestellten oder Arbeiters und sind kein gerechter Maßstab, zum Beispiel, für die Leistung eines Parkwächters oder eines Kassierers. Aussagekräftige Kriterien sind dagegen wahrscheinlich das Urteil der

Gäste über die Sauberkeit des Parkplatzes, das Gewicht des pro Schicht gesammelten Abfalls, die Freundlichkeit oder Hilfsbereitschaft der Parkwärter sowie über Freundlichkeit, Effizienz und Auslagen pro Geschäftsvorgang der einzelnen Kassen.

Genauso wichtig wie das, was Sie messen, ist das, was Sie mit Ihren Messungen tun. Wollen Sie irgendeine Wirkung auf das Leistungsniveau erzielen, müssen die Mitarbeiter wissen, welche Maßstäbe angelegt werden, was ein annehmbares Ergebnis ist und was nicht, was diese Messungen bedeuten und wie sie sie als Einzelperson beeinflussen können. Dieses *Feedback*, wie dieses Kennen der Leistung von Arbeitspsychologen genannt wird, fehlt oft oder wird, wenn vorhanden, niemals den Personen vermittelt, die auf die Leistung den größten Einfluß haben — denjenigen nämlich, welche die Leistung selbst erbringen.

Über die Entlohnung der Mitarbeiter eines Servicesystems gibt es unterschiedliche und widersprüchliche Auffassungen. In erster Linie geht es um die Frage Leistungslohn oder Zeitlohn. Aber selbst wenn man sich für die eine oder andere Form entscheidet, ist damit die Frage der Entlohnung nicht ausdiskutiert. Es müssen sowohl materielle als auch immaterielle, formale und informale Lohnformen in Betracht gezogen werden. Wie Sie noch sehen werden, haben wir uns oft dafür entschieden, in Servicesysteme ein Prämienlohnsystem einzubauen, um somit sowohl den Erwartungen gerecht zu werden als auch Leistung nach Variablen entlohnen zu können, auf welche die Beschäftigten einzel oder als Gruppe Einfluß zu nehmen vermögen.

Der Einsatz von Arbeitnehmern außerhalb der Produktion ist eine weitere Frage, die Sie sorgfältig abwägen sollten. Pläne für eine Arbeitnehmerbeteiligung sind im Augenblick sehr beliebt, und viele der erfolgreichsten Dienstleistungsunternehmen, die wir untersucht haben, sind überzeugte Anhänger von Qualitätszirkeln und anderen Formen der Arbeitnehmermitsprache. Andere lehnen das ab. Im Zuge der Auswertung der Beobachtungen sollten Sie nicht vergessen, daß diejenigen, die am unmittelbarsten mit der Arbeit zu tun haben, d.h. die Mitarbeiter an vorderster Front, am besten wissen, welche Aufgaben es zu erfüllen gilt. Oft haben sie, besonders gemeinsam, einen guten Einblick in die Stärken und Schwächen des Servicesystems insgesamt. Vergessen Sie auch nicht, daß jede Art von Änderung im Service und in der Bereitstellung des Service nicht vom Management und den Stabskräften, sondern von den Frontmitarbeitern durchgeführt werden muß. Wird diese Gruppe von Mitarbeitern an der Entwicklung neuer Methoden nicht beteiligt oder ist sie nicht bereit, sich dafür zu engagieren, können Veränderungen erheblich erschwert werden.

Eine Mahnung zum Schluß: Denken Sie an den Kunden

Eine abschließende Bemerkung: Wir haben bei unseren Überlegungen zum Thema Serviceplanung — Service Engineering, wie wir es manchmal nennen — festgestellt, daß die meisten Kundenservicesysteme gar nicht dem Kunden dienen. Das Grundproblem liegt darin — und das ist auch der Grund dafür, daß wir das eben vorgestellte Instrumentarium für so sinnvoll halten —, daß die Unternehmen, die eigentlich für andere dasein sollten, sehr viel mehr auf sich selbst konzentriert sind.

Bei der Planung von Serviceleistungen dürfen wir vor allen Dingen nicht vergessen, daß *unsere Denkweise nicht notwendigerweise auch die des Kunden ist.* Wie wir bereits festgestellt haben, hat der Kunde sein ganz eigenes Wahrnehmungsbild, seinen ganz eigenen Bezugsrahmen, der ausschließlich seinen jeweilgen Bedürfnissen in einer bestimmten Situation entspricht. Während er die einzelnen Phasen des Servicezyklus durchläuft, erlebt er die Dienstleistung als umfassende Erfahrung, nicht als isolierte Tätigkeit oder Reihe von Tätigkeiten. Ist ein Servicesystem so angelegt, daß es den Mitarbeitern nur darum geht, bestimmte „Aufgaben" zu erfüllen und nicht dem Kunden die bestmögliche Leistung zu bieten, wird der Betroffene nie das Gefühl haben, daß man sich für ihn interessiert und sich um ihn kümmert.

Verlieren Sie die Denkweise des Kunden aus den Augen, so kann das bedeuten, daß Ihr Unternehmen introvertiert wird. Sehen die Angestellten die Dienstleistungen, die sie erbringen, nicht als etwas Ganzheitliches, verstricken sie sich leicht in methodischen Problemen und Verfahrensfragen und vergessen, wie der gesamte Apparat ihres Unternehmens auf den Kunden wirkt. Erwarten Ihre Mitarbeiter von den Kunden, daß sie komplizierte Verfahren, die sie nicht verstehen, über sich ergehen lassen, daß sie lernen, ihre „Sprache" zu sprechen, und werden die Kunden zum Spielball der einzelnen Abteilungen, dann deutet all dies eindeutig darauf hin, daß für Ihre Mitarbeiter schon lange nicht mehr der Kunde im Mittelpunkt steht.

Ein gutes Motto für die Fähigkeit, Bedürfnisse und Wünsche des Kunden zu verstehen, die Art des Servicepakets zu bestimmen und die gegenwärtige Strategie zu überprüfen, wäre der kurze Satz: „Man lernt nie aus." Die beste Servicestrategie ist diejenige, die ständig in Frage gestellt, angefochten, verfeinert und verbessert wird.

Dienstleistungen zu entwickeln, die wirklich den Bedürfnissen des Kunden gerecht werden, Systeme und Verfahrensweisen ins Leben zu rufen, die nicht etwas fordern, sondern Hilfe bieten, und Arbeitsplätze zu gestalten, die den Kontakt zum Kunden fördern und dem Angestellten die Möglichkeit geben, für und nicht gegen die Belange des Kunden zu arbeiten: Darin liegt unserer Überzeugung nach die eigentliche Herausforderung im Management der achtziger Jahre und darüber hinaus.

7
Die Serviceleute

Wenn Sie nicht für den Kunden da sind, können Sie gleich für jemanden arbeiten, der für ihn da ist.
Karl Albrecht / Ron Zemke

„Auf die Menschen kommt es an."
„Die Menschen sind unser wichtigster Rohstoff."
„Die Mitarbeiter an der Front entscheiden über Gedeih und Verderb unseres Unternehmens."

Solche und ähnliche Slogans sind im Dienstleistungsgewerbe so weit verbreitet, daß man annehmen muß, die Unternehmen, die sie verkünden, müßten sich, zumindest meistens, auch daran halten. In Wirklichkeit aber klaffen die Parolen der Werbefachleute und das tatsächliche Verhalten der Mitarbeiter, die unmittelbar mit dem Kunden zu tun haben, weit auseinander.

Viele Manager sind sich der Bedeutung der Mitarbeiter an der Front nicht bewußt; sie halten sie für die unwichtigsten Leute im Unternehmen. Diese Gruppe wird daher auch im allgemeinen am schlechtesten bezahlt, erhält die wenigsten Schulungs- und Förderungsangebote, hat die geringsten Möglichkeiten, weiterzukommen und aufzusteigen und zeichnet sich durch die stärkste Fluktuation aus. Wenn es stimmt, daß diese Mitarbeiter wirklich wichtig sind, so ließe sich das sicher nicht anhand der in den meisten Unternehmen praktizierten Entlohnungsverfahren nachweisen.

Die letzten anderthalb Meter

Und doch ergibt sich aus jeder rationalen Überlegung darüber, wie die Augenblicke der Wahrheit zu bewältigen sind, daß es von entscheidender Bedeutung ist, die besten Kräfte der Leute zu mobilisieren, die ständig die „Schnittstelle" zum Kunden bilden. Richard Israel, Fachmann für Schulung und Weiterbildung von Einzelhandelsverkäufern, schlägt ein hilfreiches Bild von den Augenblicken der Wahrheit vor. „In jeder Art von Einzelhandels- oder Dienstleistungsgeschäft", so Israel, „besteht der Faktor, der sich am stärksten auf den Umsatz auswirkt, in den letzten anderthalb Metern."

In seiner Zusammenarbeit mit einer großen Kette von Einrichtungshäusern kam Richard Israel zu der Feststellung, daß ein Großteil der ungeheuren Werbeanstrengungen sich in dem Moment in Nichts auflöst, in dem der Kunde das Geschäft betritt und eine alles andere als förderliche Atmosphäre antrifft. „Der ganze Zweck der Werbung", so Israel, „besteht darin, den Kunden durch die Eingangstür zu locken. Danach kann die Werbung nichts mehr für Sie tun. Es ist nun Aufgabe Ihrer Leute im Geschäft, die Dinge auf den letzten anderthalb Metern in die Hand zu nehmen." Allzuoft stellt man jedoch fest, daß die Verkäufer diese Gelegenheit verpassen, weil sie auf die wirklichen Bedürfnisse und Probleme des Kunden nicht geschickt eingehen.

Weil Verkäufer im Vergleich zu anderen Berufen in der Regel eine verhältnismäßig beschränkte Fachausbildung erfahren, sind die meisten von ihnen darauf angewiesen, die Verkaufstechniken mehr oder weniger zufällig zu erlernen. Wenn sie sich lange genug an ihrem Arbeitsplatz halten können, lernen sie die Ware, die Preise und andere Besonderheiten des Verkaufens kennen. Aber sie haben nur selten die Möglichkeit, die besonderen Fähigkeiten im Umgang mit der Kundschaft und die persönliche Philosophie und Politik zu erlernen, durch die wirksames Verkaufen erst zustande kommt. Manche Einzelhandelsfirmen wenden weniger für die Werbung und dafür mehr für die Schulung der entscheidenden Fähigkeiten ihres Verkaufspersonals auf und liegen trotzdem nach Umsatz und Gewinn an der Spitze.

Was für Verkäufer im Einzelhandel gilt, gilt im allgemeinen auch für die Berufe, die in anderen Sparten unmittelbar mit dem Kunden zu tun haben. Es ist nicht übertrieben, wenn man behauptet, daß in den meisten Dienstleistungsbetrieben sehr viel mehr für diese Mitarbeiter an vorderster Front getan werden könnte.

Entscheidende Vorkommnisse, die Gedeih oder Verderb eines Unternehmens bedeuten können

Ein Gast in einem vollbesetzten Restaurant, in dem es recht hektisch zugeht, sagt, als der Kellner an seinen Tisch kommt: „Ich habe es ziemlich eilig!" Worauf der Kellner schnippisch antwortet: „Sie werden sich eben gedulden müssen, mein Herr. Ich tue, was ich kann. Wie Sie sehen, sind noch viele Gäste vor Ihnen dran." Das Ganze endet in einem wortlosen, kalten, mechanischen Geschäftsvorgang, ohne Wärme, Humor und ohne Trinkgeld. Wir haben hier ein entscheidendes Ereignis — einen Augenblick der Wahrheit, der in Bitterkeit endet.

Hätte der Kellner ihn nicht unterbrochen, hätte der Kunde als nächstes gefragt: „Was könnte ich denn bestellen, was nur ein paar Minuten dauert?" Der Gast wollte niemanden kritisieren, er wollte nur seine besonderen Bedürnisse zum Ausdruck bringen. Am Ende dachte er: „Ich wünschte, ich wäre woanders hingegangen. Nächstes Mal tue ich das ganz bestimmt."

Keiner der beiden an diesem Zwischenfall Beteiligten war notwendigerweise im Recht oder im Unrecht, trotzdem entgleiste die Situation. Letztendlich ist jedoch der Dienstleistungsbetrieb der Verlierer, denn der Kunde kommt vielleicht nie wieder. Solche Augenblicke der Wahrheit können sich nachhaltig auf die Geschäftsentwicklung auswirken.

Wenn wir uns noch einmal das Konzept des Servicezyklus in Erinnerung rufen, können wir versuchen, die Auffassung des Kunden von diesem Ereignis mit der des Servicemitarbeiters in Beziehung zu setzen. Sie haben vielleicht, ja sogar sehr *wahrscheinlich*, erheblich unterschiedliche Auffassungen, denn jedem von ihnen kommt es vorrangig auf etwas ganz anderes an, jeder hat seine eigenen Bedürfnisse und Prioritäten.

Einige Augenblicke der Wahrheit wirken sich nachhaltiger aus als andere und sind von größerem Gewicht für das Urteil des Kunden. Wenn der Kunde zum ersten Mal ein Hotel betritt, wenn der Leiter einer Werkstatt die Rechnung bringt, wenn die Sprechstundenhilfe in einer Arztpraxis den Patienten/Kunden zum ersten Mal begrüßt: All dies sind Momente, auf die es ankommt. Werden sie bewältigt — *gemanagt* —, können sie dazu beitragen, den Eindruck des Kunden von dem Dienstleistungsunternehmen zu verbessern. Werden sie ungeschickt angegangen, was so oft geschieht, eben wenn sie *nicht gemanagt* werden, können sie Angst, Feindseligkeit und negative Erwartungen hervorrufen.

Wiederum von unserem Servicezyklus ausgehend, können wir die Erfahrungskette des Kunden ganz vom Anfang bis zu ihrem förmlichen Abschluß diagrammartig aufzeichnen und die Augenblicke der Wahrheit in jeder Phase ermitteln. Die stärkste Wirkung haben die Augenblicke der Wahrheit, die wir hier als entscheidende Vorkommnisse bezeichnen. Es ist sinnvoll, alle Augenblicke der Wahrheit unter Kontrolle zu haben, und es ist noch sinnvoller, die entscheidensten herauszusuchen und ihnen besondere Aufmerksamkeit zu widmen.

Die Bedeutung von kundenorientierten Mitarbeitern an vorderster Front

Es dürfte wohl einleuchten, daß ein Dienstleistungsunternehmen, soll es gedeihen, Mitarbeiter an vorderster Front braucht, welche die Bedürfnisse der Kunden ständig im Auge haben und sich konsequent und intensiv bemühen, sie zu erfüllen. Doch wie offensichtlich das auch sein mag, man braucht nicht weit zu gehen, um jede Menge Beispiele dafür zu entdecken, daß in vielen verschiedenen Branchen diese Kundenorientierung fehlt. Sind die Serviceleute unfreundlich, nicht hilfsbereit, nicht kooperativ, oder interessieren sie sich nicht für die Belange des Kunden, neigt dieser dazu, diese Haltung auf das Unternehmen als Ganzes zu projizieren. In Anlehnung an Jan Carlzons überaus eindringliche Worte könnte man dem Mitarbeiter sagen: „Für den Kunden sind *Sie* das Unternehmen XYZ."

Stellen Sie sich einmal folgende Szene vor: Ein Mann betritt die Herrenbekleidungsabteilung eines großen Kaufhauses; vielleicht sucht er etwas ganz Bestimmtes, vielleicht will er sich auch nur umschauen. Kaum ist er 10 Sekunden in der Abteilung, überfällt ihn ein Verkäufer wie ein Wolf, der sein Territorium bewacht: „Hallo, Sie. Kann ich Ihnen irgendwie behilflich sein?" Der forsche Blickkontakt, der wohlgeübte Singsang, das selbstsichere Benehmen, das alles vermittelt dem Kunden den Eindruck: „Hier kommandiere ich."

Manchen Männern gefällt es vielleicht, wenn man so auf sie losgeht, aber die meisten empfinden dieses übertrieben vertrauliche, herrische Vorgehen eher als beleidigend. In den meisten Fällen dieser Art machen die letzten anderthalb Meter den Kauf zunichte.

Wenn der Kunde nicht etwas ganz Bestimmtes braucht oder zufällig etwas entdeckt hat, was ihn interessiert, wird er den Verkäufer wahrscheinlich höflich abweisen und zusehen, daß er schnell weiterkommt. Diese Art des Kontakts scheint unter Männern häufiger vorzukommen als unter Frauen.

Stellen Sie sich jetzt folgende Alternative vor: Der Mann kommt in die Bekleidungsabteilung und schaut sich unentschlossen unter der verwirrend großen Auswahl an Anzügen und Sportjacken um. Es gibt mehrere Ständer mit verschiedenen Stilrichtungen und unterschiedlichen Preislagen. Der Verkäufer kommt zurückhaltend auf ihn zu, hält einen Höflichkeitsabstand von etwa drei Metern und fragt: „Darf ich Ihnen zeigen, wo Ihre Größe hängt?" Der Kunde antwortet: „Ja, bitte." Der Verkäufer fragt ihn nach seiner Größe und zeigt ihm die Ständer mit den passenden Anzügen.

Dieser Verkäufer hat die Situation klug erfaßt. Er weiß, daß Männer sich nicht sehr oft einen Anzug kaufen, und der Durchschnittsmann, der eine Anzugabteilung betritt, weiß nicht, wo er bei der großen Auswahl zuerst hinschauen soll. Viele Männer wissen nicht, daß die Anzüge im allgemeinen streng nach Größen geordnet sind (eine Praxis, über die man vielleicht einmal nachdenken sollte). Der Verkäufer hat etwas sehr Hilfreiches getan, ohne aufdringlich zu wirken. Er hat eine für den Kunden angenehme Atmosphäre geschaffen und den Weg für ein weiteres Gespräch, eine Beratung, eine Anprobe und möglicherweise einen Kauf geebnet.

Nach Ansicht vieler Psychologen und Soziologen werden in diesen winzigkleinen zwischenmenschlichen Ereignissen, die sich täglich tausendmal abspielen, die grundlegenden Kommunikationsformen unserer Existenz nachvollzogen. Untersuchungen über nichtverbale Kommunikation, räumliche Beziehungen und „Körpersprache" sagen einiges über zwischenmenschliche Kontakte in Handel und Gewerbe aus.

Schlecht oder gar nicht geschulten Servicemitarbeitern bleibt im allgemeinen nichts anderes übrig, als sich irgendwelche Methoden zu erarbeiten, die ihnen beim Verkaufen behilflich sein können. Leider funktionieren viele der Dinge, die sie ausprobieren, nicht sehr gut, und niemand hilft ihnen, es richtig zu lernen. In den meisten Verkaufsberufen herrscht eine Philosophie, wonach Aggressivität das Allerwichtigste ist. Folglich kann sich ein Verkäufer, der nicht viel über Verkaufspsychologie weiß, nur aggressiver Methoden bedienen. Bessere Ausbildung und eine bessere Vorbereitung auf die Verkaufssituation können dazu beitragen, daß die Verkäufer sehr viel mehr umsetzen und nicht einfach einer „Ich-kann-allen-alles-verkaufen"-Haltung überlassen werden.

Es sollte selbstverständlich sein, daß im Kontakt mit Kunden tätige Mitarbeiter über ein Mindestmaß an Reife und gesellschaftlichen Umgangsformen verfügen müssen, um ihre Aufgabe erfolgreich erfüllen zu können. Und doch kommt es bemerkenswert häufig vor, daß geradezu giftige Leute an Stellen plaziert werden, an denen sie mit dem Kunden in Kontakt kommen, ja daß ihnen sogar sehr wichtige Aufgaben anvertraut werden. Eine Situation, die beängstigend häufig vorkommt, darf als sicheres Zeichen von niedriger Servicequalität gelten: Das „Empfangsdame-mit-Streitaxt"-Syndrom. Ein Kunde betritt die Halle eines Gebäudes und erkundigt sich, wohin er gehen bzw. an wen er sich wenden sollte. Die für diesen Augenblick der Wahrheit zuständige Person (normalerweise werden Frauen in derartige Positionen abgeschoben) ist unfreundlich, leicht aufgebracht und reizbar. Sie behandelt Besucher wie Parasiten.

Die „Dame mit der Streitaxt" ist seit über zwanzig Jahren in der Firma und wurde in dieser Zeit von Abteilung zu Abteilung herumgereicht, bis schließlich jemand einen glänzenden Einfall hatte: "Bringen wir sie am Empfang unter. Auf diese Weise fällt sie niemandem auf die Nerven." Nun, sie stört niemanden innerhalb der Firma, aber sie hat verheerende Auswirkungen auf den Eindruck, den die Besucher von dem Unternehmen gewinnen.

Noch schlimmer stehen die Dinge, wenn die Tätigkeit der Empfangsdame mit der einer Telefonistin kombiniert wurde. Unsere Dame erledigt beides — und das schlecht. Sie weiß natürlich, daß sie von den Verantwortlichen als Ballast empfunden wird und ist böse darüber. Anstatt sie deutlich auf ihre schlechte Leistung hinzuweisen und ihr Weiterbildungsmöglichkeiten zu bieten, schieben die Manager sie seit Jahren in der Firma herum. Ohne sich dessen bewußt zu sein, haben sie sie an genau die Stelle gesetzt, an der sie den größten Schaden anrichten kann.

Es gibt zu viele Leute in Dienstleistungsunternehmen, die dort einfach nicht hingehören. Da im Management die Meinung vorherrscht, jeder könne eine Arbeit mit Kundenkontakt tun, werden der Auswahl und der Ausbildung kaum Aufmerksamkeit geschenkt. Schlechtbezahlte Tätigkeiten wie Telefonistin, Empfangsdame und Schalterangestellter erfordern im allgemeinen kein umfangreiches Fachwissen oder Produktkenntnisse. Folglich ist es allgemein üblich, diese Positionen mit Leuten aus der niedrigsten Lohnstufe und mit den geringsten Qualifikationen zu besetzen, obwohl es sich nur allzu oft um Stellen handelt, an denen sich die entscheidenden Vorkommnisse abspielen.

Ziemlich oft geben Mitarbeiter, denen das Temperament, die Reife, die Umgangsformen und die Toleranz für häufige zwischenmenschliche Kontakte fehlen, vor, alle Eigenschaften eines geschickten Servicefachmanns zu besitzen. Diese Menschen sind oft dem persönlichen Druck alltäglicher Kontaktsituationen nicht gewachsen und verhalten sich giftig den Kunden gegenüber. *Kontaktüberlastung* ist ein deutliches psychisches Syndrom, unter dem Mitarbeiter an vorderster Front leiden, die entweder mit häufigem zwischenmenschlichem Kontakt nicht zurechtkommen oder unter gewissen Umständen zu viel davon bekommen. Das Ergebnis ist oft eine Art getarnte Feindseligkeit, die sich in einer stereotypen Abwicklung der Arbeit („Danke-Schönen-Tag-Der-Nächste-bitte") oder in engstirniger Überheblichkeit gegenüber dem Kunden äußert.

So bringt zum Beispiel der überlastete, roboterisierte, falsch eingesetzte Kellner dem Gast ein mit Käse überbackenes mexikanisches Gericht und „vergißt" ihm zu sagen, daß der Teller eben aus dem Backofen kommt und glühend heiß ist. Ein Verkäufer hält vielleicht absichtlich eine Information, die dem Kunden bei seiner Kaufentscheidung helfen könnte, zurück. Es läßt sich nicht beweisen, daß der Service unbedingt schlecht ist, aber es fehlt die Bereitschaft, etwas für den Kunden als Person zu tun.

Auch übertriebene Geschäftigkeit ist in manchen Einrichtungen, wie in Krankenhäusern, bei Behörden und im Flugzeug, ein Problem. Die Schwesternhelferin, die sich aus einer halboffenen Tür lehnt, einen Notizblock schwingt und vernehmlich den Zunamen eines Patienten/Kunden verkündet, vermittelt kaum den Eindruck von Kundenorientierung. Sie drückt damit aus: „Hier bin ich zuständig und sonst niemand." Ähnlich wirkt eine Stewardeß, die wie eine kritische Mutter auftritt und jeden Passagier wie ein Kind behandelt.

Lesen Sie andererseits einmal folgende Geschichte, die einer unserer Kollegen, Jay Hall, zu erzählen hat. Hall stand eines Nachmittags zusammen mit vielen anderen Gästen auf dem Parkplatz eines Hotels und beobachtete, wie die Feuerwehr einen Schwelbrand, der in dem Gebäude ausgebrochen war, löschte. Irgendwie war es dem Restaurantpersonal gelungen, auf dem Parkplatz einen Tisch aufzustellen und Kaffee auszuschenken.

Die Gäste standen herum, freuten sich an ihrem Kaffee und warteten den Fortgang der Dinge ab. Angesichts der ziemlich unbeschwerten Stimmung, die in dieser Situation herrschte, witzelte Hall, als er am Kaffeeausschank an der Reihe war: „Wie, keine Milch?" Der junge Kellner schaute etwas verwirrt und sagte: „Einen Augenblick!" Er rannte geradewegs in die raucherfüllte Küche und kam mit einem Kännchen Milch zurück. „Nun", meint Hall, „das nenne ich Kundenfreundlichkeit."

Natürlich können Sie jemandem, der in der Dienstleistungsbranche tätig ist, so etwas nicht gezielt beibringen, aber sie können die Voraussetzungen dafür schaffen, daß Ihre Angestellten bereit, gewillt und in der Lage sind, diese zusätzlichen anderthalb Meter zu gehen.

Auch in Nicht-Dienstleistungsbranchen finden sich ermutigende Beispiele für diese Einstellung zum Service. Als im Frühjahr 1984 weite Landesteile im Nordosten der Vereinigten Staaten von einer Überschwemmung heimgesucht wurden, schickte New England Business Services, ein Hersteller von Computervordrucken, an alle Kunden ein Telegramm mit der Frage: „Können wir helfen?" Die Firma bot an, vernichtete oder beschädigte Formularbestände kostenlos zu ersetzen.

Dieselbe Einstellung zu den zusätzlichen anderthalb Kilometern — oder anderthalb Metern — motivierte auch Deluxe Check Printers nach einer Überschwemmung im Werk in Kansas City. Das Unternehmen ließ jeden verfügbaren Mitarbeiter aus Kansas City in das Hauptwerk in St. Paul, Minnesota, fliegen. In St. Paul wurde eine zusätzliche Schicht gefahren, und in Nachtarbeit wurden Schecks für die Kunden in Kansas City gedruckt. Diese Tätigkeit wurde fortgesetzt, bis im Werk in Kansas City der Betrieb wieder aufgenommen werden konnte. Obwohl die Geschichte dieses kommandoartigen Einsatzes im Unternehmen allgemein bekannt ist, stellten die Kunden niemals eine Unterbrechung in der Versorgung fest und erfuhren nie von dem Zwischenfall.

Die Servicekultur

Das Konzept der Unternehmenskultur ist heute — zurecht — in aller Munde. Von all den Dingen, die wir über Dienstleistungsmanagement gesagt haben und sagen werden, ist folgendes das wichtigste: Außer wenn die gemeinsamen Werte, Normen, Überzeugungen und Denkweisen des Unternehmens — d.h. die Unternehmenskultur — eindeutig und bewußt darauf ausgerichtet sind, dem Kunden zu dienen, hat das Unternehmen praktisch keine Chance, Service gleichbleibend hoher Qualität zu bieten und einen hervorragenden Serviceruf aufzubauen.

Wir haben bereits darauf hingewiesen, daß eindeutige Leistungskriterien wichtig sind; sie sind es wirklich. Wir haben betont, wie wichtig ein feines und effektives Feedback-System, ein klar umrissenes Servicepaket, ein gutes Liefersystem, angemessene Ausbildung und gutes Management sind. Es stimmt, daß all diese Faktoren von allergrößter Bedeutung sind. Aber nur wenn die Unternehmenskultur das Interesse für die Kundenbedürfnisse fördert und belohnt, wird zum Service langfristig mehr als ein Lippenbekenntnis abgelegt werden.

Meißeln sie das in Stein! Sticken Sie es in ein Tuch! Was auch immer Sie tun: Sie müssen dafür sorgen, daß Sie in jedem Moment ihrer Arbeit deutlich sichtbar daran erinnert werden, daß Ihre Position und Ihre Abteilung wegen des Kunden und für den Kunden da sind. Wenn Sie nicht davon überzeugt sind und entsprechend handeln, werden auch andere im Unternehmen es nicht tun.

Vielleicht sind Sie von der Bedeutung der Dienstleistung für den Kunden und der Wirkung der Unternehmenskultur überzeugt und glauben dennoch nicht, daß es auf Sie selbst dabei auch ankommt. Wenn Sie der Generaldirektor des Unternehmens sind, sagen Sie sich vielleicht allzu leicht: „Ich habe das Ruder in der Hand. Ich bekomme höchst selten einen Kunden zu sehen. Ich komme nur mit Bankiers, Managern und Aktionären zusammen."

Genauso könnte dann ein Verwaltungsangestellter denken: „Ich bin nur ein Rädchen im Getriebe. Ich kümmere mich nur um Datenverarbeitung, bin nur für den Einkauf zuständig, leite nur Schulungskurse, versuche, die Belegschaft abzubauen; ich bekomme nie einen Kunden zu Gesicht. Ich habe mit dieser Kundenservicesache nichts zu tun." Ebenso leicht könnten die Büroangestellten, Telefonistinnen, Verkäufer und Wartungstechniker sagen: „Was, ich? Ich habe keinen Einfluß darauf, wie in diesem Laden die Kunden behandelt werden. Ich halte mich nur an meine Vorschriften." Die Befriedigung der Kundenbedürfnisse ist entweder etwas, was alle angeht, oder man geht gleich davon aus, daß es keinen betrifft. So läßt sich dieses Konzept in die Praxis umsetzen. Und das Gefühl dafür, wer für die Bedürfnisse des Kunden zuständig ist, ist weitgehend von den in der Unternehmenskultur verankerten Werten abhängig. So liegen die Dinge bei IBM, so denkt man bei Disney, und so werden bei American Express Geschäfte gemacht. Und so *ist* es tatsächlich.

All das klingt vielleicht ein bißchen zu zuckersüß, zu simpel. Wir können diese Skepsis sehr gut verstehen. Aber es stimmt trotzdem: Wenn aus Ihrer Unternehmenskultur nicht eindeutig hervorgeht, daß Service das Wichtigste ist, was Sie dem Kunden bieten können, dann werden Sie genau das auch nicht tun.

Vijay Sathe, Professor an der Harvard Business School, hat sich mit den Auswirkungen der Unternehmenskultur auf Prozesse wie Kommunikation, Kooperation, Engagement für bestimmte Ziele, Entscheidungsfindung und Realisierung beschäftigt. Er bemerkt warnend, daß eine starke — er spricht von „dicker" — Unternehmenskultur, wie sie Disney, American Express und IBM angeblich haben, ein zweischneidiges Schwert ist:

> Sie ist ein Pluspunkt, weil gemeinsame Überzeugungen die Kommunikation erleichtern und wirksam machen und weil gemeinsame Werte stärkere Zusammenarbeit und größeres Engagement bewirken, die ansonsten nicht zu erreichen wären. Das ist eine außerordentlich starke Wirkung...Kultur wird zum Minuspunkt, wenn die gemeinsamen Überzeugungen und Werte den Bedürfnissen des Unternehmens, seiner Mitarbeiter und anderer Beteiligter nicht entsprechen.[1]

Eines der eindrücklichsten Beispiele für eine starke Servicekultur, die das gesamte Unternehmen durchdringt, ist die American Express Travel Related Services Company, der für Reisen, Reiseschecks und Kreditkarten zuständige Zweig von American Express. Lou Gerstner, Jr., Vorstandsvorsitzender des Unternehmens, versteht sich bestens darauf, vor einer Gruppe von Mitarbeitern von TRS zu stehen und ihnen die Botschaft einzuhämmern. Hier ein Ausschnitt aus einer seiner Reden bei einem Mittagessen für „Frontarbeiter" von TRS:

> Hervorragender Service für unsere Kunden auf der ganzen Welt ist weder ein einfacher Slogan, den man in regelmäßigen Abständen aufzusagen hat, noch eine altehrwürdige Tradition, die es als etwas Absolutes zu verehren gilt. Es ist unser täglicher Auftrag, den wir überall in der Welt tadellos zu erfüllen haben. Mehr noch: Weil unser Ruf bei den Kunden so stark von unübertroffenem Kundenservice abhängt, muß das interne Wertesystem unseres Unternehmens den Umgang mit dem Kunden über alle anderen Unternehmensziele stellen. Meiner Ansicht nach — und ich glaube, unsere Kunden sehen das auch so — ist zweitklassige Behandlung von American Express gleichbedeutend mit untragbarer Behandlung. Somit ist Perfektion — oder etwas, was der Perfektion sehr nahe kommt — der einzige annehmbare Maßstab für TRS-Kundenservice.[2]

Was diese Rede interessant für uns macht, ist, neben dem großartigen Gefühl, das in ihr zum Ausdruck kommt, die Tatsache, daß sie 1983 anläßlich des Mittagessens bei der Verleihung eines Preises für besonderen Kundendienst, des „Great Performers Award", gehalten wurde. Die „Great Performers", Sie haben es wahrscheinlich schon erraten, sind die TRS-Mitarbeiter, die sich im Jahr zuvor durch überragenden Kundenservice hervorgetan haben — überall auf der Welt.

Was muß man tun, um ein „Great Performer" bei American Express zu werden? Einige der Geschichten, die von AmEx erzählt werden, klingen fast unglaublich. Meriam Troken, die Leiterin des Wettbewerbs, strahlt, wenn man sie nach Beispielen fragt. Zu ihren Lieblingen gehören die beiden Kundenservicemitarbeiter in der Geschäftsstelle in Florida, denen es irgendwie gelang, für eine in den Kriegswirren in einem Beiruter Hotel gestrandete Frau Geld zu besorgen und eine Schiffspassage zu buchen. Oder sie erzählt von dem Reisebüro in Columbus im Bundesstaat Georgia, dessen Angestellte es fertigbrachten, einen französischen Touristen gegen Bürgschaft aus dem Gefängnis zu holen; oder von dem Reiseberater in New York, der durch einen Schneesturm fuhr, um im Kennedy Airport festsitzenden Reisenden etwas zu essen und Decken zu bringen; oder von dem Reiseveranstalter in Boston, der es schaffte, eine wegen eines umgelenkten Fluges in Boston gestrandete, nicht Englisch sprechende japanische Mutter mit ihrer Tochter in Philadelphia zu vereinen. Er begleitete sie quer durch die Stadt zum Bahnhof, kaufte ihr eine Fahrkarte und schrieb dem Schaffner genaue Anweisungen auf. Oder sie erzählt von dem mexikanischen Kundenservicemann, der nach dem Tod eines Kunden auf einem Kreuzfahrtschiff alle notwendigen Formalitäten erledigte. Unter anderem sorgte er dafür, daß sich bis zum Eintreffen von Verwandten jemand um die mitreisenden Enkelinnen des Verstorbenen kümmerte.

Aber diese Geschichten berühren uns nicht nur aus rein menschlicher Anteilnahme, sie sind auch Beispiele für lebende Unternehmenslegenden — „Heldengeschichten", die der Öffentlichkeit aufzeigen und beweisen, daß der Kundenservice im Unternehmen einen sehr hohen Stellenwert hat und auch entsprechend belohnt wird. Oder, wie Sathe es formuliert, solche Beispiele helfen jedem Mitarbeiter des Unternehmens, die Werte und Überzeugungen der Firma besser zu verstehen. Ist der Angelpunkt des Wertesystems der Unternehmenskultur der Service, und drehen sich alle Geschichten und Legenden im Unternehmen um diese Wertvorstellung, dann gilt das auch für die meisten anderen Aspekte der Unternehmenskultur.

Noch eine abschließende Bemerkung zu American Express: Nehmen wir Gerstners Worte und die eben erzählten Heldengeschichten aus ihrem Kontext heraus, müßte man wohl meinen, diese Aussagen über das Unternehmen seien zu gut, um wahr zu sein. Es klingt wie der Himmel auf Erden, wie ein Unternehmen nach dem Motto „Alle sind ja so schrecklich nett". American Express ist alles andere als das. Wir kennen zu viele Leute, die eine Menge über den harten Ton im Unternehmen und den erbitterten Wettkampf um ein Aufsteigen erzählen könnten, als daß wir American Express als eine Art getarnten Wohltätigkeitsverein schildern könnten. Aber diejenigen, die Tag für Tag die Geschicke von American Express lenken, wissen, daß der allergrößte Trumpf des Unternehmens die Mitarbeiter in den tausend Reisebüros und überall in dem weltumspannenden Kommunikationsnetz sind. In gewisser Weise ist der Prüfstein für ein Dienstleistungsunternehmen die Kultur, die das Management schafft und erhält.

Jeder dient jemandem

Es ist nicht übertrieben zu behaupten, daß jeder in einem Dienstleistungsunternehmen eine Dienstleistungsrolle spielt, selbst diejenigen, die nie mit den Kunden in Berührung kommen. Das gilt für Mitarbeiter der Verwaltung, für das untere, mittlere und sogar das Topmanagement. Olle Stiwenius von Scandinavian Airlines fragt: „Worin liegt der Zweck des Unternehmens?" Und er beantwortet seine Frage selbst folgendermaßen: „In der *Unterstützung*. Das Unternehmen ist dazu da, die Mitarbeiter, die sich um die Kunden kümmern, zu unterstützen. Es hat keinen anderen Inhalt, keinen anderen Zweck."

Die Mitarbeiter an vorderster Front zu einer kundenbewußten Einstellung zu erziehen und dieses Evangelium den Beschäftigten mit Funktionen, die keinen Kontakt mit dem Kunden mit sich bringen, zu predigen, sind zwei Paar Stiefel. Oft sind die internen Mitarbeiter, diejenigen, die nie mit dem Kunden zu tun haben, auf interne Probleme konzentriert. Sie wenden oft zu viel Zeit und Mühe für Informationen, Verfahren, Formulare und Berichte auf und richten den Blick nur noch ausschließlich nach innen. „Für den Kunden ist jemand anders zuständig. Meine Aufgabe ist es, dafür zu sorgen, daß diese Berichte rechtzeitig fertig sind."

Wenn interne Mitarbeiter das Gefühl einer Verbindung zum Kunden verlieren, unabhängig davon, wie groß die Distanz auch sein mag, werden sie zu Bürokraten. Sie erkennen nicht mehr, wie die Ergebnisse, die sie erzielen, dazu beitragen, daß das Unternehmen den Wünschen und Bedürfnissen des Marktes gerecht wird. Wenn jemand sagt:

„Ich habe mit den Kunden nichts zu tun", signalisiert das ein tiefsitzendes Mißverständnis.

Die Botschaft an alle Mitarbeiter eines Dienstleistungsunternehmens lautet schlicht:

WENN SIE NICHT FÜR DEN KUNDEN DA SIND, KÖNNEN SIE GLEICH FÜR JEMANDEN ARBEITEN, DER FÜR IHN DA IST.

Das ist eine wichtige Feststellung; wir halten sie für ein Grundprinzip des Service-Managements.

Bei People Express Airlines bemühen sich die Angestellen ständig, nicht zu vergessen, wer der Kunde ist und was er will und erwartet. Teil des Programms ist ein umfassender und ständiger Aufgabenwechsel. So arbeiten die Piloten einmal bei der Gepäckabfertigung, und die Schalterangestellten einmal an Bord der Maschinen. Jedes „Frontteam" verwaltet sich selbst, die Teammitglieder übernehmen abwechselnd die Funktion des Gruppenleiters. (Soweit wir wissen, werden jedoch die Leute von der Gepäckabfertigung nicht als Piloten eingesetzt!)

Unter diesem Aspekt lassen sich die Mitarbeiter eines Dienstleistungsunternehmens in nur drei Gruppen aufteilen. Zur ersten Gruppe gehören die für den *Primärservice* zuständigen Mitarbeiter, d.h. diejenigen, die unmittelbaren und *geplanten* Kontakt zum Kunden haben. Die zweite Gruppe umfaßt die für den *sekundären Service* verantwortlichen Arbeiter und Angestellten, die normalerweise für den Kunden da sind, ohne von ihm wahrgenommen zu werden, und die *zufälligen* Kontakt mit dem Kunden haben. Alle anderen gehören der dritten Gruppe an; es sind die Mitarbeiter, deren Aufgabe darin besteht, das Servicesystem zu *unterstützen*. In einem Krankenhaus zum Beispiel erfüllt eine Schwesternhelferin, die einem Patienten ein Tablett mit etwas zu essen bringt, eine primäre Servicefunktion. Der Mitarbeiter im sekundären Servicebereich wäre in diesem Fall derjenige, der die Mahlzeiten für die Patienten kocht. Ein typisches Beispiel für eine serviceunterstützende Position ist die des Leiters der Essensversorgung.

Für traditionell denkende, autoritäre Manager grenzt letztere Behauptung schon fast an Ketzerei. Ist Management an sich eine Dienstleistung? Vom Standpunkt des Service-Managements, ja. In einer vom Kunden her bestimmten Unternehmenskultur wird Management zu einer besonderen Form von Dienstleistung, deren Rolle und Wirksamkeit sich genau wie die anderer Dienstleistungen einem Urteil stellen müssen. Von Peter Drucker, der grauen Eminenz des Service-Managements, stammt folgendes Bonmot: „Das meiste von dem, was wir als Management bezeichnen, besteht darin, den Leuten ihre Arbeit schwer zu machen."

Die Philosophie des Service-Managements, im Sinne eines Wechselspiels zwischen den Dienstleistungen in einem Unternehmen, ist ein für die meisten Branchen völlig neues Denkmodell. Die Vorstellung, daß jeder in einem Dienstleistungsunternehmen Beschäftigte einen „Kunden" hat, erscheint vielen amerikanischen Managern als Neuheit, wenn nicht gar als Blasphemie. Diese Vorstellung ebnet den Weg für ein neues, das gesamte Unternehmen umfassendes Modell für hervorragende Leistung. Ein Dienstleistungsunternehmen kann wirklich erfolgreich sein, wenn jeder, oder fast jeder, sich darauf konzentrieren kann zu lernen, wem der Service gilt, welches die wichtigen Bedürfnisse sind und mit welchen Mitteln diese am besten befriedigt werden können.

Motivation und Engagement sind zerbrechliche Faktoren

Die meisten Menschen stellen auch bei flüchtiger Beobachtung fest, daß sich die einzelnen Dienstleistungsunternehmen ganz erheblich in dem „Geist", der unter ihren Mitarbeitern herrscht, unterscheiden. In manchen Unternehmen herrschen hohe Einsatzbereitschaft, Zielstrebigkeit und sogar eine gewisse mitreißende Begeisterung seitens der Mitarbeiter in ausführenden Positionen. In anderen überwiegen Schlaffheit, Interesselosigkeit und Gleichgültigkeit.

Serviceorientierung ist etwas, was die meisten Manager nur allzu gerne bei den Angestellten sehen, sie erkennen diese Haltung auch, aber die meisten haben nicht die geringste Ahnung, wodurch sie bewirkt wird. Viele Manager, die so stolz auf ihre Fähigkeit sind, Probleme zu lösen, reagieren verwirrt, wenn sie mit offensichtlich mittelmäßiger oder miserabler Leistung „an der Front" konfrontiert werden. Viele von ihnen wissen nicht im entferntesten, was da zu tun ist oder wo man mit einer Problemlösung ansetzt.

Die Klagen sind bekannt: „Was ist heute nur mit den Leuten los?" „Merken die denn nicht, daß der Kunde ihren Lohn zahlt?" Und dann kommt der Clou: „Man findet heute einfach keine guten Leute mehr." Aber eigentlich ist an den Leuten heute gar nichts falsch. Sie reagieren nur auf ihre Umwelt. Motivation und Engagement sind sehr zerbrechliche Faktoren, die von den Umständen abhängen. Wie bereits in einem früheren Kapitel gesagt, fällt das Serviceniveau, wenn die Augenblicke der Wahrheit unkontrolliert verstreichen, auf ein „durchschnittliches Maß" zurück, was in der Wettbewerbssituation der Dienstleistungsunternehmen eher „unterdurchschnittlich" bedeutet. Will man ein hohes Serviceniveau erreichen, muß ein *motivierendes Umfeld* geschaffen und erhalten werden, eine Atmosphäre, in der die Servicemitarbeiter persönliche Gründe dafür finden, ihre Kräfte für das Wohl des Kunden einzusetzen.

Für viele Manager sind die psychologischen Faktoren, die bei der Mitarbeitermotivation eine Rolle spielen, ein unergründliches Geheimnis, aber wir wissen seit Alexander dem Großen genug über Motivation. Der Mensch ist ein Tier mit Wünschen. Die Menschen engagieren sich in dem Maße, in dem sie wissen, daß ihnen ihr Einsatz das einbringt, was sie wollen. Was sie wollen, ist vielleicht etwas Psychologisches, ein Gefühl, ein Status, ein Erlebnis. Oder es kann etwas Materielles sein: Banknoten sind ein ausgezeichnetes Feedback. In jedem Fall besteht die Aufgabe des Managements darin, ein motivierendes Umfeld zu schaffen.

J. Willard Marriott, Jr., Vorstandsvorsitzender der Marriott Hotels, äußert den Verdacht, daß eine Haltung, die Menschen fördert und sie unterstützt, im Gegensatz zu der Grundeinstellung vieler Manager steht. „Geben wir es doch zu", so Marriott, „in vielen Unternehmen herrscht ein feindseliges Klima. Manchen Leuten macht es Spaß, andere zu entlassen. Viele Manager sind sich vielleicht nicht bewußt, daß sie ein angstbestimmtes Klima geschaffen haben. Sie bezeichnen das als ‚produktivitätsorientiert', aber wenn die Angestellten Angst vor ihnen haben und sich gegenseitig in ein schlechtes Licht stellen, nützt das alles nichts." Wie sieht Marriott seine Rolle als CEO (Chief Executive Officer)? Er antwortet ohne Umschweife: „Meine Aufgabe besteht darin, sie zu motivieren, ihnen etwas beizubringen, ihnen zu helfen und für sie dazusein."

Woran erkennt man ein motivierendes Umfeld? Wie läßt sich die Stimmung an der Basis eines Unternehmens beurteilen? Es gibt hierzu vier wichtige Variable, die alle durch Belegschaftsbefragungen gemessen werden können und die ein ziemlich zuverlässiges Bild von dem in einem Unternehmen herrschenden psychologischen Klima abgeben.

Die erste Variable ist die allgemeine *Qualität des Arbeitslebens,* so wie sie von den Mitarbeitern aus ihrem jeweiligen Blickwinkel beurteilt wird.[3] Dazu gehören Faktoren wie Zufriedenheit mit der Arbeit, Arbeitsplatzsicherheit, Lohn und Lohnnebenleistungen, Aufstiegschancen, sachkundige Vorgesetzte, harmonische Umgebung sowie Gerechtigkeit und Fairness. Das Bewußtsein einer hohen Arbeitsqualität gewährleistet nicht notwendigerweise auch hohe Motivation, aber geringe Qualität trägt mit Sicherheit zu geringer Motivation bei.

Der zweite wichtige Indikator für ein motivierendes Umfeld ist die allgemeine *Stimmung.* Auch hier gilt, daß gute Stimmung im allgemeinen ein notwendiges, aber nicht immer ausreichendes Zeichen für hohe Einsatzfreudigkeit ist. Servicemitarbeiter können aus irgendwelchen Gründen ziemlich schlechter Stimmung sein und ihre Aufgabe trotzdem sehr engagiert und kreativ erfüllen. Umgekehrt kann die Stimmung sehr gut sein, und sie setzen sich trotzdem nicht mit voller Kraft ein. Im allgemeinen besteht jedoch zwischen Stimmung und Engagement ein ziemlich eindeutiges Verhältnis.

Der dritte Maßstab für ein motivierendes Umfeld ist das allgemein herrschende *Energieniveau,* das sich weitgehend am persönlichen physischen und psychischen Wohlbefinden ablesen läßt. Der Begriff Energieniveau, wie wir ihn hier verwenden, bedeutet das Gegenteil von *Ausgebranntsein.* Servicemitarbeiter, die sich in unterschiedlichen Phasen eines solchen Ausgebranntseins befinden, haben normalerweise kaum persönliche Energie und können sich nur mit Mühe für ein neues Projekt begeistern.

Die vierte Variable ist ein allgemeines Gefühl des *Optimismus,* die Überzeugung, daß es neue Möglichkeiten, neue Wege, neue Ziele gibt. Optimismus ist oft, aber nicht immer, mit Stimmung und Energieniveau verbunden.

Will die Führungsspitze eines Unternehmens hohe Motivation und starkes Engagement seitens der Servicemitarbeiter fördern, muß sie zuerst die gegenwärtige Stimmung und Motivation untersuchen. Ist das Umfeld „reparaturbedürftig", besteht die zweite Aufgabe darin, es instandzusetzen. Erst wenn das Umfeld ausreichend vorbereitet ist, besteht Hoffnung auf eine dauerhafte Verbesserung des Serviceniveaus.

Trommelwirbel und Fahnen genügen nicht

Um nicht den teureren und schwierigeren Weg einer Umgestaltung des Umfeldes und seines Motivationspotentials auf sich nehmen zu müssen, fallen manche Manager der Versuchung anheim, auf theatralische Maßnahmen zurückzugreifen, in der Hoffnung die Angestellten an der Front so zu motivieren.

Das typische Vorgehen sieht etwa so aus: Das Topmanagement hält eine Klausurtagung ab, beschließt die neue Unternehmenskampagne, erfindet einen leicht eingänglichen Slogan und sendet das mittlere Management aus, um das neue Evangelium zu predigen. Zu dieser theatralischen Methode gehört dann oft noch die Herstellung von Videofilmen, in denen der CEO seinem Engagement für den Kundenservice mit Überzeugung Ausdruck verleiht; es werden Plakate aufgehängt, Ansteckknöpfe verteilt und der „Mitarbeiter des Monats" gewählt.

Fehlt jedoch die Infrastruktur für die Durchführung eines konkreten Programms, verpufft diese Show-Business-Methode fast immer nach wenigen Monaten. In extremeren Fällen platzt sie angesichts des Zynismus der Belegschaft. Manche Manager reden und handeln, als ob die Angestellten sich niemals Gedanken darüber machten, was innerhalb des Unternehmens vor sich geht, und als ob sie über diese Angelegenheiten niemals miteinander diskutierten. Viele ältere Angestellte haben ein „Thema des Monats" nach dem anderen miterlebt, und haben schon längst den Glauben daran aufgegeben, daß das Topmanagement irgendeine größere Kampagne oder ein Programm auch zu Ende führt.

Die Mitarbeiter eines großen Unternehmens erfanden ein einfaches Schlagwort, um ihrer Einstellung zu Jahren unvollendet gebliebener Kampagnen des Managements Ausdruck zu verleihen: „B.O.H.I.C.A." Ausgeschrieben lautet das: „Bend over — here it comes again!" (Bück dich — da kommt die nächste!) Angesichts solchen Zynismus seitens reifer, berufstätiger Erwachsener ist es kein Wunder, daß viele Manager der Vorstellung einer das ganze Unternehmen erfassenden Kampagne voller Angst entgegenblicken.

Wohlgemerkt, wir behaupten nicht, daß Manager würdevoll und todernst sein sollten — sozusagen Spiegelbilder der Porträts der Industriekapitäne, die noch immer in viel zu vielen Chefetagen hängen. Ganz im Gegenteil. Geschickte Führungskräfte sind oft fröhliche Menschen und mitreißend begeisterungsfähig. Dazu zum Beispiel Bill Marriott: „Wenn Sie keine Begeisterung zustande bringen, bringen Sie überhaupt nicht viel zustande." Donald Burr, President von People Express Airlines, feuert seine Angestellten mit geradezu biblischem Bekehrungseifer an.

Begeisterung und freudige Erregung über den Unternehmensauftrag an den Tag zu legen, ist eine Sache; sich an einer seichten, oberflächlichen „Aufpeitsch"-Kampagne zu beteiligen, eine andere. Ihre Mitarbeiter entdecken einen Schwindel genau so schnell wie Ihre Kunden. Wie beim Golf, beim Baseball und beim Tennis kommt es darauf an, den Schlag ganz durchzuziehen.

Ein noch schwerwiegenderer Fehler als der Start einer jeder Basis entbehrenden theatralischen Kampagne innerhalb des Unternehmens ist die Lancierung einer begleitenden Werbekampagne auf dem Markt. Es hat wenig Sinn, sich vor den Kunden seiner engagierten Mitarbeiter und seines Qualitätsservice zu rühmen, wenn die Botschaft noch gar nicht der Wahrheit entspricht. Viele Manager sind naiv, wenn es um die Zeit geht, die erforderlich ist, um größere Veränderungen in der Unternehmenskultur herbeizuführen.

Lanciert ein Unternehmen, das nur mittelmäßigen Service bietet, eine Kampagne, die außergewöhnlich guten Service anpreist, kann dieser Schuß in doppelter Hinsicht nach hinten losgehen. Vor dem Werbefeldzug halten die Kunden das Leistungsniveau einfach für mittelmäßig, machen sich aber weiter keine Gedanken darüber. Mit einer Kampagne, die Hervorragendes verspricht, bemerkt der Kunde plötzlich, wie grotesk Versprechen und Wirklichkeit auseinanderklaffen. In einem solchen Fall wäre es besser gewesen, überhaupt keine Werbung zu machen. Noch besser wäre es, das Leistungsniveau wirklich zu verbessern und dann damit Werbung zu machen.

Eine marktschreierische Werbekampagne funktioniert im allgemeinen nur, wenn die folgenden drei entscheidenden Komponenten vorhanden sind:

1. Eine deutliche, konkrete Botschaft, die eine bestimmte Servicestrategie, anhand derer die Mitarbeiter an der Front handeln können, beinhaltet.

2. Ausgeprägter *Vorbild*charakter des Handelns der Manager, die aufzeigen müssen, daß sie serviceorientiertes Verhalten im Namen des Kunden zu fördern und zu belohnen gedenken.

3. Ein Prozeß der engagierten und konsequenten Praxisumsetzung, während dessen das Management die notwendigen Schulungsmaßnahmen ergreift, die Mittel zur Verfügung stellt und die Systeme und Verfahrensweisen im Unternehmen so anpaßt, daß sie für die neue Servicephilosophie und -strategie eine solide Basis bilden.

Auch mit der „Schule des Lächelns" kommt man nicht weiter

Eine weitere gängige Methode, auf die das Management in seinen Bemühungen um ein besseres Leistungsniveau an der Front gerne zurückgreift, besteht darin, den Mitarbeitern ein „besseres" Verhalten beizubringen. Dieses Vorgehen hat seine ganz eigenen Tücken. Das Verhalten ist offensichtlich sehr wichtig, aber es läßt sich nur schwer vorschreiben.

Das Verhalten ist dann ein besonders schwer greifbares Konzept, wenn man versucht, es als etwas, was man lehren kann, zu definieren. Es gibt genügend Beispiele für „gutes" Verhalten und „schlechtes" Verhalten, aber kann man jemandem gutes Verhalten beibringen? Wir wollen kundenorientierte Servicemitarbeiter, und wir erkennen dieses Verhalten, wenn wir es beobachten, aber wir können es nur durch Beispiele beschreiben. Fachleute für betriebliche Ausbildung haben oft mit der Frage des Verhaltens zu kämpfen. Wie kann man jemandem zum Beispiel beibringen, freundlich zu sein?

Das Verfahren des Verhaltenstrainings beinhaltet im allgemeinen Schulungsprogramme, bei denen es vorrangig um Kommunikationstechniken wie Blickkontakt, Lächeln, Stimme, Kleidung und ähnliches geht. Viele Mitarbeiter bezeichnen diese Art der Ausbildung als „Schule des Lächelns" oder „Schule des Charmes". Verschlimmert wird die Lage oft noch dadurch, daß dieses Training den Mitarbeitern von einem heuchlerischen Manager aufgezwungen wird, dessen eigenem Verhalten anderen gegenüber eine radikale Veränderung nicht schaden könnte.

Wir geben gerne zu, daß wir hier sehr voreingenommen sind. Wenn Sie wirklich glauben, daß Ihre Mitarbeiter ein Schulungsprogramm in höflichem Verhalten brauchen oder daß sie die Grundregeln des guten Benehmens im Kontakt mit Menschen nicht kennen, dann sollten Sie sich vielleicht einmal Gedanken über Ihr Auswahl- und Einstellungsverfahren machen. Was treiben die da eigentlich in der Personalabteilung? Stellen sie Schimpansen ein? Wenn einem Mitarbeiter die elementarsten gesellschaftlichen Umgangsformen fehlen, ist das ein Problem der Personaleinstellung, nicht des Trainings. Eine „Schule des Lächelns", wie wir sie geschildert haben, zeigt überdeutlich, wie gering manche Manager die natürliche Intelligenz ihrer Mitarbeiter schätzen.

Natürlich müssen Mitarbeiter an vorderster Front sich auf den Umgang mit wütenden Kunden verstehen. Sie müssen auch wissen, wieviel Toleranz gegenüber Beschimpfungen Sie von ihnen erwarten, sie müssen wissen, wie man einen aufgebrachten Kunden beruhigt und in welchem Ausmaß ein Fehler wiedergutgemacht werden sollte. Vielleicht brauchen sie auch eine gewisse Anleitung beim Erlernen einiger psychologischer Selbstverteidigungstechniken; aber, so meinen wir, sie brauchen *nicht* zu lernen, wie man „lächelt" und höflich ist.

Oft macht ein Unternehmen die Bereitschaft, guten Service zu erbringen, durch Widersprüche im System zunichte. Bei einer großen Luftfahrtgesellschaft, die wir gut kennen, kommt das Management in regelmäßigen Abständen auf die Serviceorientierung zurück. Alle paar Monate vergräbt sich der Vorstandsvorsitzende in Beschwerdebriefen von Kunden und ruft dann eine neue Runde in der Kundendienstschulung aus.

Jedesmal findet er einen neuen Unternehmensberater oder einen neuen Manager im Betrieb, der bereit ist, zum x-ten Mal zu versuchen, den Kundenkontakt zu verbessern. Und wieder ergeht die Anweisung: „Schicken Sie Ihre Leute zur Kundendienstschulung!" Und wie auf Kommando verlaufen sich die Beschwerden für das übrige Quartal im Sand. Aber in der zweiten Woche des nächsten Quartals schauen sich die Leute von der „Außenprüfung" die Praxis an und gehen auf die Mitarbeiter an der Front mit der Stoppuhr los.

„Sie arbeiten zu langsam", verkündet der Ablaufprüfer, nachdem er die Ticketverkäufer ein paar Stunden lang mit der Stoppuhr überprüft hat. Und natürlich bekommt der Chef der Ticketverkäufer etwas zu hören. Und wie wir alle wissen, beißen den letzten die Hunde: „Lassen Sie die Plaudereien mit den Kunden sein. Machen Sie ihnen Beine!" Und dann füllt sich der Posteinlaufkorb des Chefs wieder mit Beschwerden, und der ganze Kreislauf fängt wieder von vorne an.

Schulungsprogramme für die Mitarbeiter an der Front können wesentlich zu einer Verbesserung des Servicebewußtseins beitragen, aber nur wenn die Adressaten diese Ausbildung auch als lohnend und hilfreich sehen. Zu oft empfinden erfahrene Angestellte es als eine Beleidigung, wenn man ihnen vorschlägt, eine „Schule des Lächelns" oder einen „Verhaltenskurs" zu besuchen. Einige von ihnen haben eine Aufpolierung ihrer Umgangsformen sicherlich dringend nötig, aber wenn sie nicht selbst dieser Ansicht sind, wird ein Training die Lage wahrscheinlich kaum verbessern, insbesondere wenn sich sonst am System nichts ändert.

Wirksamer Einsatz von Schulungs- und Fortbildungsmaßnahmen

Wenn sie richtig eingesetzt werden, können Schulungs- und Fortbildungsmaßnahmen die Serviceleistung erheblich verbessern. Nicht immer läßt sich bis auf Heller und Pfennig nachrechnen, wieviel Gewinn eine Investition für Schulungen abgeworfen hat, aber die qualitativen Vorteile sind oft deutlich zu erkennen. Die Methoden betrieblicher Schulung sind inzwischen weitgehend perfektioniert, ihre Programme bedeuten mehr als nur ein geduldiges Anhören von Vorträgen. Anhand der Techniken der Arbeitsanalyse, der Zuständigkeitsmodelle und der Ermittlung von Schulungsbedürfnissen lassen sich gezielte, auf die Belange des Unternehmens abgestimmte Schulungsprogramme entwickeln.

Sollen sich Schulungsmaßnahmen auszahlen, muß man zunächst einmal wissen, was die Kursteilnehmer können sollen, wenn sie das Programm absolviert haben. Eine wirksame Schulung beginnt mit einer Leistungsbeurteilung. Es gilt, im einzelnen zu analysieren, welche Bestandteile zu einem guten Kundendienst beitragen, anschließend muß genau festgelegt werden, welche Kenntnisse und Fähigkeiten und welches Verhalten der Mitarbeiter, der diese Aufgaben erfüllt, haben muß.

Hat man einmal die Voraussetzungen für eine ganz bestimmte, gute Serviceleistung ermittelt, läßt sich feststellen, mit welcher Methode die entsprechenden Mitarbeiter die erforderlichen Fähigkeiten am kostengünstigsten erlernen können. Hier steht eine Vielzahl von Auswahlmöglichkeiten zur Verfügung. Umfaßt die Tätigkeit verhältnismäßig einfache Aufgaben und erfordert sie keine besonderen Kenntnisse, genügt vielleicht eine Ausbildung am Arbeitsplatz. Anspruchsvollere Tätigkeiten erfordern unter Umständen eigens entwickelte Ausbildungsprogramme.

Man muß sich auch bewußt sein, daß unterschiedliche Leute unterschiedliche Dinge lernen müssen. Ein erfahrener Servicemitarbeiter, der aus einem anderen Unternehmen oder einer anderen Branche kommt, profitiert wahrscheinlich kaum von einem ABC-Schützen-Schulungsprogramm, das auf frisch von der Schule eingestellte Angestellte zugeschneidert ist.

Ein gutes Ausbildungsprogramm läßt auch genügend Raum für ein gewisses Maß an Persönlichkeitsentfaltung. Diese Methode wurde von Scandinavian Airlines und British Airways besonders erfolgreich eingesetzt. Es geht bei diesem Persönlichkeitstraining um Dinge wie Selbstachtung, Vertrauen, Bewußtwerdung von Werten, zwischenmenschliche Kommunikation, Streßbewältigung und Zielsetzung. Dahinter steckt die Tatsache, daß es sich auf die berufliche Tätigkeit positiv auswirkt, wenn man den Mitarbeitern hilft, ihre persönliche Leistungsfähigkeit zu überprüfen und ihre Kräfte freizusetzen. Diese Methode geht von der Überzeugung aus, daß Menschen, die größeres Selbstvertrauen und ein klareres Bild ihrer Ziele, ihrer persönlichen Fähigkeiten und der daraus entstehenden Vorteile haben, bereit sind, in ihre Tätigkeit mehr kreative Energie zu stecken.

Der Weg der Persönlichkeitsschulung ist im allgemeinen vielversprechender als die Methode des „guten Verhaltens", die in der „Schule des Lächelns" meistens gewählt wird. Es geht bei diesem Training nicht vorrangig um das Verhalten, sondern um persönliche Fähigkeiten. Dadurch vermeidet man eine intellektuelle Falle, nämlich den Versuch, bestimmten Mitarbeitern bestimmte Verhaltensweisen nach starren behavioristischen Konzepten vorzuschreiben.

Damit soll nicht gesagt sein, daß das Gespräch über bestimmte Verhaltensweisen aus den Schulungsprogrammen verbannt werden sollte; es heißt nur, daß man den Schwerpunkt auf konkretere Faktoren legen sollte. Wir können die Frage des Verhaltens am Arbeitsplatz dadurch angehen, daß wir die Mitarbeiter auffordern, sich um meßbare Ergebnisse, die sich im Feedback seitens des Kunden niederschlagen, zu bemühen. Stellt uns der Kunde gute Zeugnisnoten aus, können wir daraus schließen, daß unsere Servicemitarbeiter sich „richtig" verhalten. Schulungsprogramme tragen dazu bei, die richtige Handlungsweise und die richtige Taktik für den Umgang mit dem Kunden zu finden.

Bill Marriott ist fest vom Wert des Trainings für „Frontmitarbeiter" und von seiner positiven Wirkung auf den Gewinn überzeugt. Die Marriott-Hotels und -Restaurants beschäftigen über 140.000 Mitarbeiter; Marriott beschreibt seine Branche schlicht als „Umgang mit Menschen". „Unsere Tätigkeit ist der Umgang mit Menschen. Vom Kellner über das Zimmermädchen zum LKW-Fahrer müssen unsere Mitarbeiter in der Lage sein, den ganzen Tag lang mit anderen Menschen freundlich umzugehen." Laut Marriott kommen die Angestellten des Unternehmens nach einer Schätzung 6 Millionen Male am Tag in Kontakt mit den Kunden — 6 Millionen Augenblicke der Wahrheit.

Bei Marriott wird diese wichtige Schnittstelle mit dem Kunden nicht dem Zufall überlassen. In einem der letzten Jahre investierte Marriott über 20 Millionen Dollar in Schulungsprogramme. Damit diese Maßnahmen noch wirkungsvoller gestaltet werden, wird die Leistung jedes Mitarbeiters in regelmäßigen Abständen überprüft, und jeder wird großzügig am Gewinn beteiligt.

Mitarbeiter finden, die bereit und fähig sind, Serviceleistungen zu erbringen

Eine weitere wichtige Voraussetzung für den Erfolg im Servicebereich ist die Auswahl von Mitarbeitern, die Serviceaufgaben wirksam erfüllen können. Abgesehen von den beruflichen Fachkenntnissen und der Qualifikation, die sehr unterschiedlich sein können, gibt es verschiedene Faktoren, die für einen erfolgreichen und wirksamen Umgang mit den Kunden ausschlaggebend sind.

Zunächst einmal braucht ein im Dienstleistungsbereich Beschäftigter zumindest ausreichend persönliche Reife und *Selbstvertrauen*. Wenn jemand launisch, niedergeschlagen oder mit seinem Leben und seiner Lage unzufrieden ist, wird er sich einem Kunden gegenüber kaum natürlich, offen und herzlich verhalten.

Zweitens muß ein im Dienstleistungsbreich Tätiger ziemlich gut *mit anderen Menschen umgehen* können. Er muß sich aureichend klar ausdrücken können, muß die gängigen gesellschaftlichen Umgangsformen kennen und beachten und muß in der Lage sein, das Notwendige zu sagen und zu tun, um den Kontakt zu einem Kunden herzustellen und aufrechtzuerhalten.

Und drittens muß er die Fähigkeit haben, mit ziemlich *vielen Kontakten gleichzeitig* zurechtzukommen. Das bedeutet, daß er viele kurze Begegnungen mit anderen Menschen hintereinander haben kann, ohne sich psychisch überlastet oder überfordert zu fühlen. Kontaktüberlastung ist ein deutliches Syndrom in „Frontberufen"; einige Menschen sind in dieser Hinsicht empfindlicher als andere. Leistungsfähige Serviceleute müssen in der Lage sein, mit vielen Kontakten zurechtzukommen, ohne roboterhaft, gleichgültig oder abgeschlafft zu werden.

Diese drei Eigenschaften lassen sich unter dem Oberbegriff „Gefühlsarbeit", wie manche Psychologen sagen, zusammenfassen. In Berufen, die eine solche Gefühlsarbeit erfordern, ist das Ich das Handlungsinstrument. Wer im Servicebereich tätig ist, muß seine Gefühle bewußt in die Situation einbringen. Er hat vielleicht keine besondere Lust, freundlich zu sein oder eine Minute lang zum Freund des nächsten Kunden zu werden; aber genau das bedeutet die Arbeit in Frontpositionen.

Leider sind diese drei entscheidenden Eigenschaften allesamt subjektiv und kaum meßbar. Klassische Persönlichkeitstests kommen in den meisten Fällen zumindest in amerikanischen Unternehmen nicht in Frage, da sie eine Diskriminierung nicht ausschließen und äußerst schwierig zu überprüfen sind. Es gibt Möglichkeiten, sehr qualifizierte Leute für Servicefunktionen einzustellen und nicht qualifizierte Leute aus diesen Bereichen zu verdrängen. Diese Methoden messen jedoch weniger „soziale Eigenschaften" als vielmehr die Leistung und das entsprechende Feedback.

Die Personalauswahl, die Stellenbesetzung und -ersetzung erweisen sich aus wirtschaftlichen Gründen in Dienstleistungsbranchen als besonders schwierig. Mit nur wenigen Ausnahmen handelt es sich bei den Tätigkeiten an der Servicefront um sehr schlecht bezahlte Positionen, die kaum Aussicht auf beruflichen Aufstieg bieten. In vielen Dienstleistungsfirmen ist eine fünfzigprozentige Fluktuation gang und gäbe. Aufgrund der Struktur dieser Unternehmen und der üblichen Lohn- und Aufstiegsbedingungen stehen Servicefunktionen im allgemeinen nicht in sehr hohem Ansehen.

Ein Unternehmen, das Servicemitarbeiter für schlechtbezahlte Tätigkeiten an vorderster Front sucht, findet im allgemeinen ein ausreichendes Angebot an äußerst interessierten Bewerbern, aber meistens handelt es sich um Berufsanfänger mit wenig Qualifikationen. Dazu gehören junge Leute, welche die Schule vorzeitig abgebrochen, und solche, die sie gerade abgeschlossen haben, Studenten auf der Suche nach einer Teilzeitbeschäftigung und ältere Arbeitnehmer, die aufgrund mangelhafter Bildung und Ausbildung, niedriger beruflicher Qualifikation oder fehlender Selbstsicherheit nie Karriere gemacht haben. Einige dieser Bewerber arbeiten sich vielleicht großartig ein und leisten in Servicetätigkeiten Hervorragendes, aber im allgemeinen sind sie für diese Aufgaben äußerst schlecht geeignet.

Hier nun kommen wir zu einem Syllogismus. *Wenn* wir ein hohes Niveau an Servicequalität wollen *und* ganz bestimmte Leute für Servicepositionen brauchen, *aber* die Eigenschaften, um sie fehlerfrei auswählen zu können, nicht messen können, *dann* sollten wir uns ein Instrumentarium verschaffen, anhand dessen wir ihre Leistung beobachten und feststellen können, wo wir die richtige und wo die falsche Auswahl getroffen haben. Deshalb braucht ein erfolgreiches Dienstleistungsunternehmen ein genau festgelegtes Verfahren, mit dessen Hilfe es den Leistungsstand an der Front beurteilen kann.

Die Bedeutung von Leistungsmessungen und Leistungsfeedback

Kein Zweifel: Wir wollen eine kundenorientierte Front. Trotzdem ist es manchmal äußerst schwierig, allen Mitarbeitern des Unternehmens eine deutliche Vorstellung davon zu vermitteln, was Kundenorientierung bedeutet. Manchmal läßt sich ein Anforderungsprofil für Serviceleistungen ziemlich einfach entwickeln, in anderen Fällen kann das ein großes Problem sein.

Vor allem müssen wir unsere Servicestrategie den Mitarbeitern an vorderster Front vermitteln, so daß sie wissen, worauf sie bei ihrer Arbeit ganz besonders zu achten haben. Dann müssen wir sie über ihre Leistung auf dem Laufenden halten. In vielen Dienstleistungsunternehmen fehlt dieser „Regelkreis", der den Mitarbeitern, die tagtäglich an der Servicefront arbeiten, die notwendigen Sollwertkorrekturen signalisiert. In vielen, wenn nicht den meisten Fällen, bleibt ihnen nichts anderes übrig als zu raten, in welchem Maß sie den Anforderungen der Servicestrategie gerecht werden.

Die Tatsache, daß Leistungsmessungen und ein entsprechendes Feedback für die Servicemitarbeiter unabdinglich sind, erinnert uns daran, daß zunächst einmal eine wirksame Marktforschung betrieben werden muß. Wenn wir nicht wissen, welche Beurteilungskriterien der Kunde seinem Zeugnis zugrundelegt, wissen wir nicht, welches Verhalten seitens unserer Serviceleute gut benotet wird. Folglich wissen wir auch nicht, was wir unseren Mitarbeitern über die Wirksamkeit ihrer Tätigkeit sagen sollen.

In einer Großstadt an der Westküste der USA zum Beispiel wurde beschlossen, das Serviceniveau der für die Erteilung von Genehmigungen zuständigen Behörde zu verbessern. Die Spitzenleute in der Stadtverwaltung wiesen die nachgeordnete Verwaltungsebene und die für die Organisationsentwicklung Zuständigen an, „nach Möglichkeiten zu suchen, um diese Tätigkeit ‚kundenorientiert' zu machen. Die Kunden, die Genehmigungen beantragen, sind *Bürger* und *Steuerzahler*. Wenn wir eine Genehmigung für einen Anbau erteilen, tun wir nicht jemandem einen Gefallen, wir erbringen eine Dienstleistung. Wir müssen die Bürger wie Kunden, nicht wie unartige Kinder behandeln."

Als jedoch die eigens dafür geschaffene Arbeitsgruppe begann, sich mit dem Problem auseinanderzusetzen, stand sie sofort vor einem Dilemma: Wie war eine „kundenorientierte Dienstleistung" zu definieren? Jeder konnte irgendwelche Beispiele oder Schreckgeschichten erzählen, Dinge, die nun nicht mehr vorkommen sollten, aber die Frage erwies sich als komplizierter als angenommen. Bewies ein Lächeln für den Antragsteller Kundenorientierung? War eine schnelle Erledigung des Antrags der entscheidende Faktor? War das persönliche Interesse wichtiger als Schnelligkeit und Effizienz?

Der Arbeitsgruppe wurde schnell klar, daß sie herausfinden mußte, anhand welcher Kriterien der Kunde diese Dienstleistung beurteilte. Wie konnte man ohne ein solches Modell die Mitarbeiter an der Front in besserer Serviceleistung unterweisen? Wie konnte man hoffen, neuen Leuten korrektes Verhalten in Servicefunktionen beizubringen, wenn man in der Arbeitsgruppe nicht einmal in der Lage war, ein solches Verhalten zu definieren? Aus diesen Überlegungen entstand ein Marktforschungsprogramm, das die entscheidenden Bedürfnisse und Erwartungen der Antragsteller aufdeckte und zur Formulierung einer Reihe von Servicerichtlinien für die mit der Abwicklung der Anträge befaßten Mitarbeiter führte. Dann konnte die Stadt zu einer Messung der Serviceleistung übergehen: In regelmäßigen Abständen wurde die Marktforschung en miniature wiederholt, gleichzeitig wurden Meinungsumfragen und Stichprobenbefragungen durchgeführt.

Werden Messungen und Feedback korrekt durchgeführt, machen sie ein Unternehmen zu einem *kybernetischen* System, d.h. einem System, das sich seiner Umwelt anpaßt. Die Mitarbeiter an vorderster Front wissen besser, was funktioniert und was nicht, und sie können ihre eigene Leistung besser beurteilen. Auch das Management bekommt ein besseres Bild von den Vorgängen überall im Unternehmen und kann anhand der Messungen feststellen, wie gut sich die Servicestrategie in der Praxis bewährt.

8
Regen und Sonnenschein

Es gibt keine höhere Religion als den Dienst am Menschen. Für das Gemeinwohl zu arbeiten, ist das größte Glaubensbekenntnis.
Albert Schweitzer

Wir können eine Menge über Service lernen, indem wir Leute beobachten, die gute Leistungen erbringen, aber auch indem wir solche beobachten, die schlecht arbeiten. Im folgenden haben wir einige kleine Geschichten zum Thema Dienstleistung zusammengestellt: Wir finden sie lehrreich, sie regen zum Nachdenken an und können geradezu inspirierend wirken. Wir bieten eine bunte Mischung aus Regen und Sonnenschein — aus „negativen Erfahrungen" — nichtbewältigten Augenblicken der Wahrheit — und „positiven Erfahrungen" — Augenblicken der Wahrheit, in denen sich Kreativität und Engagement bezahlt gemacht haben.

Wir fangen mit den „negativen Erfahrungen" an. Jede ist in irgendeiner Weise exemplarisch für das Versagen eines oder mehrerer der drei entscheidenden Elemente des Service-Dreiecks. Entweder war die Servicestrategie mangelhaft oder inexistent, oder die Mitarbeiter an der Front kamen beim Kunden nicht an, oder das Servicesystem erwies sich als Hindernis. Versuchen Sie, während Sie die folgenden Geschichten lesen, sich das Service-Dreieck jeweils vorzustellen, und nehmen Sie Ihre eigene Diagnose vor. Bei welcher Komponente oder welcher Kombination von Komponenten des Service-Dreiecks ist etwas schiefgegangen?

Versuchen Sie anschließend, während Sie unsere Beispiele von „positiven Erfahrungen" lesen, analog die Ihrer Ansicht nach entscheidende positive Komponente auszumachen.

Negative Erfahrung Nr. 1

In der Halle eines großen Postamtes in einer südkalifornischen Stadt bemerkten wir folgenden Anschlag:
„Paketannahme: Mit Tesafilm, Kreppband, Schnur oder Bindfaden verschlossene Pakete werden nicht angenommen. Bitte verwenden Sie Faserband. Wir verkaufen kein Verpackungsmaterial." Es ist wohl kaum ein Zufall, daß United Parcel Service (UPS) direkt nebenan glänzende Geschäfte macht.

Negative Erfahrung Nr. 2

Vor vielen Jahren war folgende Geschichte in aller Munde. Ein Kunde fand in einer Packung eines bekannten Getreideflockengerichts, für das sehr viel Reklame gemacht wurde, einen großen Käfer. Er schrieb empört an die Zentrale der Nahrungsmittelfirma, die das Produkt vermarktete. Nach wenigen Tagen bekam er einen von einem Vice President des Unternehmens unterzeichneten Brief mit einer überschwenglichen Entschuldigung. Darin wurde ihm versichert, die Sache werde umfassend untersucht und das Unternehmen werde besondere Maßnahmen ergreifen, um sicherzustellen, daß so etwas nie wieder vorkäme. An den Brief geheftet fand unser Verbraucher aber auch eine innerbetriebliche Mitteilung mit folgender handschriftlicher Bemerkung: „George — schick diesem Spinner den ‚Käferbrief'"!

Negative Erfahrung Nr. 3

Ein Manager saß eines Abends im Restaurant im Erdgeschoß eines der größten Hotels von New York beim Abendessen. Dieses Restaurant war weniger wegen seines Service als vielmehr wegen seiner besonders günstigen Lage bekannt. Der Service, den die Kellnerin an diesem Abend bot, lag noch eine Stufe unter der sonst im Hause üblichen Mittelmäßigkeit. Als der Manager an die Kasse ging, um zu bezahlen, stellte er erstaunt fest, daß die Kellnerin so frei gewesen war, 15 Prozent Trinkgeld auf die Gesamtrechnung aufzuschlagen. Das hieß wohl, dem Gast etwas zu sehr behilflich zu sein, insbesondere da er beschlossen hatte, überhaupt kein Trinkgeld zu geben.

Negative Erfahrung Nr. 4

Eine Gruppe von Passagieren in einer in Buffalo im Bundesstaat New York auf den Abflug wartenden Linienmaschine erhielt um etwa 22 Uhr eine enttäuschende Nachricht. Das Flugzeug parkte während einer kurzen Zwischenlandung auf dem Flug von Washington, D.C., nach Toronto an einem der Flugsteige. Als die Fluggäste sich bereits fragten, warum der Start so lange verzögert wurde, war eine heisere Stimme über die Bordanlage zu hören: „Bitte nehmen Sie Ihre persönlichen Gegenstände und verlassen Sie das Flugzeug. Wir haben ein technisches Problem. Die Maschine kann heute abend nicht nach Toronto fliegen. Die innerhalb des Terminals wartende Hostess wird Sie über Flüge nach Toronto informieren."

Als 60 verärgerte Passagiere in das Terminal strömten, forderte die Hostess sie über die Lautsprecheranlage auf, sich vor dem Abfertigungsschalter anzustellen und sich in Geduld zu fassen. Sie dachte gar nicht daran, eine Entschuldigung vorzubringen oder die Unannehmlichkeiten auch nur zuzugeben; sie gab nur in aller Sachlichkeit bekannt, daß die nächste Maschine dieser Linie um 23.15 abfliegen würde.

Einer der Fluggäste bemerkte laut und vernehmlich, daß er eben bei einer konkurrierenden Fluggesellschaft angerufen und erfahren hätte, daß deren Linienmaschine vor nur ungefähr zwei Minuten abgeflogen sei. Er äußerte die Vermutung, daß das Bodenpersonal die Bekanntgabe des technischen Problems so lange verzögert hätte, bis den Passagieren kein anderer Flug mehr zur Auswahl stand. Es kam zu einem wahren Run auf Beschwerdeformulare und zu einigen lautstarken Diskussionen über den Service.

Negative Erfahrung Nr. 5

Wenn man ein großes Klinikum in Südkalifornien anrief, hörte man folgende Nachricht vom Band: „Vielen Dank für Ihren Anruf im ...Krankenhaus. Alle unsere Leitungen sind im Augenblick besetzt. Anrufe werden in der Reihenfolge ihres Eingangs beantwortet. Bitte halten Sie Ihre Patientenkarte bereit. Für Termine in der augenärztlichen Abteilung wählen Sie (die Nummer) XXX-XXXX. Für ein Check-up wählen Sie YYY-YYYY. Für Termine in der Familienabteilung wählen Sie ZZZ-ZZZZ. *Im Falle einer lebensbedrohlichen Situation wählen Sie ABC-DEFG.*"

Negative Erfahrung Nr. 6

Eine Dame las die Speisekarte in einem Restaurant und sah nur wenig Verlockendes. Plötzlich entdeckte sie etwas Interessantes: ein Sandwich mit Erdnußbutter und Gelee. „Das ist genau nach meinem Geschmack", strahlte sie. „Ich habe schon ewig kein gutes Erdnußbutter-und-Gelee-Brot mehr gegessen. Das und ein Glas Milch sind genau richtig." Als sie das Brot bei der Kellnerin bestellte, bekam sie die frostige Antwort: „Tut mir leid, das steht auf der Kinderkarte. Das können Sie nicht bestellen."

Die Kundin fragte: „Das verstehe ich nicht. Warum muß man ein Kind sein, um eben dieses Sandwich bestellen zu können? Das wäre genau das, was mir schmecken würde." Als sich die Kellnerin weiterhin hartnäckig weigerte, die Bestellung entgegenzunehmen, verlangte die Kundin nach dem Chef. Dieser aber hatte nur dieselbe Geschichte zu bieten: „Es tut mir leid, gnädige Frau. Wir servieren unsere Kinderteller nicht Erwachsenen." Die Dame konnte es kaum glauben und beschloß wütend, anderswo zu Mittag zu essen.

Negative Erfahrung Nr. 7

Ein Kunde betrat an einem belebten Abend allein ein Restaurant und ließ sich auf der Warteliste eintragen. Als die Reihe an ihn kam, begleitete ihn die Hostess an das hinterste Ende des Speisesaals und wies ihm einen winzigkleinen Tisch direkt neben der Küchentür zu. Die Kellnerinnen liefen eine Zeitlang geschäftig an ihm vorbei, bis er eine anhielt und bat, bestellen zu können. „Einen Augenblick", sagte sie ganz in Eile. Einige Minuten später kam ein Kellnerlehrling und nahm seine Bestellung entgegen.

Der Kellnerlehrling brachte dann dem Kunden sein Essen und ließ sich nicht mehr blicken. Etwas später kam eine Kellnerin an seinen Tisch, schrieb in aller Eile eine Rechnung und legte sie neben seinen Teller. Sie lief ohne ein Wort davon. Er brauchte nicht lange, um das Trinkgeld auszurechnen und verließ das Restaurant. Er fragte sich, ob er wohl erste Anzeichen von Paranoia habe oder ob Einzelpersonen wirklich bei so vielen Gelegenheiten einfach schlechteren Service bekommen.

Negative Erfahrung Nr. 8

Eine Geschäftsreisende stieg aus dem Flugzeug, holte ihr Gepäck ab und rief im Hotel an, um ihre Buchung zu bestätigen. Der Portier überprüfte die Buchung und sagte, der Minibus des Hotels werde sie in ein paar Minuten am Flughafen abholen. Sie wartete an der Ankunftshalle, und der Minibus traf tatsächlich kurz darauf ein. So weit, so gut. Ein Kaugummi kauender, Witze reißender Teenager sprang aus dem Wagen, schnappte ihr Gepäck, warf es hinten in das Auto, kletterte wieder auf den Fahrersitz und brüllte: „Steigen Sie ein." Sie stieg ein, kämpfte eine Weile mit der Tür und setzte sich schließlich zurück, während der Fahrer einen Kavalierstart hinlegte.

Der Kleine fuhr, als ob das Gaspedal festgeklemmt sei. Während des Fahrens paffte er wütend eine Zigarette, was er nur hin und wieder unterbrach, um andere Fahrer zu beschimpfen. Er ließ seine Mitfahrerin auch großzügig an seinen musikalischen Vorlieben teilhaben, denn er hatte das Radio in dem Minibus auf volle Lautstärke aufgedreht: der schärfste Rock war zu vernehmen. Am Hotel angekommen, schleppte er ihr Gepäck ins Foyer, ließ es an der Rezeption fallen und stand äußerst auffällig herum. Als sie ihm kein Trinkgeld gab, zog er mit verletztem Blick davon.

Negative Erfahrung Nr. 9

Der größte Computerhersteller der Welt brachte seinen Personal Computer, den IBM PC, auf den Markt. Infolge des seit langem bestehenden guten Rufes des Unternehmens für Qualitätsprodukte und einer mit einem Aufwand von vielen Millionen Dollar durchgeführten Werbekampagne wurde das Gerät bald zum Bestseller unter den Personal Computern für berufliche Anwendungen. Die Konstruktion des Computers wies jedoch einen seltsamen und fast unglaublichen Mangel auf. Die Käufer konnten kaum glauben, daß das Unternehmen, das bei der Einführung von Computern immer der Vorreiter gewesen war und die berühmte Selectric-Schreibmaschine auf den Markt gebracht hatte, ein Produkt mit einem solch offensichtlichen Nachteil anbieten konnte.

Das Handicap lag in der Tastatur. Um die Anzahl der Tasten auf dem Keyboard auf ein Mindestmaß zu beschränken, hatten verschiedene Tasten eine doppelte Funktion. Die zehn Zahlentasten, die ähnlich wie an einem Taschenrechner blockartig an einer Seite der Tastatur angebracht waren, dienten gleichzeitig der Steuerung des Positionsanzeigers. Man konnte also mit diesen Tasten den Cursor nach oben, unten, links und rechts bewegen, so daß der Anwender an verschiedenen Stellen auf dem Bildschirm etwas eintippen konnte. War das Gerät im Zahlenmodus, wurden durch Betätigung der Tasten Zahlen eingegeben, unabhängig davon, wo der Cursor sich gerade befand. Der Benutzer mußte eine Art Kippschalter betätigen, um die jeweils benötigte Funktion der Tasten einzustellen.

Das Problem bestand nun darin, daß die Ingenieure nichts vorgesehen hatten, woran der Anwender mit einem Blick auf die Tastatur erkennen konnte, ob er sich in einem bestimmten Augenblick im Zahlenmodus oder im Cursormodus befand. Der Kippschalter rastete nicht in einer bestimmten Stellung ein, und der Status wurde durch kein Licht oder irgendeine andere Anzeige verdeutlicht. So konnte es vorkommen, daß der Benutzer Zahlen eintippen wollte, aber der Cursor nur auf dem Bildschirm hin und hersprang. Oder er wollte den Cursor an eine andere Stelle auf dem Schirm bewegen, mit dem alleinigen Ergebnis, daß plötzlich Zahlen auf dem Schirm zu sehen waren und die vorher eingetippten Werte durcheinanderbrachten.

Während wir dies schreiben, mehr als zwei Jahren nach der Markteinführung des Computers und während alle 15 Sekunden ein IBM PC vom Fließband rollt, besteht dieser sonderbare und äußerst ärgerliche Konstruktionsmangel noch immer.

Negative Erfahrung Nr. 10

Am Kennedy International Airport in New York stieg eine Gruppe in traditionelle Tracht gekleideter schwarzafrikanischer Reisender aus dem Flugzeug und betrat die Zollabfertigungshalle. Darunter waren einige Familien mit kleinen Kindern. Nach der Art, wie sie auf die Fragen der Zollbeamten antworteten, zu urteilen, sprachen sie nur schlecht Englisch. Besonders das Gedränge und Gehetze der Massen von Passagieren schien sie zu verwirren, und sie wußten offensichtlich nicht so richtig, wie sie sich zu verhalten hatten.

Nachdem eine Familie die Kinder zusammengetrommelt und ihre Habe beisammen hatte, ging sie auf den Ausgang zu. Einer der Männer hielt ein Formblatt, das er von der Stewardeß im Flugzeug bekommen hatte, in der Hand. Der Afrikaner hatte es ausgefüllt und schien verstanden zu haben, daß er es dem Zollbeamten am Ausgang aushändigen sollte. Als er das Formular dem Beamten gab, wies dieser ihn zurück und bellte im gröbsten Brooklyner Akzent: „Gehen Sie zurück, und holen Sie sich noch einen Zettel!"

Der Besucher schaute verwirrt. „Entschuldigen Sie ...", stammelte er. Der Zollbeamte bedeutete ihm ungeduldig, sich davonzumachen, und sammelte die Zollformulare der anderen Fluggäste ein. Als der Afrikaner mit fragendem Blick wieder auf ihn zukam, brüllte dieser Botschafter der Freundlichkeit: „Einen Zettel! Einen Zettel! Sie brauchen noch einen Zettel! Sie haben nur einen, und Sie brauchen zwei!"

Endlich erklärte ein anderer Passagier, der das Verfahren kannte, dem Besucher in einfachem Englisch, daß der Beamte ihn auffordern wollte, an den Zollabfertigungsschalter zurückzugehen, ein weiteres Zollerklärungsformular zu holen und es auszufüllen. Einige der Umstehenden äußerten ihr Bedauern darüber, daß dies die erste Bekanntschaft des Besuchers mit amerikanischer Gastfreundlichkeit sein mußte.

Aber kommen wir nun zu den „positiven Erfahrungen". Hier nun einige kleine Geschichten, die zeigen, was alles möglich ist, wenn die Menschen und die Systeme zusammenarbeiten, um ihr Bestes zu geben.

Positive Erfahrung Nr. 1

Während des British-Airways-Programms „Customer First" kamen Mitglieder des an den Flugsteigen eingesetzten Bodenpersonals mit einigen Stewards und Stewardessen zusammen, um das Problem von Minderjährigen, die ohne Begleitung Erwachsener reisen, zu besprechen. Die Fluggesellschaft hat in solchen Fällen eine gewisse Haftpflicht, und man wollte sicherstellen, daß die Übergabe vom Boden- zum Bordpersonal reibungslos ablief. Die Diskussion drehte sich schon bald um den Begriff *Minderjähriger ohne Begleitung*, und man fragte sich: „Warum können wir nicht einen positiveren und weniger ‚juristischen' Namen finden?" Vorgeschlagen wurde: *Junger Fluggast*. Daraus entstand schon bald der Gedanke, junge Fluggäste als eine eigene Passagiergruppe und nicht einfach unter dem Aspekt der Haftpflicht zu behandeln.

Die Gruppe erarbeitete ein Programm für junge Fluggäste: Dazu gehörten eigene Umschläge für die Tickets, ein eigener Flugsteig für Kinder und ein besonderes Programm zur Unterhaltung der jungen Passagiere an Bord. Die Arbeitsgruppe, und mit ihr British Airways, machten aus einer lästigen Pflicht eine Marktchance. Die Botschaft verfehlte ihre Wirkung auf die Eltern der jungen Fluggäste nicht: British Airways kümmert sich wirklich um unsere Kinder.

Positive Erfahrung Nr. 2

In einem Krankenhaus in Memphis wird der Patient, wenn er zur stationären Behandlung eintrifft, von einem Portier am Auto in Empfang genommen. Dieser nimmt ihm das Gepäck ab und begleitet ihn zur Rezeption in der Halle. Dann nimmt ein Hausdiener das Gepäck und führt ihn und seine Begleitung in das reservierte Zimmer, wo er behilflich ist, es sich bequem zu machen.

Dann kommt ein für die Patientenkartei zuständiger Mitarbeiter in das Zimmer und füllt die notwendigen Aufnahmeformulare aus. Das Krankenhaus ist in seiner Struktur und seinen Verfahrensweisen einem Hotel angeglichen. Die Mitarbeiter sprechen weniger von Patienten als vielmehr von Gästen. Man bemüht sich, dem Gast, ähnlich wie in einem Hotel, den Aufenthalt so angenehm wie möglich zu machen.

Positive Erfahrung Nr. 3

Die Kellnerin in einem kleinen Restaurant im Zentrum von Denver ist stadtbekannt für ihre immerwährende gute Laune und ihr unermüdliches Bemühen um die Zufriedenheit des Kunden. Selbst wenn das Lokal zum Bersten voll ist und sie allein im Dienst ist, eilt sie eifrig hin und her und kümmert sich um zahllose Einzelheiten. Als sie eines Tages unter Beweis stellte, wie weit sie für einen Kunden zu gehen bereit war, konnte einer unserer Kollegen nur erstaunt den Kopf schütteln. Einer der Gäste, eine Frau mit drei kleinen Kindern, hatte Probleme mit ihrem Jüngsten, einem unruhigen und nervösen Kind. Sie fühlte sich selbst nicht besonders wohl, die Kinder waren in dem Augenblick einfach mehr als sie bewältigen konnte.

Die Kellnerin nahm den Knirps, streichelte und beruhigte ihn ein paar Minuten lang, drehte aber gleichzeitig weiter ihre Runden und bediente, mit dem Baby auf der Hüfte, an den übrigen Tischen. Nach einer Weile beruhigte sich das Kind, und sie gab es seiner Mutter zurück, woraufhin es friedlich einschlief.

Positive Erfahrung Nr. 4

Ein Steward auf einem Flug der Western Airlines beschloß, etwas Leben in die immer gleichen, langweiligen, stereotypen Durchsagen vor dem Start zu bringen. Die Passagiere kugelten sich vor Lachen über seine Bemerkungen, einer mit derselben monotonen Stimme vorgetragenen Parodie auf die typische Ansage der meisten Stewards.

„Meine Damen und Herren", säuselte er, „es gibt vielleicht fünfzig Möglichkeiten, wie Sie Ihren Geliebten oder Ihre Geliebte verlassen können, aber es gibt nur neun Möglichkeiten, dieses Flugzeug zu verlassen. Bitte schauen Sie sich um und suchen Sie sich den Ausstieg aus, den Sie bei einem unvorhergesehenen Zwischenfall zu benützen wünschen." Und weiter: „Und nun richten Sie bitte die Rückenlehne Ihres Sitzes wieder in die ursprüngliche, gerade und unbequemste Position auf." Krönender Abschluß seiner Durchsage vor dem Start: „Wenn wir irgendetwas tun können, um Ihren Flug angenehmer zu gestalten, zögern Sie nicht, sich an eines der weiblichen Besatzungsmitglieder zu wenden."

Nachdem die Maschine gelandet war und auf das Terminal zurollte, war die Stimme des Stewards erneut über die Bordanlage zu vernehmen: „Meine Damen und Herren, es wäre nicht in unserem Sinne, wenn jemand von Ihnen das Flughafengebäude vor dem Flugzeug erreichte; also bleiben Sie bitte angeschnallt sitzen, bis ihnen der Captain das Zeichen zum Aufstehen gibt." Seine Anweisungen wurden sowohl beim Start als auch bei der Landung von den Fluggästen mit Beifall quittiert.

Positive Erfahrung Nr. 5

Während einer Japanreise verließ einer unserer Kollegen eines Abends sein Hotel und begab sich auf die Suche nach einem bestimmten Restaurant. Er verlief sich und beschloß, auf einer der vielen, einem Geschäft ähnlichen Polizeidienststellen in der Stadt Sendai um Hilfe zu bitten. Einer der jungen japanischen Polizeibeamten bat ihn routinemäßig, seinen Paß vorzulegen, den der Amerikaner versehentlich im Hotel gelassen hatte. Da Ausländer in Japan verpflichtet sind, ihre Papiere ständig bei sich zu tragen, war das eine ziemlich ernste Angelegenheit. Nachdem die beiden diensthabenden Polizeibeamten ihm ohne Erfolg einige Fragen in ihrem gebrochenen Englisch gestellt hatten, begleitete ihn einer in sein Hotel, um den Paß zu überprüfen.

Auf der Fahrt ins Hotel wurden plötzlich das Japanisch unseres Kollegen und das Englisch des Polizisten besser, und sie entdeckten eine Menge Gesprächsstoff. Unser Freund erzählte, daß es ihm in Japan sehr gut gefiel. Der Polizeibeamte bemerkte, er wolle eines Tages nach Amerika reisen. Nachdem er die Ausweispapiere überprüft hatte, erinnerte sich der Polizist daran, warum unser Freund ursprünglich auf die Dienststelle gekommen war. Er machte einen ziemlich großen Umweg, um ihn bis zum Restaurant zu fahren, begleitete ihn in das Lokal, vertraute ihn dem Direktor an, schüttelte ihm sehr herzlich die Hand und ging seiner Wege.

Positive Erfahrung Nr. 6

Ein wütender Fluggast stand am Gepäckermittlungsschalter und zankte sich mit einem Angestellten der Fluggesellschaft über einen verschwundenen Koffer. Der für das Gepäck zuständige Mitarbeiter hatte sich seine Notizen gemacht, das Suchformular ausgefüllt und sich mehrmals im Namen der Fluggesellschaft entschuldigt. Der Kunde war durch nichts zu versöhnen. Er ließ einfach nicht locker. „Wo ist mein Koffer?" fragte er immer wieder. „Es tut mir leid. Ich weiß nicht genau, wo er in diesem Moment ist, aber, glauben Sie mir, wir werden ihn finden und ihn Ihnen so schnell wie irgend möglich zukommen lassen."

„Ich will wissen, wo mein Koffer ist!" wiederholte der Mann. Nachdem die beiden sich einige Male so im Kreis gedreht hatten, wurde die Situation seltsam, ja fast komisch. Die anderen Passagiere in der Schlange begannen, über das wunderliche Verhalten des Mannes, seine unablässigen Fragen über den Verbleib seines Koffers und seine Weigerung, die Tatsachen zu akzeptieren, zu kichern.

Schließlich beschloß der Beamte, der mit Höflichkeit nichts hatte ausrichten können, die Begegnung mit einem komischen Manöver zu beenden. Schweigen gebietend erhob er die Hand und sagte: „Sehen Sie, dort drüben. Ja dort, auf dem Boden. Schauen Sie genau hin." Mit theatralischem Können und der Geste eines Zauberkünstlers deutete er auf die Stelle und rief: „Hei! Da ist Ihr Koffer!"

Mit einem verwirrten Ausdruck im Gesicht starrte der Kunde auf die Stelle am Boden. Er schaute den Angestellten an, dann wieder auf den Boden. Langsam dämmerte ihm, daß es ein Scherz war, und als er endlich begriff, wie absurd die ganze Lage war, begann er zu lachen. Die kleine Gruppe, die um den Schalter herumstand, ließ sich anstecken, und innerhalb weniger Sekunden lachte alles schallend. Der Mann entschuldigte sich für seinen Wutanfall, dankte dem Angestellten für seine Mühe und ging seiner Wege.

Positive Erfahrung Nr. 7

Hier geht es um eine unkonventionelle Universität in San Diego. Diese private Einrichtung bietet Programme für berufstätige Erwachsene, die in Intensivabendkursen einen akademischen Abschluß erlangen können. Belegt wird jeweils ein zweimonatiger Kurs. An dieser Hochschule kommt der Student nur einmal mit der Verwaltung in Berührung — ganz am Anfang seines Kurses.

Zur Anmeldung geht man zur zuständigen Stelle und schreibt sich mit einem einzigen Formular für das gesamte Programm ein. Dem neuen Studenten wird dann ein vollständiger Kurs- und Stundenplan ausgehändigt; dieser enthält die Daten von Beginn und Ende der jeweiligen Kurse, die Namen der Dozenten, Bücherlisten und ähnliches. An diese Vorlagen kann er sich während des gesamten Kurses für seinen eigenen Abschluß halten. Es gibt kein Anstehen mehr für die Anmeldung zu den einzelnen Kursen am Semesterbeginn.

Positive Erfahrung Nr. 8

Der neue Direktor der Abteilung Erwachsenenbildung an einem kleinen College in Nordflorida beschloß, die Lehrpläne von Anfang an auf die Bedürfnisse von vielbeschäftigten Berufstätigen zuzuschneidern. Er entwickelte ein Verfahren, nach dem sämtliche Kurse mit einer einzigen Einschreibung belegt werden konnten und schuf ein System, das die Studenten bei der Planung ihres Ausbildungsganges unterstützen sollte. Die Mitarbeiter der Erwachsenenbildungsstelle erledigten sämtliche mit der Anmeldung verbundenen Formalitäten für die Studenten, versorgten sie mit den notwendigen Kurzdarstellungen der Kurse und kümmerten sich in vielen Fällen sogar um die Beschaffung der erforderlichen Lehrbücher.

Kurz gesagt, die Angestellten des College behandelten die zukünftigen Studenten wie Kunden, was sie ja auch waren. Berufstätige entscheiden sich aus freiem Willen, Abendkurse zu belegen, nicht weil sie auf einen bestimmten Universitätsabschluß angewiesen sind. Die Folge war, daß sich die Anmeldungen in weniger als einem Jahr mehr als verdoppelten, und das Weiterbildungsprogramm stand bald im Ruf eines wirklich auf die Bedürfnisse der Berufstätigen zugeschnittenen Angebots.

Positive Erfahrung Nr. 9

Karl Albrecht wohnte vor kurzem in einem kleinen Hotel in Sydney in Australien und wollte sein Zimmer bis zu seiner Abfahrt abends behalten, um in letzter Minute mit den australischen Vertretern seiner Firma zusammenzutreffen. Er bat den Hoteldirektor um eine Verlängerung, aber das Hotel war ausgebucht, und sein Zimmer wurde für neu eintreffende Gäste benötigt.

„Dieses Gespräch ist äußerst wichtig", sagte Albrecht. „Können Sie irgend etwas tun? Haben Sie vielleicht einen Konferenzraum, den ich für ein paar Stunden mieten könnte?" Der Direktor ging die verfügbaren Räumlichkeiten durch und sagte: „Herr Dr. Albrecht, ich glaube, ich habe etwas für Sie gefunden. Wir haben ein hübsches Konferenzzimmer im obersten Stockwerk, und es wäre mir eine Freude, wenn Sie es kostenlos benützen wollten." Albrechts Reisebüro empfiehlt nun dieses Hotel den meisten seiner Kunden, die eine Reise nach Sydney planen.

Positive Erfahrung Nr. 10

Ein Mann schrieb einen Brief an ein kleines Hotel in einer Stadt im Mittleren Westen der USA, die er während seines Urlaubs besuchen wollte. „Ich würde sehr gerne meinen Hund mitbringen", schrieb er. „Er ist gepflegt und sehr brav. Würden Sie mir gestatten, ihn während der Nacht auf meinem Zimmer zu behalten?"

Der Eigentümer des Hotels reagierte sofort: „Ich betreibe dieses Hotel nun seit vielen Jahren. In all dieser Zeit hat niemals ein Hund Handtücher, Bettwäsche, Silberwaren oder Bilder von der Wand gestohlen. Ich mußte niemals einen Hund mitten in der Nacht vor die Tür setzen, weil er betrunken war oder alles durcheinanderbrachte. Und es ist auch niemals vorgekommen, daß sich ein Hund, ohne seine Rechnung zu bezahlen, aus dem Staub gemacht hat. Ja, Ihr Hund ist in meinem Hotel willkommen. Und wenn Ihr Hund für Sie bürgt, sind Sie hier ebenfalls sehr willkommen."

9
Qualität und Produktivität: Meßbarkeit und Handlungsbereitschaft

Was den Service anbelangt, so haben wir noch nicht einmal angefangen, die Verbesserungsmöglichkeiten auszuschöpfen.
Karl Albrecht / Ron Zemke

Obwohl im Bereich des Service-Managements viele unterschiedliche Faktoren eine Rolle spielen, kommt es vorrangig fast immer auf Qualität und Produktivität an. Unabhängig davon, ob die Dienstleistung Ihr eigentliches Produkt oder nur ein Bestandteil Ihres Angebots ist, muß ihre Bereitstellung, soll die Serviceleistung für den Kunden von Wert sein, auf wirksame, effiziente und zuverlässige Weise erfolgen. Serviceleistungen müssen berechenbar und gleichbleibend sein; der Kunde muß sich darauf verlassen können, daß die Leistung in einer bestimmten Form erbracht wird, er muß wissen, wie lange er darauf warten muß und was die Dienstleistung kostet. Ein Big Mac ist ein Big Mac und nie etwas anderes. Es ist immer derselbe, vertraute Big Mac, ob er nun in San Francisco oder in Sankt Moritz zubereitet, eingepackt und verkauft wird. Was Sie von einem Big Mac halten, spielt hierbei keine Rolle. Das McDonald's-System garantiert, daß Sie, wo immer auf der Welt Sie sich auch befinden mögen, wenn Sie plötzlich schreckliche Lust auf einen Big Mac bekommen, genau das erhalten, womit Sie gerechnet haben; Ihre Erwartungen werden erfüllt. Das bedeutet nicht, daß McDonald's eine Art hundertprozentig fehlerfrei funktionierende Fertigungsstraße ist nach dem Motto „Sie können jede beliebige Farbe haben, solange es Schwarz ist". Es gibt Abwandlungen und Anpassungen an den jeweiligen örtlichen Markt; so wird zum Beispiel in Frankreich Wein oder in Kanada und England Essig zum Würzen der Pommes frites verkauft. Die Verantwortlichen am McDonald's-Hauptsitz in Oak Brook, Illinois, zucken nicht mit der Wimper, wenn man ihnen vorwirft, den Hamburger zu industrialisieren. Ganz zurecht sind sie stolz: ein Big Mac ist ein Big Mac ist ein ... na, Sie wissen schon!

Obwohl McDonald's ein augenfälliges Beispiel ist, ist es nicht das einzige Unternehmen, das sich um gleichbleibenden, qualitativ hochwertigen Service bemüht und dieses Ziel auch erreicht. Auch Caterpillar Tractor und IBM achten bei der Bereitstellung ihrer Leistungen auf höchste Qualität, unabhängig davon, in welcher Ecke der Welt der Kunde sitzt. Eines der wegen seines Service meistgenannten Unternehmen ist Rolls Royce. Der folgende Bericht, obwohl zweifellos nicht authentisch, vermittelt einen Eindruck davon, wie besessen von dem Gedanken der Qualität man überall bei Rolls Royce ist und welchen Ruf das Unternehmen wegen seines Service genießt:

> Ein Mitglied des englischen Hochadels macht in den Schweizer Alpen Ferien. Auf einer kurvenreichen Straße gerade außerhalb des Dorfes Zernez fängt sein Rolls an zu husten und bleibt stehen. Der Lord und sein Chauffeur gehen zu Fuß ins Dorf, von wo der Chauffeur direkt in London anruft und berichtet, der Rolls seines Chefs liege mausetot auf einer einsamen Gebirgspiste; nicht nur das, offensichtlich sei auch die Zylinderkopfhaube kaputt. Der Fahrer erhält die Anweisung, zum Wagen zurückzukehren und mehrere Leuchtsignale zu geben, Hilfe sei unterwegs. Und tatsächlich landet in weniger als einer Stunde ein Hubschrauber mit zwei Technikern auf einem Feld in der Nähe. Ohne viel zu reden, machen sich die Männer in ihren makellos weißen Arbeitsanzügen ans Werk. In weniger als 90 Minuten schnurrt der Rolls seiner Lordschaft wieder wie ein sprichwörtlicher englischer Kater!
>
> Es vergehen mehrere Monate, bis dem Chauffeur plötzlich auffällt, daß die Rechnung für die Reparatur des Rolls noch immer aussteht. Weil er fürchtet, daß die Kosten allein für den Hubschrauber sein Wartungsbudget weit überschreiten würden, drängt er nicht weiter auf eine Erledigung. Schließlich, nachdem nach acht Monaten noch immer keine Rechnung für den ungewöhnlichen Serviceeinsatz eingetroffen ist, ruft er im Servicezentrum der Firma an. Ein Mann mit einer überaus freundlichen Stimme am anderen Ende der Leitung hört sich die Geschichte an und bittet den Chauffeur am Apparat zu bleiben, während er die Unterlagen überprüft. „Nein", lautet die Antwort des Servicedirektors, „es gibt keine Unterlagen über einen solchen Pannenruf." Und dann nach kurzem Schweigen: „Aber wie könnte das auch sein? Ein Rolls Royce hat niemals auf offener Strecke eine Panne."

Derartige Geschichten verleihen zwar Unternehmen mit mustergültigem Service geradezu einen Heiligenschein; gleichzeitig erweisen sie ihnen aber auch einen schlechten Dienst. Sie vermitteln unbeabsichtigterweise die Vorstellung, daß die Bereitstellung von Qualitätsservice etwas Mystisches, oder zumindest etwas Übermenschliches an sich habe. Solche Geschichten von heldenhaften Serviceleistungen legen den Gedanken nahe, daß die Erbringung einer Dienstleistung, im Gegensatz zur Herstellung von Waren, kein berechenbarer, gesteuerter und zuverlässiger Prozeß sein könne.

Der Mythos der Servicequalität als eines sich der Kontrolle des Managements entziehenden Faktors ist so weit verbreitet, daß wir, wenn ein Unternehmen immer gleichbleibend guten Service bietet, anstatt daraus zu lernen, alles daransetzen, um ihn in seinem Wert zu mindern. Ron Zemke war jahrelang als Berater für Vergnügungsparks und alles, was zu dieser Branche gehört, tätig. Nach kurzer Zeit stellte er fest, daß man nicht nur bei Disney in der Lage war, Qualitätsservice zu bieten.

Es ist absolut richtig, daß Disney sowohl den Vergnügungspark erfunden als auch die Maßstäbe für befriedigenden Kundenservice, nach denen wir alle anderen etwa 500 Parks in den Vereinigten Staaten beurteilen, gesetzt hat. Trotzdem stimmt es nicht — wie einige Leute fälschlicherweise glauben machen wollen —, daß nur Disney es versteht, diesen Maßstäben gerecht zu werden. Tatsächlich läßt sich bemerkenswerterweise immer und immer wieder feststellen, wie gut es dem Management von Parks wie Six Flags, Opryland, Great Adventures, Busch Gardens, King's Island und Caro Winds gelungen ist, ein disneyähnliches Serviceklima zu schaffen und gleichzeitig in ihrem Unterhaltungsangebot ihre ganz eigene Identität zu wahren. Natürlich sind im Management vieler dieser anderen erfolgreichen Vergnügungsparks viele ehemalige Disney-Angestellten zu finden. Daran sind zwei Dinge zu erkennen: Bei Disney versteht man sich großartig auf die Schulung des Managements, und die Schaffung eines qualitativ hochwertigen Serviceumfeldes ist übertragbar.

Während dieser Zeit arbeitete Ron Zemke eng mit einem weiteren Beratungsteam am Projekt eines Vergnügungsparks zusammen, das — seiner Ansicht nach — exemplarisch aufzeigt, wie ein Service-Management von hoher Qualität geschaffen werden konnte.[1] Sein Team sammelte Informationen, führte Studien durch und drehte schließlich einen tollen zwanzigminütigen Videofilm, um die ganze Geschichte zu erzählen. Da geschah etwas Interessantes. Fast jedesmal, wenn er den Videofilm vor Managern vorführte, sah er sich mit dem Phänomen des großen „Ja, aber" konfrontiert:

> Ja, aber da geht es um eine Dienstleistungsbranche; ja, aber das ist eine ganz besondere Situation; ja, aber so ist das nur in der Unterhaltungsindustrie; ja, aber die haben ja nur Saisonarbeiter; ja, aber deren Mitarbeiter sind lauter junge Leute; ja, aber in unserem Unternehmen — in unserer Branche, in unserem Büro, in unserer Sparte — würde das bestimmt nie funktionieren. Ja, aber ...

Schließlich beschloß Ron Zemke, den Film nicht mehr zu zeigen und den Zuhörern die Geschichte des Vergnügungsparks einfach zu erzählen. Es ist ja nicht nur so, daß die Menschen sich gegen Veränderungen wehren. Diese Auflehnung gegen Veränderungen gehört zu ihrer Natur, oder manchmal hat man zumindest diesen Eindruck. Der kurze Videofilm über Service-Management traf auf eine andere Art von Widerstand. In diesem Fall war der Bösewicht ein tief verwurzelter Mythos über Dienstleistungen: Dienstleistungen können nicht so gesteuert werden, daß das Ergebnis berechenbar ist; sie hängen zu sehr von den Menschen ab, sind zu sehr ein zwischenmenschliches Ereignis.

Philip Crosby, der Verfasser der Null-Fehler-Theorie, hat den gleichen Widerstand gegenüber der Behauptung, Produktion und Qualität einer Dienstleistung könnten gesteuert und überwacht werden, erlebt:

> Das Grundproblem liegt doch darin, daß nach landläufiger Ansicht Büroarbeit oder Funktionen wie Marketing und Personalverwaltung nicht nach Verfahrensnormen und Vorschriften durchgeführt werden können. Deshalb genießen ihre Vertreter das Privileg, schlampig und unwirtschaftlich sein zu dürfen, wenn sie wollen. Aufgrund dieser Einstellung sind die Kosten für unsachgemäße Arbeit in diesen „Dienstleistungsbetrieben" zweimal so hoch wie in der „industriellen Fertigung".[2]

Dienstleistungen durch Industrialisierung verbessern

Wie bereits erwähnt, haben sich einige Service-Management- Fachleute verächtlich darüber ausgelassen, wie Unternehmen wie MacDonald's, die K mart Corp. und Midas Mufflers das Problem des Service angehen. Es stimmt zwar, daß ein McDonald's-Schnellrestaurant kein Luxuslokal, ein K-mart-Geschäft kein Tiffany's ist und daß in der Midas-Werkstatt gleich um die Ecke keine hochspezialisierten Kfz-Mechaniker wie bei British Leyland arbeiten; und mit Ausnahme einiger weniger kaum ernstzunehmender Kritiker behauptet auch niemand, daß das so sein sollte. Es ist unserer Ansicht nach eine Art Hochnäsigkeit, mit der einen Hälfte des Mundes industrialisiertes Fast Food lautstark zu verdammen und es mit der anderen Hälfte zu verschlingen.

Theodore Levitt von der Harvard University, der schon seit langem für einen industriellen Ansatz im Dienstleistungsgewerbe eintritt, ist der festen Überzeugung, daß Qualitätsverbesserungen und Produktivitätssteigerungen im Dienstleistungssektor die irrtümliche Annahme im Wege steht, einer Verbesserung von Serviceleistungen seien dadurch, daß sich Fähigkeiten und Verhalten von Servicemitarbeitern kaum verändern lassen, enge Grenzen gesetzt:

> Unsere Auffassung von der Dienstleistung als einem zwischenmenschlichen Ereignis hält uns davon ab, alternative Einsatzmöglichkeiten für die Menschen, insbesondere für große, organisierte Gruppen zu suchen. Sie macht es uns unmöglich, neue Lösungen und neue Definitionen zu erproben. Sie hindert uns daran, die Aufgaben selbst neu zu gestalten, neue Instrumentarien, Verfahren und Unternehmen zu schaffen; und vielleicht hindert sie uns sogar daran, die Bedingungen, welche die Probleme hervorgerufen haben, zu beseitigen.[3]

Levitt will damit nicht behaupten, daß sämtliche Dienstleistungen automatisiert oder die Menschen, welche sie erbringen, in geistlose Halbautomaten verwandelt werden sollten. Keineswegs! Ihm geht es darum, daß wir seiner Ansicht nach im Dienstleistungsbereich noch nicht einmal angefangen haben, uns die von der Automation gebotenen Verbesserungsmöglichkeiten zunutze zu machen. Seines Erachtens macht die Tatsache, daß die von McDonald's angewandte Methode „die sorgfältige Erfüllung der Hauptaufgabe jedes einzelnen Restaurants — die schnelle Bereitstellung einer gleichbleibenden, qualitativ hochwertigen Auswahl von Fertiggerichten in einer offensichtlich sauberen, ordentlichen und von fröhlicher Höflichkeit gekennzeichneten Umgebung" im ganzen Land ermöglicht —, McDonald's zu einem bestaunenswerten Wunder, einem Musterbeispiel, das es zu studieren, wenn nicht gar nachzuahmen lohnt. McDonald's ist ohne Frage zu einem Erfolgsschlager geworden, weil es sich auf ein System gründet, das so weit wie möglich darauf abzielt, Menschen durch Maschinen zu ersetzen, und das für die Mitarbeiter verbindliche, eindeutige Leistungsnormen und Methoden vorgibt. All dies legt schlicht den Gedanken nahe, das wir kaum auch nur ansatzweise begriffen haben, wo die Möglichkeiten für eine Steigerung der Produktivität und eine Verbesserung der Qualität liegen.

Levitt legt auch Wert auf die Feststellung, daß der Fast-Food-Sektor nicht die einzige Dienstleistungsbranche ist, in der sich eine Industrialisierung als vorteilhaft erwiesen hat. So bieten offene Invstmentfonds der Bevölkerung die Möglichkeit, auf dem Aktienmarkt zu investieren, ohne die Kosten für zahllose Verkaufsgespräche und Transaktionen tragen zu müssen. Die erforderlichen Fachkenntnisse sind beim Management des Fonds konzentriert vorhanden, Kunden und Verkäufer brauchen deshalb nicht ebenfalls über diese Kenntnisse zu verfügen. Kreditkarten — Mastercard, Visa und andere — ermöglichen auf sehr einfache Weise die Vergabe von Krediten an zuverlässige Bankkunden, ohne daß ihre Kreditwürdigkeit in jedem einzelnen Fall überprüft werden müßte. Und denken wir schließlich an einen ganz gewöhnlichen Supermarkt. Dadurch daß die Bedienung durch Verkäufer durch Selbstbedienung abgelöst wurde, konnten die Lebensmittelpreise gesenkt bzw. stabil gehalten werden, konnte das Einkaufen beschleunigt und dem Kunden eine reichhaltigere Auswahl geboten werden. Funktioniert die industrielle Gestaltung einer Dienstleistung und hilft sie uns als Verbrauchern, scheint dies eine ungeheuer vernünftige und sinnvolle Maßnahme zu sein. Nur wenn es um die Industrialisierung unseres eigenen Arbeitsbereiches oder unserer eigenen Branche geht, erscheint sie uns bedrohlich und riskant.

Dienstleistungen können auf drei Arten industrialisiert werden: 1. indem persönlicher Kontakt und persönliches Engagement durch harte Technologien ersetzt werden, 2. indem die Arbeitsmethoden systematisch verbessert werden (sanfte Technologien); und 3. indem diese beiden Verfahren verbunden werden. Mit anderen Worten, Industrialisierung bedeutet einfach, daß automatisiert wird, wo dies möglich ist; daß systematisiert und standardisiert wird, wo Automation nicht möglich ist; und daß die Vorstellung, gewisse Dienstleistungen seien von diesem Verfahren ausgeschlossen, fallengelassen wird.

Der Weg der sanften Technologien — den Levitt als „die Ersetzung einzelner Arbeitskräfte durch organisierte, im voraus geplante Systeme" bezeichnet — ist die von McDonald's, Kentucky Fried Chicken, Pizza Hut und Ponderosa Steak House gewählte Lösung. Wir sind auf diesen Ansatz bereits eingegangen. Es ist lehrreich, sich einmal kurz all die Bereiche zu vergegenwärtigen, in denen das Verfahren der sanften Technologien sich so gut bewährt, daß wir es heute einfach als selbstverständlich hinnehmen. Supermärkte sind seit Beginn dieses Jahrhunderts aus unserem Alltag nicht mehr wegzudenken, seit nämlich die Hartfords — die Gründer der Atlantic & Pacific Tea Company (A & P) — einen harten Kampf mit allen Mitwettbewerbern aufnahmen, um festzustellen, wer mit den niedrigsten Preisen am meisten verdienen konnte. Die Freihandbücherei war eine durch sanfte Technologien erzielte Innovation im Dienstleistungssektor. Der Investmentfonds, die Salatbar im Restaurant, die Pauschalreise sind allesamt Neuerungen, die durch sanfte Technologien möglich wurden und die für uns heute so selbstverständlich sind, daß wir die Grundidee dahinter gar nicht mehr erkennen.

Vielleicht fallen mit harten Technologien erzielte Innovationen im Dienstleistungsbereich am meisten auf. Ein augenfälliges Beispiel hierfür ist der allgegenwärtige Bankomat, den die Banken als wichtigste Schnittstelle zum Kunden durchzusetzen versuchen. Weniger offensichtlich sind das Röntgengerät am Flughafen, das die arbeitsintensive, manuelle Gepäckkontrolle ersetzt hat, die automatische Autowaschanlage, die stundenlanger manueller Arbeit ein Ende bereitet hat, und sämtliche Münzautomaten, vom

Lebensmittelautomaten bis hin zur Zahlsäule für Autobahngebühren, samt und sonders harte Technologien, die menschliche Arbeitskräfte ersetzt haben. Im Gesundheitswesen hat die Automation sowohl die Qualität als auch das Leistungsniveau verbessert. Das Elektrokardiogramm ist an die Stelle des manchmal fehlbaren Ohrs des Arztes getreten, automatisierte Laborgeräte haben mit Fehlern der Labortechniker aufgeräumt. Das Heimvideosystem hat die alte Heimfilmausrüstung ersetzt und die Kosten für das Entwicklungslabor reduziert. Im Haushalt verfügen wir über mehr Geräte und Maschinen, die uns eine Dienstleistung bieten — Waschmaschinen, Trockner, Staubsauger — und die uns mehr Annehmlichkeiten verschaffen als die meisten von uns sich jemals leisten könnten, wenn wir Menschen für dieselbe Arbeit einstellen müßten.

Im Bereich der gemischten Systeme sind die im Besitz von IC Industries befindlichen Midas-Muffler-Werkstätten ein gutes Beispiel. Diese Werkstätten mit begrenztem Serviceangebot fertigen ihre Kunden im Handumdrehen ab: Sie verwenden eigens für eine bestimmte Aufgabe — die Entfernung von alten und den Einbau von neuen Auspufftöpfen — geschaffene Werkzeuge und setzen standardisierte Arbeitsverfahren ein. Die immer häufigere Verwendung von Konferenzschaltungen anstelle von Flugreisen für Vertreterbesuche bedeutet eine Bemühung um Automatisierung und Standardisierung, wodurch die Kosten des Verkaufens über den direkten Kontakt, die von McGraw-Hill Research auf etwa 160 Dollar pro Besuch geschätzt werden, gesenkt werden. Die Transamerica Title Insurance Company hat eine Dienstleistung — die Überprüfung der Eigentümerkette bei Grundstücken —, die zuvor zuverlässig nur von Hand und nur durch einen eigens geschulten Fachmann vorgenommen werden konnte, systematisiert und automatisiert.

Die Citicorp-Bank, einer der Vorreiter bei der Einführung von Bankomaten, ist auch bei der Bemühung um einen Ausgleich von harter und sanfter Technologie zugunsten des Kunden führend. Im klassischen Fall eines Konfliktes zwischen Bearbeitungskosten und Befriedigung von Kundenbedürfnissen, über den 1979 in der *Harvard Business Review* berichtet wurde, verwandten Bankfachleute sechs Jahre darauf, ein Akkreditivverfahren zu entwirren, bei dem ein Rückstand von 36.000 Kundenanfragen entstanden war und das, was die Kundenzufriedenheit anbelangt, am schlechtesten in der gesamten Branche wegkam.[4] Mit Hilfe der Methoden des Industrial Engineering und hochentwickelter EDV-Techniken gelang es, ein aus 30 einzelnen Schritten bestehendes Verfahren um zwei Drittel zu beschneiden und dadurch die Zufriedenheit sowohl der Kunden als auch der Beschäftigten ständig zu erhöhen.

Unabhängig davon, ob harte *oder* sanfte Technologien eingesetzt werden, geht es bei der Industrialisierung von Dienstleistungen vorrangig darum, mehr Dienstleistungen für mehr Menschen verfügbar und erschwinglich zu machen. Die Prinzipien der Automatisierung und der Standardisierung gestatten es, die mystische Atmosphäre, die viele mit Dienstleistungen zusammenhängende Praktiken umgibt, aufzubrechen. Automatisierung und Standardisierung zielen darauf ab, einen Großteil der unlogischen Dienstleistungen, wie sie heute noch immer praktiziert werden, rational zu gestalten. Ein hervorragendes Beispiel hierfür ist die Medizin. Heute gibt es viel Wirbel und Kontroversen über das Kunstherz und die Verwendung von Geräten zur Lebenserhaltung. Diese Auseinandersetzungen sind ein nicht unbestrittenes Zeugnis für die Errungenschaften der Industrialisierung im Dienstleistungsbereich.

Der arbeitnehmerzentrierte Ansatz

Ein zweites Verfahren zur Verbesserung von Qualität und Produktivität im Dienstleistungsgewerbe ist zwar nicht das direkte Gegenteil der Industrialisierung, sieht aber ziemlich anders aus und vermittelt ein anderes Gefühl. Die Befürworter dieser Methode, die den Mitarbeiter in den Mittelpunkt stellt, behaupten, dieses Verfahren ginge über die reine Automatisierung des Automatisierbaren hinaus, und sie umschreiben seine Hauptthese als „intelligenten Einsatz der menschlichen Intelligenz". Ihre Hauptbeschäftigung scheint darin zu bestehen, Bilder einer Dienstleistungsbranche im Stil des alten Stummfilms *Metropolis* heraufzubeschwören, wo die Menschen, die Dienstleistungen bereitstellen, in die Rolle von nichtdenkenden Rädchen im Getriebe eines unterdrückerischen, menschenverachtenden, auf Maschinen konzentrierten Dienstleistungssystems gezwängt sind. Kritiker des arbeitnehmerzentrierten Systems sehen es als eine Kapitulation vor den alten Mythen, die Dienstleistung mit Dienstbotentum gleichsetzen, als die ungerechtfertigte Annahme, daß nur durch die Aufrechterhaltung eines arbeitsintensiven Systems den Menschen in der Zukunft genügend Arbeitsplätze garantiert werden könnten. Sieht man einmal von politischen oder philosophischen Aspekten ab, spricht aber auch einiges für diesen Ansatz.

Das um den Mitarbeiter zentrierte Verfahren ist im Zusammenhang mit dem Verfahren der Qualitätskreise und der Qualitätskontrolle zu sehen, die in den letzten fünf Jahren in der Fertigung eine immer größere Rolle spielen. Die grundlegende Strategie zielt hierbei darauf ab, das Interesse für Qualitäts- und Produktivitätssteigerungen bis an die Basis des Unternehmens zu tragen, dorthin wo die Ursachen von Problemen und Mängeln am besten bekannt sein sollten: an die Front. Man geht davon aus, daß diejenigen, die am unmittelbarsten mit der entsprechenden Arbeit zu tun haben, am besten geeignet sein sollten, die Probleme zu beseitigen. Wie die Fälle SAS und British Airways beweisen, kann dieses Vorgehen sehr wirksam sein. Die Skandinavier sind nicht die einzigen, die sich für diese Strategie entschieden haben.

In Japan wurde das Verfahren der Qualitätskreise, ein Bestandteil der Gesamtqualitätskontrolle (Total Quality Control – TQC) zur Serviceverbesserung, nacheinander bei so unterschiedlichen Unternehmen wie den Okura-Hotels, dem Yaesu-Buchzentrum und MK-Taxis angewandt. Es hat dazu beigetragen, den Komfort für den Kunden zu erhöhen, die Wartezeiten zu verringern und unhöfliches Verhalten seitens der Angestellten zu beseitigen. Falls Sie befürchten, wir wollten hier die alte Phrase von „Japan, die Nummer eins" wieder aufwärmen, können wir Ihnen versichern, daß das Management in Japan erst jetzt allmählich den Gedanken akzeptiert, daß die Dienstleistung ein Aspekt der unternehmerischen Tätigkeit ist, der auch einer unternehmerischen Gestaltung bedarf. Aber in den wenigen japanischen Unternehmen, in denen das Service-Managment tatsächlich zu einem Thema wird, gehen die Bemühungen um eine Leistungsverbesserung eindeutig von einer Einbeziehung der Mitarbeiter aus. Im allgemein erfolgen diese Maßnahmen parallel zu den Bemühungen um Qualitätskontrolle, über die wir im Zusammenhang mit dem Engagement der Japaner in den Fertigungstechniken so viel gehört haben.

Es ist interessant festzustellen, daß in der japanischen Management-Literatur mit Nachdruck auch eine entgegengesetzte Position vertreten wird. Viele Manager und Theoretiker halten das TQC-Verfahren für nicht auf das Service-Management übertragbar. Diese Auffassung scheint sich hauptsächlich auf drei Annahmen zu gründen: 1. Dienstleistungen eignen sich nicht zur Standardisierung und entziehen sich folglich einer entsprechenden Kontrolle; 2. die Qualität einer Dienstleistung läßt sich kaum objektiv messen; und 3. im Dienstleistungsbereich Tätige neigen dazu, sich über banale Dinge Gedanken zu machen, d.h. sie lösen mit ihren handgestrickten Bemühungen gerne die falschen Probleme. Kommt Ihnen das nicht bekannt vor?

Der erste Schritt in einem japanischen Programm zur Serviceverbesserung ist das „Management by Policy". Das Topmanagement formuliert eine Politik und eine Strategie, welche die Bedeutung des Service für das Unternehmen festlegen und die Notwendigkeit einer Leistungsverbesserung darlegen. In einem nächsten Schritt setzt das mittlere Management den Prozeß mit einer Definition von Service fort, legt die Unternehmenspolitik fest und ermittelt die quantitative Notwendigkeit einer Serviceverbesserung. Die Festschreibung der Unternehmenspolitik äußert sich im allgemeinen darin, daß die Mitarbeiter aufgefordert werden, die Ursachen schlechter Serviceleistungen zu ermitteln und, wo möglich, korrigierend einzugreifen. Sie sollen sich vor allen Dingen bemühen, die wichtigsten und dringendsten Probleme aus dem Weg zu räumen, und sollen einige ausgewählte Ziele abstecken und erreichen.

Auf der Ebene der gewöhnlichen Angestellten setzen die Maßnahmen bei einer Schulung der Servicemitarbeiter an, die, um ihre Leistung zu verbessern, lernen sollen, nicht als Einzelpersonen, sondern als Gruppe zu arbeiten. Umgekehrt verspricht das Management, die Vorschläge und Empfehlungen der Mitarbeiter für eine Serviceverbesserung zu berücksichtigen. Oft wird das Entlohnungsverfahren geändert, um verstärktes Engagement für besseren Service zu honorieren. Eine besondere Rolle bei diesen Anstrengungen spielen offensichtlich Versammlungen, bei denen die Servicemitarbeiter angefeuert und für ihren Einsatz und ihre Entschlossenheit, gemeinsam das Leistungsniveau zu verbessern, in den höchsten Tönen gelobt werden.

Diese Schulungen weisen zwei interessante und in gewisser Weise widersprüchliche Aspekte auf. Auf der einen Seite werden auf kleine Gruppen ausgerichtete Problemlösungstechniken in den Vordergrund gestellt. Die Mitarbeiter lernen, Pareto-Analysen, Ursache-Wirkung-Diagramme und andere gängige TQC-Methoden auf die Analyse und Lösung von Dienstleistungsproblemen anzuwenden. Auf der anderen Seite wird größter Wert darauf gelegt, daß die Mitarbeiter über diese theoretischen Grundlagen hinausgehen und sich den jeweils auftretenden Kundenbedürfnissen anpassen. Mit anderen Worten, das TQC-Verfahren ist, wird es auf Mitarbeiterebene auf das Service-Management angewandt, durchaus ambivalent. Die Botschaft lautet: „Suchen wir die beste Möglichkeit, dem Kunden guten Service zu bieten und arbeiten wir alle entsprechend — außer natürlich, es gefällt dem Kunden so nicht." Eine solche Botschaft läßt sich in der Praxis nur sehr schwer vermitteln.

In den Vereinigten Staaten gibt es eine Reihe guter Beispiele für Serviceverbesserungen durch mitarbeiterorientierte Verfahren, die mit diesen weitgehend experimentellen Programmen in Japan vieles gemeinsam haben. Die Honeywell Corporation, eines der in den USA bei der Anwendung von TQC-Techniken in der Fertigungskontrolle führenden Unternehmen, hat die entsprechenden Verfahren auch auf außerhalb der Produktion liegende Bereiche ausgeweitet. Qualitätskreise und Mitarbeiterbeteiligungsprogramme gibt es im technischen Bereich, in der Personalabteilung und im Bereich technische Publikationen. Eine Tochtergesellschaft von Honeywell in Großbritannien arbeitet seit mehreren Jahren mit Verkaufszirkeln. Nach John Naisbitt setzen so unterschiedliche Unternehmen wie die Inter-First Bank in Dallas, die General Dynamics Corp., die Standard Meat Company und Miller Brewing das TQC-Verfahren für eine Verbesserung der Servicequalität ein. Vorrangig auf die Servicequalität ausgerichtete Qualitätskreise gibt es laut verschiedenen Berichten auch dort, wo man sie kaum vermuten würde, so zum Beispiel im medizinischen Zentrum für Kriegsveteranen in Albany im Staat New York.

Aber neben Qualitätskreisen und dem TQC-Verfahren gibt es noch weitere Möglichkeiten, die Dienstleistungsqualität unter dem Aspekt der Mitarbeiterbeteiligung zu verbessern. Auch die Beteiligung an Produktivitätszuwächsen, eine Methode, nach der die Angestellten an aufgrund einer Serviceverbesserung erzielten finanziellen Gewinnen beteiligt werden, findet viele Befürworter. Die Selbstüberwachung ist eine Methode, die vor allem für die sogenannten freien Berufe von Interesse ist. Selbstüberwachung bedeutet, daß die herkömmlicherweise dem Management vorbehaltenen Aufgaben den Angestellten selbst übertragen werden. Die Entwicklung von Normen und Bewertungskriterien, die Ablaufplanung für die Bereitstellung der Leistung, die Beobachtung des Projektfortschritts und so weiter sind beim Selbstüberwachungsverfahren dem Mitarbeiter selbst überlassen. Das heißt, der Mitarbeiter übernimmt die Funktion eines unabhängigen Unternehmers, der unter dem Namen der Firma tätig ist.

Die Hauptelemente von Servicequalität und Produktivitätssicherung

Unabhängig davon, ob die auf Servicequalität und Produktivitätssicherung abzielenden Maßnahmen mitarbeiter- oder technologiezentriert sind, enthalten sie immer vier Elemente: Beteiligung, Messung, Belohnung und Durchführung.

Beteiligung

Der Begriff Beteiligung hat eine Vielzahl wichtiger Bedeutungen. An erster Stelle steht das Bewußtsein des Managements; Philip Crosby nennt das: „Erkennung des Mißstands durch das Management."[5]

Zweitens ist das überzeugte Engagement des Managements von Bedeutung. Das Management muß erkennen, wie wichtig die Servicequalität ist, und muß diese Überzeugung anderen vermitteln. Zu erkennen und zuzugeben, daß Servicequalität und Produktivität durch unternehmerische Maßnahmen beeinflußt werden müssen, reicht allein nicht aus, um den Ball ins Rollen zu bringen. Es ist unabdingbar, daß das Management der gesamten Belegschaft ausdrücklich klar macht, daß sich die Dinge zum Wohle des Unternehmens ändern müssen.

Drittens muß die Beteiligung des Managements sowohl durch Taten als auch durch Worte zum Ausdruck kommen. Nach Auffassung von John Simmons von der Universität von Massachusetts scheitert jedes dritte auf eine Beteiligung der Belegschaft abzielende Programm, weil die Einbeziehung der Mitarbeiter weniger als eine grundlegende Haltung des Unternehmens, die von der Spitze bis zur Basis alle erfassen muß, als vielmehr als eine Technik gesehen wird. Bleibt das Management von dem Auftrag, besseren Service zu bieten, ausgeschlossen, gleichgültig, ob nun eine technologie- oder eine mitarbeiterorientierte Methode angewandt wird, wird ein derartiges Programm wohl kaum ernst genommen werden.

Dies führt uns zur vierten und letzten Ebene der Beteiligung — der Beteiligung der Belegschaft. Wird nach der Methode, die ohnehin die Mitarbeiter in den Mittelpunkt stellt, vorgegangen, ist dies gewöhnlich kein Problem, solange alle Mitarbeiter des Unternehmens oder der Abteilung einbezogen werden. Aber dieser Aspekt ist genauso wichtig, wenn das Konzept des Service-Managements nach einem auf High-Tech basierenden Verfahren realisiert werden soll. Die Beteiligung der Mitarbeiter mag hier weniger deutlich sichtbar sein, sie ist aber trotzdem von Bedeutung. Durch die Einbeziehung der Belegschaft in den Prozeß der technologischen Veränderung wird gewährleistet, daß die Mitarbeiter ihre neue Rolle in Bezug zu der neuen Technologie akzeptieren *und* daß die neue Technologie auf die wichtigsten Bereiche angewandt wird. Der Systemanalytiker als der überragende Fachmann, der, wie wenig anspruchsvoll die Aufgabe auch sein mag, es nicht nötig hat, mit dem Mitarbeiter, der die Arbeit ausführt, irgend etwas zu besprechen, gehört endgültig der Vergangenheit an. Der Benutzer ist ein grundlegender und entscheidender Bestandteil jedes neuen Systems. In einem Service-Management-System ist er sogar doppelt wichtig.

Messung

Zustandsmessungen sind ein absolutes Muß, jedoch ist hier immer Vorsicht geboten. W. Edwards Demming, der führende Vertreter der statistischen Qualitätskontrolle, weist warnend darauf hin, daß die Tatsache allein, daß man in der Lage ist, ein Problem zu messen, kaum zu seiner Lösung beiträgt. Crosby umschreibt diese Auffassung sehr anschaulich: „Auch wenn man sich zehnmal am Tag auf verschiedene Art und Weise wiegen ließe, würde das nicht das Geringste am tatsächlichen Gewicht ändern." Wir haben zwar viele Fälle kennengelernt, in denen die Messung von Produktivität und Qualität — sofern die Ergebnisse allen deutlich vor Augen geführt wurden — sich *tatsächlich* auf die gemessenen Faktoren ausgewirkt hat; aber das Messen an sich führt allein kaum zu irgendwelchen Ergebnissen.

Im allgemeinen ist es leichter zu entscheiden, was gemessen werden soll, als festzulegen, wie es gemessen werden soll. Das Was liegt in den meisten Fällen eindeutig auf der Hand oder läßt sich, zieht man ernsthaft die verschiedenen Möglichkeiten in Erwägung, im allgemeinen deutlich erkennen. Das Was steht immer in unmittelbarem Zusammenhang mit dem Auftrag und den kurz- und langfristigen Zielen des Unternehmens. Und fast immer spielt auch ein subjektives Element, d.h. die Zufriedenheit des Kunden, eine

Rolle. Am schwierigsten ist die Entwicklung eines Meßverfahrens, anhand dessen sich die gewünschten Betriebsergebnisse nachweisen und gleichzeitig Informationen gewinnen lassen, die sich in der Leistung von Arbeitsgruppen und einzelnen Mitarbeitern niederschlagen.

Was wir messen wollen, läßt sich anhand eines einfachen Verfahrens feststellen. Zunächst einmal werden die Situationen ermittelt, die aus der Sicht des Kunden Augenblicke der Wahrheit, wie wir sie in Kapitel 3 besprochen haben, darstellen. Dann wird mit Hilfe des Konzepts des Unternehmensmodells festgestellt, welche unternehmerische Bedeutung die verschiedenen Momente, in denen Kunde und Unternehmen in Kontakt kommen, haben.[6] Das Unternehmensmodell, nämlich ein Modell dessen, was das Unternehmen zu erreichen versucht, beinhaltet eine Reihe von Faktoren, die aufzeigen, wie die Erfahrungen des Kunden und die Betriebsergebnisse einander wechselseitig beeinflussen.

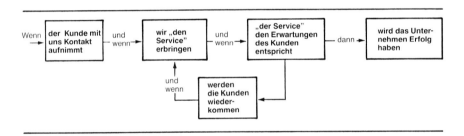

Abb. 9-1.: Das Unternehmensmodell

Abb. 9-1 zeigt in verallgemeinerter Form, wie das Unternehmensmodell eines Dienstleistungsbetriebes aussehen könnte. Das Diagramm ist folgendermaßen auszulegen: „WENN der Zielkunde mit dem Unternehmen in Kontakt kommt und WENN das Unternehmen die zugesagte Dienstleistung entsprechend dem festgelegten Standard erbringt und WENN die Leistung den Erwartungen des Kunden entspricht, DANN hat das Unternehmen seinen Auftrag erfüllt und wirft einen Gewinn (oder einen entsprechenden Wert) ab." Es gibt in diesem Modell mehrere Einflußgrößen. Die erste ist offensichtlich, nämlich die Abhängigkeit zwischen Kundenzufriedenheit und Gewinn. Die zweite ist zwischen bestimmten Leistungen des Unternehmens und der Zufriedenheit des Kunden zu sehen. Schließlich wird von der Annahme — ebenfalls einer Einflußgröße — ausgegangen, die Dienstleistung, die das Unternehmen bereitstellen will, sei etwas, was der Kunde bekommen will.

Nehmen wir einmal an, wir legen uns folgendes Unternehmensmodell zurecht: „WENN wir Pferdegeschirr für durchschnittlich 7,50 Dollar pro Stück UND jeweils ein Kummet in 20 Minuten reparieren können und WENN unseren Kunden unsere Arbeit UND die Art und Weise, wie wir sie ausführen, gefällt, DANN werden wir zufriedene

Kunden UND Folgeaufträge haben UND einen ansehnlichen Gewinn machen." Es gibt nur eine Möglichkeit feststellen, ob diese Idee in der Praxis haltbar ist: 1.Wir müssen herausfinden, wie sich ein Pferdegeschirr für durchschnittlich 7,50 Dollar in weniger als 20 Minuten reparieren läßt; 2. Wir müssen herausfinden, was wir über die schnelle und solide Reparatur von Pferdegeschirren hinaus tun sollten, um unsere Kunden zufriedenzustellen; und 3. wir müssen das allen potentiellen Kunden auch laut und vernehmlich sagen.

Gleichzeitig müssen wir uns bewußt sein, daß unsere Idee nur dann auf dem Markt den entsprechenden Eindruck hinterlassen wird, wenn alle Elemente vorhanden sind. Wird das Modell des zukünftigen Unternehmens und seines erfolgreichen Vorgehens, niemals verwirklicht, werden wir nie erfahren, wie praktikabel die Idee eigentlich ist. Wollen wir uns mit unserer Pferdegeschirreparatur Erfolgschancen ausrechnen können, müssen daher die einzelnen Elemente des Modells — die einzelnen Faktoren des Unternehmensmodells — gemessen, überwacht und ausgespielt werden. Da unser Unternehmensmodell sagt, daß wir erfolgreich sein werden, wenn wir billig, schnell und freundlich sind, wissen wir zugleich auch, was wir zu messen und zu überwachen haben. Wir müssen messen, mit welcher Geschwindigkeit die Arbeit erledigt wird, weiterhin die Reparaturkosten und die subjektive Zufriedenheit des Kunden mit uns und unserer Arbeit.

Dazu ein Tip. So wie Ihnen Ihre Mitarbeiter sehr viel darüber sagen können, wie Dienstleistungen verbessert werden können, haben sie auch Vorschläge dazu, was gemessen werden sollte. Nach Crosby sollte die Beteiligung der Mitarbeiter dort beginnen, wo festgelegt wird, was wie gemessen wird. „Wie immer die Korrektur vorgenommen wird, die zuständigen Mitarbeiter im jeweiligen Bereich wissen darüber Bescheid, sie wissen, wie es gemacht wird, und sie wissen, wie es sich messen läßt. Sie müssen nur an diese Leute herantreten und sie um ihre Unterstützung beim Herausfinden der Korrekturmethode bitten, um so zu einer Quantifizierung der Meßverfahren zu kommen."[7] Dem stimmen wir zu. Zu wissen, in welcher Branche Sie tätig sind, d.h. das Unternehmensmodell zu kennen, die Augenblicke der Wahrheit in Ihrer Branche zu ermitteln und die Leute, welche die Dienstleistung erbringen, zu fragen, was gemessen werden muß, damit sie wissen, wie gut ihre Leistung ist: All diese Faktoren bilden das Herzstück eines erfolgreichen Service-Management-Programms. Ohne Karte und Kompaß werden Sie nie wissen, wo Sie hingehen und ob Sie schon angekommen sind.

Information

Das Management braucht Informationen, um das Unternehmen lenken zu können, die Mitarbeiter brauchen Informationen, um sicher zu sein, daß sie das tun, was von ihnen erwartet wird. Wenn wir von Information sprechen, meinen wir damit drei verschiedenen Dinge. Zunächst einmal ein Ziel — eine Feststellung dessen, was der einzelne (oder die Abteilung) erreichen soll; die Richtung, die seine, ihre oder die Arbeit der Gruppe nehmen sollte und die Quantität bzw. Qualität der Arbeit, die erzielt werden soll. Zweitens meinen wir damit Feedback, d.h. Informationen, durch welche der einzelne oder die Gruppe Richtung, Qualität und Quantität ihres Engagements bestätigt sehen oder sie korrigieren können. Schließlich spielen noch Informationen über Leistungen eine Rolle — das Erlernen der Kenntnisse und Fähigkeiten, die erforderlich sind, um bestimmte Aufgaben überhaupt erfüllen zu können. Ohne diesbezüglichen Informationsfluß tut sich in einer Gruppe oder einer Abteilung nicht viel. Die Mitarbeiter müssen — gemeinsam und einzeln — wissen, wie gut sie die erwartete Leistung tatsächlich erbringen, wenn sie die Möglichkeit haben sollen, ihre Leistung in diesem bestimmten Bereich zu verbessern oder auch nur auf gleichem Niveau zu halten.

Über die Auswirkungen des Feedback auf die Leistung ist viel geforscht worden. In seiner Arbeit mit mehreren Geschäftsbanken hat Professor David A. Nadler nachgewiesen, daß es genügt, Informationen bei den Kunden einzuholen und sie den Angestellten der Zweigstelle vorzulegen, um sowohl die Einstellung als auch die Leistung der Mitarbeiter zu verändern. Zum Glück braucht man kein Diplom in Arbeitspsychologie, um ein praktikables Feedbacksystem zu entwickeln.

Ron Zemke machte vor gar nicht langer Zeit eine diesbezügliche Erfahrung. Er stand in der Wartespur einer Kfz-Werkstatt und unterhielt sich mit dem Werkstattleiter, während er darauf wartete, daß die 10.000 Meilen-Inspektion vorgenommen würde. Die beiden kamen passenderweise darauf zu sprechen, wie schwierig es ist, einen Kfz-Service pünktlich durchzuführen. Der Werkstattleiter gab zu, daß das manchmal schon reine Glückssache sei. Nachdem er nichts zu tun hatte außer herumzustehen und zu warten, erzählte Zemke, wie er vor einigen Jahren für einen General-Motors-Vertragshändler in Vancouver ein System, das ein Feedback von Leistungen ermögliche, entwickelt hatte. Er berichtete, daß der Leiter der Kundendienstabteilung und die Mechaniker im Rahmen ihrer Bemühungen um eine Verbesserung des Serviceruft des Händlers ein Verfahren entwickelt hatten, anhand dessen sie ermitteln konnten, wieviel Prozent der Reparaturen pünktlich durchgeführt worden waren. Es wurde sogar festgehalten, wieviel Prozent der Kunden sich zufrieden über die geleistete Arbeit äußerten. (Die Sekretärin des Serviceleiters rief die Kunden einen Tag nach der Reparatur an und fragte sie darüber aus, wie zufrieden sie waren.) Als Zemke das nächste Mal in die Werkstatt kam, ließ sich der Serviceleiter die Gelegenheit nicht entgehen, führte ihn in den Betrieb und zeigte ihm zwei große Wandschaubilder, die er und die Mechaniker aus Sperrholz und Plakatpapier gebaut hatten und auf denen zu erkennen war, wie pünktlich die Reparaturen im Moment durchgeführt wurden und wie hoch die Zufriedenheit der Kunden war. Diese Schaubilder waren an der Wand der Kantine aufgestellt worden, so daß alle sie sehen konnten. „Entspricht das ungefähr dem, was da in Kanada gemacht wurde?" fragte der Serviceleiter. „Ja, so ziemlich", bestätigte Zemke, ohne auch nur ein Wort darüber zu verlieren, wieviel an Beratungskosten der Händler auf diese Art gespart hatte.

Ein Teilnehmer eines Seminars über Produktivitätssteigerung, das wir vor einigen Jahren durchführten, faßte einen einstündigen Vortrag über Leistungssteigerung durch Feedback sowie die Kerngedanken von Messungen und Feedback sehr geschickt und prägnant zusammen: „Mal sehen, ob ich das alles verstanden habe", sagte er. „Zwei Dinge müssen wir tun, um allmählich bessere Ergebnisse zu erzielen: Erstens brauchen wir für jede Abteilung einvernehmlich festgesetzte Maßstäbe; zweitens brauchen wir eine Methode, um die Meßergebnisse so auszustellen, daß jeder sie sehen kann. Das klingt gar nicht so schwierig." Tatsächlich, es stimmt: Es ist gar nicht schwierig.

Belohnung

Die Existenz einer Art von Belohnung, sei es nun in klingender Münze oder auch in anderer Form, ist für ein auf die Verbesserung des Service abzielendes Programm sowie für reibungslosen Service im allgemeinen ein entscheidender Faktor. Es gibt zwar umfangreiche Forschungen, aus denen eindeutig hervorgeht, wie wichtig die Bezahlung für die Leistung ist; trotzdem wird es immer schwieriger, reine Akkordarbeitsverfahren einzuführen und beizubehalten. Im Dienstleistungsbereich ist das manchmal fast unmöglich. Trotzdem muß das Management in diesem Sektor in der Lage sein, den Mitarbeitern auf die Frage „Was springt dabei für mich heraus?" eine Antwort zu geben, wenn es darauf abzielt, ein hohes Serviceniveau zu halten. Der Erfolg von belegschaftseigenen Unternehmen wie Peoples Express Airlines und United Parcel Service (UPS) ist nicht unbemerkt geblieben. Folglich werden Formen der Mitarbeiter-Beteiligung wie ESOP (employee stock ownership plans) bei lohn- und gehaltspolitischen Entscheidungen heutzutage ernsthaft in Betracht gezogen. Ähnliches gilt für stärker leistungsbezogene Verfahren wie die Beteiligung an Produktivitätszuwächsen.

Geld ist für diejenigen, die sich mit ihrer Arbeit ihren Lebensunterhalt verdienen, ein wichtiger, oft nicht genügend gewürdigter Bestandteil des Entlohnungssystems. Falls Sie nicht glauben, daß Geld eine wichtige Motivation ist, hören Sie nächsten Freitag einfach auf, die Belegschaft Ihres Unternehmens zu bezahlen, und warten Sie ab, wieviele am Montag darauf zur Arbeit erscheinen. Es gibt aber neben den finanziellen auch noch andere Anreize, die ebenfalls von Bedeutung sind. Eine Tätigkeit kann sich zum Beispiel psychologisch auszahlen, wenn der Arbeitnehmer mit einer gut ausgeführten Arbeit glücklich ist oder er von anderen anerkannt wird, weil er gute Leistungen erbringt. Verkaufskampagnen im Stoßtruppverfahren sind in den Vereinigten Staaten schon seit etwa einem Jahrzehnt nicht mehr „in", ihre Techniken sind aber fester Bestandteil des Instrumentariums geworden, mit dem Manager in Japan und Westeuropa ihre Mitarbeiter motivieren. Auch in den Vereinigten Staaten scheint eine Wiederentdeckung bevorzustehen. In Unternehmen, die für die unerschütterliche Treue ihrer Mitarbeiter berühmt sind, wie IBM, Delta Air Lines Inc. und Hewlett-Packard Co. ist diese Methode nie wirklich aus der Mode gekommen.

Wir möchten nun kurz eine Szene aus der Fernsehfassung eines Buches mit dem Titel *In Search of Excellence* (deutsch: *Auf der Suche nach Spitzenleistung*, von Thomas J. Peters und Robert H. Waterman) beschreiben. In diesem Film wird das gesamte Problem der Motivation zu einem handlichen Paket verschnürt, das jeder mitnehmen und verwenden kann. Die Szene spielt in der Kantine der North American Tool and Die Company in Oakland, Kalifornien. North American, ein kleiner Werkzeugmaschinenhersteller, ist ein Unternehmen, das zwar kaum über Technologie, dafür aber über um so mehr Erfindungsreichtum verfügt. Dem Unternehmen ist es gelungen, durch Mitarbeiterbeteiligung die Ausschußquoten von 5 auf 0,1 Prozent zu senken, den Umsatz von 1,8 Millionen auf 7 Millionen Dollar zu steigern und den Gewinn um 700 Prozent zu erhöhen.

Einer der Schlüsselfaktoren der Arbeitnehmerbeteiligung bei North American ist die feste Überzeugung des Firmeninhabers, Tom Malone, daß jeder, der für das Unternehmen arbeitet und zu seinem Erfolg beiträgt, anerkannt und belohnt werden sollte. In dem genannten Ausschnitt des Fernsehfilms überreicht Malone den „North American Tool and Die Refrigerator Award", wie er den Preis scherzhaft nennt. Der Preis wird für bestimmte selbständige Aktivitäten auf Seiten der Angestellten verliehen, welche die Firmenleitung fördern und belohnen will. Auf einem Rundgang durch den Betrieb hatte Malone eines Tages einen Arbeiter beobachtet, der ständig zwischen der Kantine und den Werkshallen hin und herlief, Fertigteile in den Kühlschrank der Kantine legte und sie dann wieder herausholte. Malone hatte schnell herausgefunden, daß einige Teile, die für einen Auftrag montiert werden sollten, in ihren Maßen zwar innerhalb der Toleranzgrenze lagen, dennoch aber nicht zusammengefügt werden konnten. Der Arbeiter war auf den Gedanken gekommen, daß die Baugruppe vielleicht zusammenpassen würde, wenn ein Element im Gefrierfach der Kantine gekühlt wurde. Und so war es auch tatsächlich. Bei der Feier überschüttete Malone den Mitarbeiter mit Lob für seine Findigkeit und überreicht ihm als Anerkennung für seinen Einsatz einen Scheck über 50 Dollar.

Diese kleine Szene enthält in prägnanter Form ein ganzes Semester angewandte Psychologie, ihre Aussage läßt sich aber auf einen einfachen Grundsatz reduzieren: Achten Sie auf die alltäglichen Erfolge und Mißerfolge Ihrer Mitarbeiter. Anerkennen und belohnen Sie sowohl das Engagement für wichtige Ziele als auch deren Erreichung. Dieses Prinzip ist das wirksamste Mittel, über das ein Manager zur Motivierung seiner Mitarbeiter verfügen kann.

Durchführung

Durchführung bedeutet das volle Engagement seitens des Managements, damit Anstrengungen im Sinne des Service-Managements nicht nur als Programm auf dem Papier bleiben, sondern zu einem Lebensstil werden. Fast jedes Motivationsprogramm kann die Mitarbeiter aufrütteln und Engagement und Einsatz für ein Ziel verstärken, nämlich etwas ganz Bestimmtes zu verbessern. In den Vereinigten Staaten gibt es Hunderte von florierenden Unternehmen, die ihre Mitarbeiter durch Anreize motivieren und dieses Phänomen erkannt und sich zunutze gemacht haben. Aber vereinzelte, auf Veränderung und Verbesserung abzielende Programme werden oft imitiert, verlieren dann an Wirkung, und bald ist das vor der Durchführung des Programms vorhandene niedere Leistungsniveau wieder da. Der Unterschied zwischen einem Programm und kontinuierlichem Engagement liegt im Management.

In erfolgreichen, servicebewußten Unternehmen findet der Einsatz des Managements für Servicequalität oft sichtbaren Ausdruck in der Person des Chefs der Spitzenmannschaft. Wenn Bill Marriott im Erdgeschoß des Marriott Hotels in Washington seine Runde dreht und kontrolliert, ob die für das Abendessen aufgestapelten Teller auch sauber sind, zeigt er vielleicht größeres Interesse für die Details der Servicequalität als seinen Angestellten lieb ist. Aber keiner von ihnen kann daran zweifeln, daß ihm die Qualität der Erfahrungen, die ein Gast während seines Aufenthaltes im Marriott Hotel sammelt, wirklich etwas bedeutet. Wenn John Sculley, President von Apple Computer, zeitweise persönlich mit den Kunden, die ihre Reklamationen über die gebührenfreie

Fernsprechleitung des Unternehmens vorbringen, spricht, versteht jeder bei Apple Computer, daß die Kundenzufriedenheit wichtig ist. Und wenn Richard Rogers, President der Syntex Corp., ganz bewußt jeden Morgen in der Belegschaftskantine frühstückt, damit die Arbeitnehmer, die etwas mit ihm zu besprechen haben, jederzeit auf ihn zugehen können, zweifelt niemand daran, daß er den Ideen und Ansichten seiner Mitarbeiter hohen Wert beimißt. Vielleicht stimmt, was manche Skeptiker behaupten, nämlich daß die Marriotts, Sculleys und Rogers ihrem Unternehmen und ihren Kunden einen besseren Dienst erweisen würden, wenn sie ihre Zeit höheren Dingen widmen würden. Aber es ist genauso richtig, daß ihr persönlicher, sichtbarer Einsatz auf die Überzeugungen und Werte ihrer Mitarbeiter eine Wirkung haben, die sich kaum durch Rundschreiben, Richtlinien oder Vorschriften erzielen ließe.

10
Serviceprofile:
Wo Service zur Besessenheit wird

Qualitätsservice muß von oben nach unten verwirklicht werden. Er setzt entweder ganz oben an oder kommt gar nicht zustande.
Karl Albrecht / Ron Zemke

Wir haben nun unseren Lesern neun Kapitel lang zwei verschiedene Punkte eingehämmert. Erstens, daß es, will man in den achtziger und neunziger Jahren unternehmerischen Erfolg erzielen und bewahren, unabdingbar ist, eine serviceorientierte Absatzpolitik zu betreiben. Kunden und Verbraucher erwarten das, die Notwendigkeit, eine starke Wettbewerbsposition aufzubauen, verlangt es, und das Gewinn- und Wachstumspotential von Dienstleistungen war niemals so groß wie heute. Zweitens, daß es Beispiele von äußerst erfolgreichen und anerkannten servicebewußten Unternehmen gibt, von denen Sie lernen können, wie Sie Ihr eigenes Unternehmen serviceorientiert machen können.

Einige kommen groß auf die Welt ...
alle anderen arbeiten wie wahnsinnig

Einige dieser beispielhaften Dienstleistungsunternehmen haben nie eine andere Antriebskraft gekannt. Sie wurden von ihrem Gründer oder den Gründern in der Stunde Null im wahrsten Sinn des Wortes mit einer ausgeprägten Serviceoricnticrung durchtränkt. Es sind die Unternehmen, die schon groß geboren werden. Andere Unternehmen wurden erst im Lauf ihrer Geschichte vom Gedanken des Service besessen. Ob ein Unternehmen von Anfang an servicebewußt ist oder ob es erst im Lauf der Zeit den Dreh herausbekommt, kann einen erheblichen Unterschied ausmachen. Eine Bekehrung ist anscheinend immer schwieriger als eine Situation, in der das entsprechende Wissen und der entsprechende Glaube a priori gegeben sind. Das trifft auf Unternehmen genauso zu wie auf den einzelnen Menschen. Ein Unternehmen, das diesen schwierigen Wandel durchgemacht hat, hat für sich selbst Größe errungen.

Schließlich gibt es die Unternehmen, denen ihr Service-Engagement aufgezwungen worden ist. Dazu gehören Firmen, die aufgrund der Beschaffenheit ihrer Branche oder aufgrund einer starken und offenkundigen Nachfrage auf ihrem Markt lernen mußten, — bewußt oder unbewußt — den Anforderungen des Marktes nachzukommen, und zwar gut nachzukommen. Unabhängig davon, was diese Unternehmen veranlaßt hat, sich von den übrigen Anbietern durch ihren Erfolg als servicebewußter Betrieb abzuheben, kann man von ihnen allen einiges lernen.

Im vorliegenden Kapitel werden wir uns hauptsächlich mit drei Unternehmen beschäftigen. Zwei davon sind ohne Frage erfolgreiche Anbieter von Dienstleistungen, während das dritte eine schwierige Übergangsphase durchmacht und sich bemüht, seine frühere Größe als Dienstleistungsunternehmen wiederzuerlangen. Abgesehen davon, daß sie alle großen Wert auf Service legen, könnten die drei Firmen nicht unterschiedlicher sein. Sie gehören unterschiedlichen Branchen an und sind in Größe, Tätigkeitsbereich und ihrer betrieblichen Situation sehr unterschiedlich. Und trotzdem sind sie sich aufgrund dieser Übereinstimmung in einem ganz bestimmten Bereich — in ihrer Besessenheit mit Service nämlich — in ihrer Unternehmenspolitik und ihrem Geist ähnlicher als nicht serviceorientierte Unternehmen, die ihrer jeweiligen Branche angehören.

Das erste Unternehmen ist Deluxe Check Printers, Inc., 1915 von W.R. Hotchkiss, einem ehemaligen Verleger eines Provinzblattes, mit einem 300-Dollar-Kredit und guter Bonität gegründet. Mehrere Jahre zuvor hatte Hotchkiss einem Inserenten, einer örtlichen Bank, einen Gefallen erwiesen und Bankschecks im Eilverfahren auf den Pressen des Zeitungsverlages gedruckt. Diese Bestellung, der mehrere weitere folgten, brachte ihn auf den Gedanken, daß für ein auf den Druck von Schecks spezialisiertes Unternehmen Bedarf bestand, allerdings nicht in der Gestalt des Scheckdrucks, wie ihn jeder andere Anbieter offerierte. Hotchkiss war überzeugt, daß der Finanzmarkt eine spezialisierte Druckerei brauchte, die schnell und zuverlässig qualitativ hochwertige und exakte Erzeugnisse für das Bankgewerbe liefern konnte.

Kurz gesagt, Hotchkiss war fest davon überzeugt, daß ein Unternehmen, dessen Hauptziel darin bestünde, dem Bankgewerbe eine *außergewöhnliche Dienstleistung* zu bieten — was er als die schnelle und zuverlässige Bereitstellung von qualitativ hochwertigen, exakt gedruckten „Finanzinstrumenten" bezeichnete — sich erfolgreich durchsetzen könnte. Genau das stimmte, und es stimmt noch immer. Im Laufe seiner Entwicklung hat Deluxe eine einzigartige und ganz besondere Beziehung zum Markt entwickelt. Dieses Verhältnis kommt im Geschäftsbericht an die Hauptversammlung 1985, der den Untertitel „Partnerschaft" trägt, sehr deutlich zum Ausdruck; hier wird betont, daß zwischen einem Partner und einer Druckerei ein erheblicher Unterschied besteht.

Unser zweites Fallbeispiel ist British Airways. Es ist die Geschichte eines Aufstiegs und eines Niedergangs und dann eines erneuten Aufstiegs. BA, einst ein Vorbild an Innovationsbereitschaft, Service und Rentabilität, an dem sich alle anderen europäischen Fluggesellschaften maßen, war Anfang der achtziger Jahre in ziemlich angegriffenem Zustand.

Durch die Liberalisierung des internationalen Flugverkehrs, durch die Aufgabe jahrzehntealter Gentlemen's Agreements unter den Fluggesellschaften und die Konkurrenz der unternehmenden und aggressiven Freddie Lakers des Luftverkehrs war British Airways wie vielen anderen auch das Steuer aus der Hand geglitten. British Airways war — wie so viele Fluggesellschaften — unsicher über die zukünftige Entwicklung der Vorschriften im Luftverkehr, blickte mit Unbehagen der Konkurrenz von Billiganbietern entgegen und kämpfte sich auf einem unsicheren Kurs vorwärts, ohne genau zu wissen, welche Richtung zu Stabilität und Erfolg führen würde.

Im Februar 1983 begann der Chef von BA, Colin Marshall, ausgehend von den Lehren Jan Carlzons, die 37.000 Mitarbeiter von British Airways auf das Konzept des Kundenservice einzuschwören. Marshall und seiner Führungsmannschaft gelang es während dieses Prozesses, die Mausefalle von bloßen Marketingslogans zu umgehen und ein gezieltes, ergebnisorientiertes Programm zu entwickeln, dem es vorrangig um dezentralisierte Initiative, Kommunikation und Mitarbeiterbeteiligung geht. Heute zeitigt dieses Programm die ersten Betriebsgewinne und Produktivitätszuwächse. In diesem Fall wird vor allem auf Planung, Engagement und persönlichen Einsatz Wert gelegt. Wenn das Leitmotiv bisher ziemlich anders lautete, muß das Management bereit sein zu investieren, um den Kundenservice zum Schwerpunkt der unternehmerischen Tätigkeit zu machen.

Der dritte und letzte Fall, den wir beschreiben werden, ist der Vergnügungspark CountryFair. Er wurde 1979 von einem jungen Immobilienunternehmer gegründet, der glaubte, das Wesentliche des Disney-Erfolgsrezepts begriffen zu haben. Er hatte offensichtlich recht. 1982 war sein anfangs kleines regionales Unternehmen bereits so erfolgreich und gewinnbringend, daß die Prüfer eines großen Medien- und Unterhaltungskonzerns, die sich den Park mit dem Gedanken anschauten, ihn eventuell aufzukaufen, nicht glauben konnten, daß die Bücher nicht frisiert waren. Der Park war rechtzeitig fertig geworden, die Baukosten waren im Rahmen des Kostenvoranschlags geblieben, und das Unternehmen hatte von dem Tag an, als der Park seine Tore geöffnet hatte, Gewinne erzielt. Sogar erstaunliche Barreserven für zukünftige Erweiterungen waren vorhanden. Der Park wurde schließlich gekauft und brachte dem jungen Unternehmer und den ursprünglichen Anlegern ein Vielfaches ihres ursprünglichen Einsatzes ein.

Aus dieser Geschichte lassen sich drei Dinge lernen: Welchen Wert und welche Auswirkungen das Servicekonzept oder -rezept auf lang- und kurzfristige Planungen hat; welche Bedeutung das Konzept der ausschlaggebenden Schlüsselfaktoren für die täglichen Geschäftsvorgänge hat; und wie entscheidend wichtig Mitarbeiterbeteiligung und -zufriedenheit für den Erfolg eines serviceorientierten Unternehmens sind.

Fall I
Deluxe Check Printers: Service mittels Technologie und Menschen

In mancher Hinsicht scheint die Geschichte von Deluxe Check Printers, Inc., zu gut, um wahr zu sein. Auf der Liste der 500 größten US-Firmen, die das Magazin *Fortune* regelmäßig veröffentlicht, war das Unternehmen 1983 auf Platz 400 zu finden, nachdem es im Jahr zuvor Platz 427 und 1981 Platz 470 belegt hatte. Gleichzeitig war das Unternehmen nach dem Nettogewinn Nr. 173, nach der Nettoumsatzrendite Nr. 15 und nach der Nettoeigenkapitalrendite Nr. 13. Deluxe hat in der Branche — der Herstellung und dem Vertrieb von Scheckvordrucken und anderen Vordrucken mit magnetischem Zahlencode — seither immer eine marktbeherrschende Stellung gehabt.

Nach einer vor kurzem erschienenen Schätzung der Zeitschrift *Forbes* hat Deluxe einen Anteil von 50 Prozent am Scheckdruckmarkt, was bedeutet, daß das Unternehmen drei bis viermal größer als sein stärkster Konkurrent ist.

Seit seiner Gründung im Jahre 1915 hat dieses Unternehmen, das seinen Hauptsitz in St. Paul, Minnesota, hat, nur in einem einzigen Jahr Verluste gemacht (14.371 Dollar im Jahr 1932), es mußte niemals Personal entlassen und hatte nur fünf verschiedene Presidents, die im übrigen alle im Unternehmen selbst aufgestiegen waren.

Ein altmodisches Unternehmen mit Laserpräzision

Im April 1984 wählte die Zeitschrift *Fortune* 13 Unternehmen aus, die sich ein Jahrzehnt lang durch ihre finanzielle Lage hervorgetan hatten; als Kriterium wurde die Eigenkapitalrentabilität zugrundegelegt. Diese 13 Unternehmen wurden ausgewählt, weil sich die Eigenkapitalrentabilität im Zeitraum 1973-84 durchschnittlich auf mindestens 20 Prozent belaufen hatte und auch sonst niemals unter 15 Prozent abgesunken war. Mit einer durchschnittlichen Eigenkapitalrentabilität von 24,1 Prozent in den Jahren 1973-84 war Deluxe Nummer sechs auf der Liste und lag damit noch vor anerkannten Superunternehmen wie IBM, Maytag, Coca-Cola und Merck Sharp & Dohme. Offensichtlich überrascht, daß ein so unscheinbares Unternehmen so hoch rangieren konnte, schrieb der *Fortune*-Redakteur in seinem Kommentar:

> Deluxe Check Printers [ist] in gewisser Hinsicht das Wunder auf der Liste. Während des gesamten Jahrzehnts hatten die Investoren Deluxe als ein altmodisches Unternehmen abgestempelt, das durch das Aufkommen der „schecklosen Gesellschaft" vom Aussterben bedroht war. Trotzdem hat sich der Umsatz der Firma in diesem Jahrzehnt vervierfacht. Beschleunigt wurde diese Entwicklung durch einen Auftragszuwachs von durchschnittlich fast 7 Prozent pro Jahr sowie durch Preiserhöhungen, welche die Kunden mit Gleichmut hinnahmen, zweifelsohne, weil sie keine Ahnung haben, was Schecks gewöhnlich kosten.[1]

Ist Deluxe ein Anachronismus, ein Aasfresser, der sich mit dem begnügt, was die Tiger übriglassen? Ist Deluxe, wie der zitierte Autor glaubt, ein Unternehmen, das von der Entwicklung überholt wird? Wohl kaum. Eugene R. Olson, Chairman von Deluxe, lächelt, wenn er gefragt wird, wie sein Unternehmen mit der Herstellung und dem Verkauf einer so simplen Ware so erfolgreich sein kann. „Zuerst einmal muß man sich klar machen", so Olson, „daß wir nicht im warenproduzierenden, sondern im Dienstleistungsgewerbe tätig sind." Olson spielt hier kein semantisches Trivial Pursuit. Er erklärt in einfacher und klarer Sprache, worin die treibende Kraft des Unternehmens besteht: in der Serviceleistung nämlich.

Dieses Konzept — der Gedanke, daß ein Unternehmen, das in der Lage wäre, den amerikanischen Geschäftsbanken schnell und zuverlässig die benötigten Druckerzeugnisse zur Verfügung zu stellen, sich den Löwenanteil an einem Markt sichern könnte, auf dem inzwischen 3 Milliarden Dollar nicht nur für Schecks und Einzahlungsscheine, sondern auch für andere Vordrucke und Produkte umgesetzt werden — war genau das, was dem Firmengründer W.R. Hotchkiss 1915 vorschwebte. Schneller und zuverlässiger Service wurde unter dem zweiten President des Unternehmens formal zum Unternehmensziel erklärt. George McSweeney war stark marketingorientiert und erklärte, daß schneller Service bei Deluxe bedeutete, daß alle Bestellungen innerhalb von höchstens zwei Tagen entgegengenommen, bearbeitet, ausgeführt und versandt wurden. Das Zwei-Tage-Ziel wurde unter dem nächsten CEO (Chief Executive Officer) zum bestimmenden Maßstab; Joseph L. Rose ging es um die Steuerung betrieblicher Prozesse, er führte systematische Messungen ein und verwendete einen Großteil seiner Amtszeit darauf, den Produktionsablauf durch die Anwendung neuer Technologien zu vereinfachen und zu standardisieren. Durch die Übertragung des eigentlichen Produktionsvorgangs an *Maschinen* und *Systeme* konnte Deluxe seine Mitarbeiter ständig freihalten für die Aufgaben der Auftragsabwicklung, der Qualitätskontrolle und der Auffindung und Beseitigung von Fehlern. Arbeiter, denen die Last schwerer manueller Arbeit genommen wird, haben den Kopf frei und genügend Zeit, um darüber nachzudenken, wie die gegenwärtigen Verfahren verbessert werden könnten, und um sich um den Service-Aspekt ihrer Tätigkeit zu kümmern. Das Ergebnis ist eine genauso fehlerfrei und reibungslos funktionierende Produktionsanlage wie das vielgerühmte Apple-Macintosh-Werk in Cupertino, Kalifornien.

Inzwischen sind unter Olsons Leitung die Grundgedanken von Service, Qualität und Zuverlässigkeit noch erweitert worden und umfassen nunmehr jeden einzelnen Kontakt mit dem Kunden. Diese Grundüberzeugung äußert sich unter anderem darin, daß jeder Vorschlag für eine innerbetriebliche Innovation nicht nur auf seine wirtschaftlichen Auswirkungen auf das Unternehmen, sondern auch auf seine Bedeutung für Kunden und Verbraucher hin untersucht werden muß. Eine betriebliche Änderung, die eine Einsparung bedeutet, dem Kunden oder Verbraucher aber Nachteile bringt, wird wahrscheinlich eher abgelehnt werden als ein Vorschlag, der für den Kunden vorteilhaft, für das Unternehmen aber belastend wäre. Olson betont immer wieder, wie wichtig der Service für die Deluxe-Success-Story ist. „Es ist eindeutig der wichtigste Grund für unser Wachstum und das Vertrauen, das unsere Kunden in uns haben. Nichts von dem, was wir tun, ist wichtiger als die Verbesserung des Service."

Was diese Servicebesessenheit für die Unternehmenskunden (Geschäftsbanken, Bausparkassen, Kreditgenossenschaften und Investmentgesellschaften) sowie für den Verbraucher (die eigentlichen Käufer und Anwender von Schecks und ähnlichem) bedeutet, zeigt sich in großen und kleinen Entscheidungen und betrieblichen Abläufen. Einige Beispiele können hier aufschlußreich sein.

Produktion. Um die Zwei-Tages-Frist einhalten zu können und die Zeit, die die bestellte Ware nach Verlassen der Druckerei bis zum Kunden benötigt, auf ein Mindestmaß zu begrenzen, liegen die Fertigungs- und Vertriebseinrichtungen so nahe beim Kunden wie möglich. Deluxe verfügt daher über 61 Produktionsstätten, die über die ganzen Vereinigten Staaten verteilt sind. Die Werke sind regional organisiert, und zwar nach einem Muster, das annähernd den neun US-Bankenbezirken entspricht. Jedes Werk ist ein halb-selbständiger Betrieb mit eigener Gewinn- und Verlustrechung und eigener Unternehmensplanung. Es kann aber im unternehmerischen Sinne nicht völlig frei handeln.

Qualitative und zeitliche Normen werden von der Unternehmenszentrale festgelegt und streng überwacht. Wird ein Unternehmen der Anforderung, 95 Prozent der eingegangenen Aufträge in zwei Tagen abgewickelt zu haben, über mehr als nur einen kurzen Zeitraum nicht gerecht, oder werden an einem Tag 90 Prozent nicht erreicht, wird eine Untersuchung eingeleitet, um festzustellen, mit welchen Maßnahmen das Problem ermittelt und beseitigt werden kann. Technologische Innovationen werden ebenfalls von St. Paul aus gesteuert; dort werden auch die Produktionsanlagen geplant, patentiert und gebaut. (Viele der entscheidenden fertigungstechnischen Neuerungen in der Branche sind ein stolzes Deluxe-Patent.)

Eine weitere Folge der Dezentralisierung der Produktion ist das „Feeling", welches das gesamte Unternehmen durchdringt. Obwohl Deluxe über 10.000 Beschäftigte hat, herrscht in den einzelnen Abteilungen eine Atmosphäre wie in einem Kleinunternehmen. Auch die örtlichen Betriebe werden nicht mit Anweisungen des Stammhauses überlastet. Obwohl sämtliche Fertigungsmaschinen in einer Pilotanlage in der Nähe des Firmenhauptsitzes entwickelt und getestet werden, stammen die meisten Ideen für neue Verfahren und produktionstechnische Innovationen von den Mitarbeitern in den 61 Werken und nicht aus irgendwelchen Hinterhof-Instituten weltfremder Genies oder aus steriler Forschungs- und Entwicklungsarbeit am grünen Tisch.

Dazu Frank Matschina, mit 19 Jahren Betriebszugehörigkeit Deluxe-Veteran und Leiter der Testanlage des Unternehmens, in dem experimentelle und neue Verfahren unter Produktionsbedingungen erprobt werden:

> Unsere Aufgabe in dieser Anlage besteht darin, die Ideen der Mitarbeiter in den anderen 60 Werken zum Thema Produktionsverbesserung auszuprobieren. Sie wissen, daß sie wegen ihrer Einfälle respektiert werden; sie wissen, daß niemand im Zuge der Automation entlassen wird und daß gute Ideen eine höhere Gewinnbeteiligung, also einen Vorteil für alle bedeuten. Es gibt also keine Rivalität und auch keinen „Meckerkasten". Das brauchen wir hier nicht.

Service. Der Service wird an fast jedem denkbaren Berührungspunkt gemessen und analysiert. Im Bereich des Kundenservice zum Beispiel wird nicht nur die Zufriedenheit mit der Auftragsabwicklung gemessen, sondern auch so entscheidende Punkte im Gesamtablauf wie die durchschnittliche „Klingelzeit" pro Abteilung, d.h. es wird festgestellt, wie oft das Telefon klingelt, bevor jemand abhebt. Dieses einfache Kriterium, das zuerst bei Emery Airfreight angewandt wurde, steht in unmittelbarem Zusammenhang mit der Zufriedenheit des Kunden mit dem Servicepersonal.

Diese Besessenheit mit dem Gedanken des Service ist so allgegenwärtig, daß sogar der der Hauptversammlung vorgelegte Jahresabschluß nicht nur Einblick in die Vermögens- und Ertragslage gibt, sondern auch einen Bericht über den Servicebereich enthält. So wurde zum Beispiel 1983 festgestellt, daß sich die Genauigkeitsrate aller Produktionsanlagen auf 99,1 Prozent belief und das Zwei-Tages-Soll bei 95,6 Prozent aller Aufträge erfüllt wurde.

Als wir fragten, warum diese Zahlen in den Jahresabschluß aufgenommen wurden, erklärte Olson:

Für die Mitarbeiter von Deluxe ist dies die wichtigste Zahl im gesamten Jahresabschluß. Sie wollen wissen, wieviel sie im vorhergehenden Jahr geleistet haben, und wir wollen, daß sie es wissen. Würden wir die Zahlen über das Serviceniveau und die Anlagengenauigkeit weglassen, würde das, angesichts der Tatsache, daß wir täglich im Betrieb so großen Wert darauf legen, meiner Ansicht nach zurecht dazu führen, daß die Leute anfangen zu bezweifeln, ob wir das, was wir über Service sagen, auch wirklich meinen. Würde sich unser Jahresabschluß nur an Börsenanalytiker wenden, würden wir diese Zahlen vielleicht nicht einbeziehen. Für uns bei Deluxe sind es aber die wichtigsten Zahlen überhaupt.

Das Verkaufspersonal. Im Gegensatz zu den meisten Verkäufern in der Industrie arbeiten die Mitarbeiter dieses Bereichs bei Deluxe auf gehalts-, nicht auf provisionsbasis. Dazu Olson: „Unsere Vertreter sind dazu da, zu verkaufen *und* dem Kunden Service zu bieten. Ist der Verkaufsaußendienst auf Provisionsbasis aufgebaut, wird den Kunden nie die Aufmerksamkeit gewidmet, die sie verdienen. Es besteht immer die Versuchung, den Kunden zu ignorieren, außer wenn man ihm gerade etwas verkauft oder wenn er sich über Probleme beklagt. Wir halten das für dem Unternehmen oder einer professionellen Einstellung zum Kunden nicht sehr zuträglich." Diese Überzeugung hat dazu geführt, daß das Verkaufspersonal schon bald gelernt hat, die sich verändernden Bedürfnisse der Kunden zu erkennen, zugleich aber auch zu verkaufen und Kundendienst zu bieten, ohne dadurch wirtschaftliche Einbußen hinnehmen zu müssen.

Dieser enge Kontakt zu dem Kunden, der dadurch möglich wurde, daß die Verkäufer nicht mehr an ein Entlohnungssystem auf Provisionsbasis gebunden waren, hat im Lauf der Jahre zu zahlreichen Produktinnovationen geführt, wie zum Beispiel Schecks ohne Kontrollabschnitt, personalisierte Schecks, besondere Farben und Schecks mit Landschaftsdesign. Deluxe war dadurch in der Lage, auf die US-Normen für magnetisch kodierte Schecks Einfluß zu nehmen, neue Entwicklungen vorherzusehen und mit einem fertigen Produkt aufzuwarten, als das Spar-Giro-Konto, also ein Sparkonto, über das mittels Scheck verfügt werden kann, eingeführt wurde. Als Branchenneulinge wie Broker- und Einzelhandelsfirmen im Bereich der Finanzdienstleistungen Fuß zu fassen begannen, war dies für Deluxe keine überraschende Entwicklung, von der das Unternehmen überrumpelt worden wäre.

Lieferung. Vor einigen Jahren stellte sich heraus, daß die Ware nach Verlassen des Werkes länger brauchte, um auf dem Postweg zum Kunden zu gelangen, als Deluxe für die Herstellung gebraucht hatte. Deluxe wandte sich an den Kongreß und setzte sich für eine Änderung der US-Post-Gesetze ein, so daß Deluxe und andere Banklieferanten als eine Art Postnebenstelle fungieren, also selbst zusätzliche Aufgaben übernehmen und damit die Zustellung der Ware an die Kunden ihrer Kunden beschleunigen konnten.

Lektionen aus dem Fall Deluxe

Fragt man den Chairman von Deluxe, welches Geheimnis die Entwicklung und Erhaltung eines erfolgreichen serviceorientierten Unternehmens möglich macht, bekommt man eine erfrischend ehrliche Antwort: „Ich weiß nicht, ob ich Ihnen das sagen kann. Wenn ein Manager — wie ich selbst — in einer Unternehmenskultur groß geworden ist, die dem Service und der innerbetrieblichen Promotionarbeit so hohen Wert beimißt, dann ist Serviceorientierung einfach ein Teil der Dinge, die man ganz selbstverständlich mitbekommt." Dies bestätigt wieder einmal, wie schwierig es ist, die Choreographie zu studieren, solange man eifrig mit dem Tanzen beschäftigt ist.

Trotzdem ist das, was Olson über die seiner Ansicht nach entscheidenden Faktoren für die Aufrechterhaltung eines ausgeprägten Service-Engagements sagt, aufschlußreich und lehrreich. Es folgen fünf Bemerkungen, die er zu diesem Thema machte, sowie unser jeweiliger Kommentar dazu:

Um wirksam zu sein, muß das Service-Engagement institutionalisiert werden.
Chairman Olson zum Einsatz für den Servicebereich: „Es ist wichtig, daß jeder im Unternehmen mit Service zu tun hat. Wenn sich bloß ein paar Leute an der Spitze Gedanken darüber machen oder dafür zuständig sind, dann gibt es keinen Service. Jeder muß mit einbezogen werden, jeder muß sich Gedanken machen, jeder [muß begreifen] ..., was Service bedeutet, und muß sich dafür einsetzen."

Es ist hier eine gewisse Verwandtschaft zu Stanley M. Davis' Überlegungen zu den den Unternehmensalltag bestimmenden Leitgedanken sowie zu dem Verhältnis zwischen Unternehmenskultur als tragendem Fundament und Unternehmensstrategie zu erkennen:

> Leitgedanken sind Richtlinien, anhand derer Strategien formuliert werden, wohingegen es von den das Alltagsleben bestimmenden Überzeugungen abhängt, ob diese Strategien in die Praxis umgesetzt werden. Ist eine gesunde Unternehmenskultur vorhanden, ergeben sich die alltäglichen Überzeugungen aus den Leitgedanken. Sie sind Übertragung und sichtbare Umsetzung der wichtigsten Grundprinzipien. Je weniger die alltäglichen Überzeugungen mit den Leitgedanken zusammenhängen, desto ungesunder ist das Unternehmensklima.[2]

Das Servicekonzept muß immer wieder dargelegt und bekräftigt werden, bis es in der Struktur des Unternehmens fest verwurzelt ist; es ist wichtig, sich das bewußt zu machen und es nicht unterzubewerten. Levinson und Rosenthal (in ihrem Buch *CEO*) sowie Peters und Waterman (in *Auf der Suche nach Spitzenleistung*) weisen darauf hin, wie wichtig die Person an der Unternehmensspitze ist: Sie bestimmt die Unternehmenskultur und wirkt entscheidend darauf ein, daß sich die Mitarbeiter für ihre Auffassung von den Unternehmenszielen einsetzen. Erfolgsgeschichten und Berichte von überzeugtem Einsatz und Engagement sind bei Deluxe genauso tief verwurzelt wie bei IBM.

Folgende Feststellung von Stanley M. Davis zeigt besonders eindringlich — und besonders klar —, welchen Einfluß die Unternehmenskultur auf Veränderungen im Unternehmen hat und wie hoch das Management ihre Wirkung einschätzen muß: „Kultur, und somit Strategie, wirkt von oben nach unten. Schenkt der CEO [Chief Executive Officer, Vorstandsvorsitzende] der Unternehmenskultur keine Beachtung, wird er eine Strategie entwerfen, die nicht in dem verwurzelt ist, wofür das Unternehmen steht, und er wird versuchen, sie in die Praxis umzusetzen, ohne die für ihren Erfolg oder Mißerfolg eigentlich entscheidende Kraft zu berücksichtigen."[3]

Olsons Antwort auf unsere Frage, wie bei Deluxe die Strategie festgelegt wird, entspricht dieser Überzeugung, wonach das Management dafür verantwortlich ist, die Servicebotschaft an das gesamte Unternehmen zu vermitteln, um es lebendig zu erhalten: „Oh ja, wir haben jemanden, der für strategische Planung zuständig ist, aber es ist ein sehr praktisch denkender Mitarbeiter." Und weiter: „Die für strategische Planung verantwortlichen Mitarbeiter und die Finanzfachleute verwenden eine Menge Zeit darauf, mit den Managern über Strategie und Finanzen zu sprechen — ihnen darüber etwas beizubringen. Die Planung beginnt auf regionaler Ebene, also müssen dort die entsprechenden Fachkräfte vorhanden sein." Die Vorstellung vom Management — insbesondere vom Vorstandsvorsitzenden — als Lehrer und Hüter des betrieblichen Erfolgsschlüssels kehrt auch in den Forschungen von Levinson und Rosenthal sowie Peters und Waterman mit besonderem Nachdruck wieder.

Dazu Olson:

> Unsere (des Managements) Aufgabe ist es, daraus einen Gedanken zu machen, bei dem sie einzusteigen bereit sind, den sie als real ansehen und den sie als für das Unternehmen und ihre eigene Entwicklung wichtig betrachten... Wenn wir in den Betrieb gehen und mit den Leuten reden, erzählen wir ihnen keine Gemeinplätze über Produktivität oder Rentabilität; wir reden konkret über guten Service und Serviceziele und darüber, wie der Service unsere Wettbewerbsfähigkeit auf dem Markt erhält.

Service ist ein Ziel und eine Richtschnur, aber kein Programm. Den Gedanken, Service als ein Programm oder als Herzstück eines Programms zu sehen, weist man bei Deluxe weit von sich. „Wir haben hier nicht viele besondere Motivierungsprogramme oder besondere Anreize für guten Service", betont Olson. Die Ähnlichkeit mit Carlzons Auffassung, wonach „Service, wenn man im Servicegeschäft ist, jedermanns Geschäft ist", ist offensichtlich. Obwohl Deluxe über eine große Kundendienstabteilung verfügt, weiß jeder im Unternehmen, daß die Aufgabe dieser Abteilung die Aufrechterhaltung des Kontakts zum Kunden ist — Kommunikation, Beantwortung von Fragen, Erledigung von Eil- und Sonderaufträgen, Analyse von Problemen usw. —, daß aber der eigentliche Kundenservice jedermanns Sache ist.

Die Bedürfnisse des Kunden kennen und sie voraussehen. Begeisterte Anhänger von Peters und Waterman haben aus der Botschaft der Kundennähe einen Aphorismus von den Ausmaßen einer Anschlagtafel gemacht. Obwohl dieser Grundgedanke in vielen Firmen zu einem hohlen „Amen" geworden ist, ist er bei Deluxe alles andere als ein sanftes Ruhekissen. Er ist für Manager genau wie für die Leute mit Kontakt zum Kunden eine Lebenshaltung.

Auch das Phänomen der wachsenden und reifenden Kundenerfahrung wird damit stillschweigend anerkannt, der Gedanke nämlich, daß sich mit wachsender Erfahrung des Kunden mit Ihrem Produkt und mit steigenden Ansprüchen die Kriterien ändern, nach denen er Ihre Produkte und Ihren Service beurteilt.[4] Dazu Olson: „Die Bedürfnisse unserer Kunden ändern sich ständig, also müssen wir diese Veränderungen ständig vor Ort beobachten." Auf die Frage nach weiteren Einzelheiten beschreibt Olson ein dreigleisiges Vorgehen, das es ermöglicht, für die Bedürfnisse des Marktes offen zu bleiben und auf sie einzugehen:

> Natürlich haben wir eine Marktforschungsabteilung, die unsere Branche ständig beobachtet. Und unsere Leute vom Verkaufsaußendienst sind ständig vor Ort, sie sprechen mit den Kunden und bekommen von ihnen Auskunft über alles, von ihrer Meinung über die Zahl der Schecks und Einzahlungsscheine, die in einem Scheckheft sein sollten, bis hin zum Einsatz des EDV-Überweisungsverkehrs. Wir lesen dieselben [Fach-]Zeitschriften wie unsere Kunden und gehören denselben Verbänden an.

Dies mag zwar einfach und unkompliziert erscheinen, wir sollten aber nicht vergessen, daß es darauf ankommt, solche Vorsätze auch wahrzumachen. Deluxe wendet da ein einzigartiges Verfahren an. Der Deluxe-Verkäufer fungiert als Berater für seine Kunden. „Einige unserer Kunden wissen ziemlich genau, was sie von uns wollen, was wir ihnen bereits bieten, was nicht, und worum wir uns folglich bemühen sollten. Andere erwarten, daß wir von uns aus aktiv werden und ihnen Vorschläge machen."

Der Kunde ist also gleichzeitig Quelle und Resonanzboden für Produkt- und Serviceinnovationen. Aber die Marktforscher bei Deluxe führen nicht nur die üblichen Marktbeobachtungen durch, sie hören offensichtlich auch genau auf das, was um sie herum vorgeht. Das Unternehmen hat sich beharrlich geweigert, angesichts des Aufhebens, das um das Konzept der „schecklosen Gesellschaft", das über ein Jahrzehnt lang fester Bestandteil der Fachliteratur war, gemacht wurde, in Panik zu geraten. Obwohl Deluxe einige wichtige Maßnahmen ergriffen hat, um sich aus der totalen Abhängigkeit von Scheckvordrucken als Hauptprodukt des Unternehmens zu lösen, hat man nicht den Eindruck, daß man sich bei diesen Schritten in Richtung auf eine Diversifizierung gedrängt fühlt oder gar in Panik gerät. Dazu wieder Olson:

> Wir beobachten die primären Indikatoren sehr genau. Und wir stellen immer wieder fest, daß der Überweisungsverkehr über EDV nur einen sehr kleinen Prozentsatz der über 45 Milliarden Bankgeschäfte ausmacht, welche die Amerikaner jedes Jahr vornehmen. Zudem geht aus unserer Verbraucherforschung immer wieder hervor, daß [den Endverbrauchern] vor allem an sicheren Bankgeschäften gelegen ist. Sie sind der Ansicht, daß bei einer Auseinandersetzung um eine Zahlung ein schriftlicher Beleg noch immer der beste Nachweis über eine erfolgte Zahlung ist. Solange der Verbraucher mit Schecks zufrieden ist, wird sich der beleglose Zahlungverkehr nur sehr langsam entwickeln.

So durch den Markt in seiner Politik bekräftigt, bemüht sich Deluxe weiterhin um bessere Wege, um auf einem Markt, den es schon seit langem beherrscht, weiter vorzudringen und seinen Erwartungen besser gerecht zu werden, sehr zur Überraschung der Zeitschrift *Forbes*, die zweimal den Zusammenbruch des Unternehmens vorhergesagt hatte, und nicht selten zum Erstaunen der Branche, an die das Unternehmen liefert.

Die Tätigkeit in Fachverbänden hat sich für Deluxe mehrere Male in seiner Geschichte bezahlt gemacht. Als zum Beispiel 1959 die American Banking Association neue Vorschriften herausgab, wonach Bankschecks mit magnetischem Zahlencode — diesen komischen kleinen Zahlen ganz unten auf Ihren persönlichen sowie Lohn- und Gehaltsschecks — bedruckt sein mußten, war das für niemanden bei Deluxe eine Überraschung; President George McSweeney war in der Tat einer der Leute gewesen, die sich besonders stark für die Entwicklung dieser Normen eingesetzt hatten.

Sich selbst und seine Annahmen in Frage stellen. Wie für jedes Unternehmen, das in seiner Branche eine marktbeherrschende Stellung hat, ist auch für Deluxe die Gefahr Nummer eins die Selbstgefälligkeit. Olson sieht das folgendermaßen: „Man muß sich selbst beobachten, man muß sich selbst und das, was man über die eigene Branche und ihre Entwicklung zu wissen glaubt, ständig prüfen." Anders als der Kaiser von China, der früher einen Diener hinter seinem Thron aufstellen konnte, der ihm Warnungen vor den Schmeicheleien der Höflinge ins Ohr zu flüstern hatte, muß das Deluxe-Management sich die Mühe machen, den Markt zu beobachten und für Kritik wachsam zu sein. Olson verbringt deshalb einen erheblichen Teil seiner Zeit mit Kunden, Aktionären und Kennern der Branche und befragt sie „über unsere Stärken und Schwächen".

In den vergangenen Jahren erkannte man bei Deluxe die Notwendigkeit, langsam in anderen Produktbereichen als Schecks und ähnlichen Vordrucken tätig zu werden. Das Unternehmen hat versuchsweise und mit der ihm eigenen Vorsicht erste Schritte auf dem Markt für Computervordrucke und mit dem Versand von Zubehör für Chefschreibtische, von vorgeschwärzten Namens- und Adreßstempeln bis hin zu Taschenrechnern unternommen. Aber selbst in diesem Bereich ist die für Deluxe typische Serviceorientierung der entscheidende Faktor. Auf dem Markt für Computervordrucke setzt sich Deluxe als schnell und exakt arbeitender Hersteller, der einen Druckauftrag innerhalb von drei Tagen erledigt, durch, während üblicherweise in der Branche die Erledigung Wochen dauert. Wenn Olson über die Philosophie, die hinter Expansion und Übernahme anderer Unternehmen bei Deluxe steht, sagt, man „steige nur in Branchen ein, in denen man sich auskennt", so bedeutet das, daß man nicht einfach Ausschau hält, was man sonst noch bedrucken könnte, sondern daß man nach Möglichkeiten sucht, die Nachfrage auf einem bestimmten Markt schneller und besser zu befriedigen.

Fall II
British Airways: Wieder lernen, den Service in den Mittelpunkt zu stellen

Vor langer Zeit, als Fliegen noch etwas ganz besonders Schickes war, war British Airways für seinen Service berühmt. Dieselbe peinliche Sauberkeit, die eine Fahrt auf einem britischen Ozeandampfer zu einem Erlebnis machte, machte einen Flug mit British Airways zu einem großartigen Abenteuer. Dann wurde alles verstaatlicht, BA wurde eines von vielen öffentlichen Unternehmen und machte einen eher vernachlässigten Eindruck. Jahrelang war die Gesellschaft das Musterbeispiel eines schwerfälligen staatseigenen Unternehmens. Während der Rezession Anfang der achtziger Jahre mußte es wie die meisten Fluggesellschaften Verluste hinnehmen.

Als das Topmanagement bei British Airways beobachtete, wie sich Scandinavian Airlines von seinem wirtschaftlichen Sturzflug mit Hilfe seines vielgepriesenen Service-Management-Programms erholte, fragte man sich, ob nicht dieselbe Medizin vielleicht dem eigenen Unternehmen guttun würde. Im Februar 1983 unternahm Colin Marshall erhebliche Anstrengungen zur Verbesserung des Service-Image der Gesellschaft. Er ging in seiner Strategie von oben nach unten vor und rief zuerst eine spezielle Arbeitsgruppe ins Leben, deren Aufgabe es war, nach Möglichkeiten zu suchen, um Niveau und Zuverlässigkeit des Kundenservice der Fluggesellschaft zu verbessern.

Marshall steckte seiner Einsatztruppe ein wahrlich bescheidenes Ziel: Sie sollte eine Möglichkeit finden, British Airways zur „besten Fluggesellschaft der Welt zu machen". Er ging noch einen Schritt weiter und bestimmte, daß der Kundenservice die allerwichtigste Priorität, die Priorität Nummer eins für das gesamte Unternehmen zu sein habe. Sein Befehl an das „Sonderkommando" ließ keinerlei Zweifel daran, welche Richtung er einzuschlagen gedachte: „Wir sind entschlossen, die beste Fluggesellschaft der Welt zu werden. Wir müssen die Servicequalität zu unserem alleorobersten Ziel machen. Das bedeutet, daß der Kunde bei allem, was wir tun, an erster Stelle rangieren muß."

Die Arbeitsgruppe entwarf eine umfassende Kampagne, deren Ziel es war, das Serviceniveau bei allen Arbeitsabläufen im Unternehmen, nicht nur in der Luft, anzuheben. Im Hinblick auf dieses Vorhaben erkannte die Gruppe, daß unzufriedene Mitarbeiter dazu neigen, unbefriedigenden Service zu liefern. Die Aufgabe des Teams bestand darin herauszufinden, wie unter den BA-Mitarbeitern eine bessere Arbeitsmoral, stärkere Motivation und überzeugteres Engagement gefördert werden konnten. In einem ersten Schritt wurde eine umfassende Marktforschung in Auftrag gegeben, die dem Unternehmen eine genaue Vorstellung von seinem gegenwärtigen Image vermitteln sollte.

Das Ergebnis dieser Maßnahme ist bereits angesprochen worden. Rufen wir uns das Vorgehen noch einmal kurz in Erinnerung: Die Interviewer hielten Hunderte von Passagieren auf den beiden Londoner Flughäfen Heathrow und Gatwick an und befragten sie genauesten nach ihren Erfahrungen während des Fluges. Befragt wurden sowohl Fluggäste, die BA kannten und oft mit dieser Fluggesellschaft geflogen waren, als auch Passagiere, die niemals zuvor diese Linie benützt hatten. Die Untersuchung zielte hauptsächlich darauf ab herauszufinden, welche entscheidenden Ereignisse und Erfahrungen beim Kunden einen positiven Eindruck hervorrufen, Faktoren also, die, sofern richtig damit umgegangen wird, Chancen für eine Steigerung des Geschäftsumfangs bieten könnten.

Die vier imagewirksamen Faktoren, die sich aus der Marktuntersuchung ergaben, vermittelten der Arbeitsgruppe ein deutliches Bild von den Erwartungen, welche die Fluggäste offensichtlich an eine Luftfahrtgesellschaft richteten. Die vier wichtigsten Faktoren waren:

1. Die Mitarbeiter, die mit dem Fluggast unmittelbar in Kontakt kommen, sollten sich für seine Belange interessieren und sich um ihn kümmern.

2. Das an vorderster Front tätige Personal sollte in der Lage sein, Probleme zu lösen.

3. Die Unternehmenspolitik und die entsprechenden Verfahren sollten spontan und flexibel angewandt werden.

4. Die Mitarbeiter an der Front sollten in der Lage sein, Pannen oder Schwierigkeiten der Fluggäste wieder in Ordnung zu bringen.

Als dieser Bericht vorgelegt wurde, mußte British Airways feststellen, daß es nicht besonders gut abschnitt. In den Augen der Kunden war BA einfach Mittelmaß, nicht viel schlechter als andere Fluggesellschaften, aber sicherlich auch nicht besser. Die Mitarbeiter der Einsatztruppe konnten sich wenigstens damit trösten, daß sie nun genau wußten, anhand welcher Kriterien die Kunden das Unternehmen beurteilten.

Mit diesen brandneuen Erkenntnissen über die Präferenzen des Kunden gewappnet, machte sich das „Sonderkommando" daran, eine vierteilige Kampagne durchzuführen, welche die „Service-First"-Botschaft bis zum letzten Mann im Unternehmen, von London bis Hongkong, verbreiten sollte. Die erste Phase bestand in einem zweitätigen Intensivseminar für Front-Mitarbeiter. Diese teure Schulung, die von Time Manager International (derselben Schulungsgesellschaft, die SAS eingesetzt hatte) organisiert wurde, zielte darauf ab, die Ergebnisse der Marktforschung an den Mann zu bringen und die Botschaft zu verkünden, daß BA alles daransetzen würde, um diesen Erwartungen gerecht zu werden.

Die Seminare waren locker strukturiert, so daß Mitarbeiter aus den unterschiedlichsten Fachbereichen, Betriebsebenen und Aufgabengebieten daran teilnehmen konnten. Es ging darum, möglichst viele Meinungen darüber einzubringen, wie *alle* British-Airways-Angestellten zu einer Verbesserung des Kundenservice beitragen konnten. Ein zweiter Punkt des Schulungsprogramms zielte darauf ab, allen Mitarbeitern klar zu machen, daß interner Service — d.h. die Arbeit im Innern des Unternehmens — für die Zufriedenheit des Kunden genauso wichtig war wie direkte Kundenkontakte. Nach amerikanischem Maßstab waren die Seminare mit durchschnittlich 170 Teilnehmern pro Durchgang die reinsten Massenveranstaltungen.

Inhaltlich ging es bei den Schulungen zu einem erheblichen Teil um die persönliche Entwicklung der Teilnehmer. Die Themen betrafen jeden persönlich; so ging es zum Beispiel darum, wie man mit den durch ständigen Kundenkontakt entstehenden Belastungen fertigwerden, wie man mit durch intensive Tätigkeit im Kundenservice erzeugten Gefühlen umgehen und wie man wirksam und bestimmt unter Druck kommunizieren konnte. Es war keines der üblichen betrieblichen Schulungsprogramme. Sowohl in Europa als auch in den Vereinigten Staaten konzentrieren sich die von den Unternehmen gewöhnlich angebotenen Ausbildungsprogramme viel stärker auf die betriebswirtschaftlichen Aspeke einer Tätigkeit. Hier wurde hingegen ein anderer Schwerpunkt zugrundegelegt. Man ging von der Annahme aus, daß die Mitarbeiter von British Airways, wenn man ihnen half, besser mit persönlichen Problemen zurechtzukommen, letztendlich auch am Arbeitsplatz mehr leisten würden.

Der zweite Eckstein des British-Airways-Programms war, wie in Kapitel 9 beschrieben, eine Anpassung der Methode der Qualitätskreise an die Aufgaben der Serviceverbesserung. Bei BA heißen die für eine Verbesserung des Service auf der Ebene mit Kundenkontakt zuständigen Gruppen „Customer First Teams". Im November 1983 konnte die erste dieser Service-Verbesserungs-/Service-Management-Gruppen die Arbeit aufnehmen. Heute sind mehr als 40 Customer-First-Teams in Großbritannien und mehr als 70 in anderen Ländern tätig. Nach Schätzungen von British Airways arbeiten über tausend BA-Mitarbeiter aktiv in Customer-First-Teams mit.

Hinter den Customer-First-Teams steht der Gedanke, für Mitarbeiter an der Front ein Forum zu schaffen, in dem sie direkt an der Basis neue methodische Ansätze für das Service-Management entwickeln und erproben können. Die den einzelnen Gruppen übertragene Verantwortung wurde unter anderem dann deutlich, als das British-Airways-Management die Entwicklung neuer Servicenormen in Betracht zog und sich entschloß, die entsprechenden Verfahren und Maßnahmen nicht von oben aufzuzwingen, sondern die Angelegenheit den Service-First-Teams zu überlassen. Bis heute haben die Arbeitsgruppen mehrere tausend Vorschläge zur Serviceverbesserung vorgebracht. Die Anregungen reichen von einer Verlängerung der Schalterstunden über bessere Pauschalangebote bis hin zur Einführung neuer Verfahren im Umgang mit Fundsachen. Empfehlungen und Vorschläge, die sich auf das gesamte System auswirken würden oder erheblichen Kapitalaufwand erfordern könnten, werden der Hauptverwaltung zur Überprüfung und Genehmigung vorgelegt.

Obwohl eine relative Neuheit, haben sich die Customer-First-Teams bereits als so erfolgreich erwiesen, daß sie vom British-Airways-Management nicht mehr nur probeweise eingesetzt werden, sondern zu ständigen Einrichtungen geworden sind. Donald Porter, Leiter der Qualitätssicherung beim Kundenservice, gibt regelmäßig ein Bulletin für die Customer-First-Teams heraus, in dem die Leistungen der einzelnen Gruppen gelobt und bekanntgegeben werden. Laut Porter haben die Teams „der gesamten Belegschaft die Möglichkeit gegeben, an dem zur Verwirklichung ihrer Ideen notwendigen Entscheidungsprozeß teilzunehmen".

Der dritte Teil des BA-Programms ist ein als „Customer-First-Workshop" bezeichnetes Konzept. Im Rahmen dieses Konzepts veranstalten die Topmanager mit ihren Stabsmitarbeitern Seminare, um genaue Kriterien für die Servicequalität an der Front festzulegen. Im gesamten Unternehmen haben die an vorderster Front tätigen Mitarbeiter genaue Kriterien für ihre Leistung erarbeitet. Sie kommen in regelmäßigen Abständen zusammen, um ausgewählte Aspekte der Kundenerfahrung zu untersuchen und diesbezügliche Marktforschungsergebnisse zu analysieren. Eine solche detaillierte Beschreibung einer Serviceleistung erläutert im allgemeinen zuerst die Erwartungen, die der Kunde an eine bestimmte Leistung wie Gepäckabfertigung, telefonische Buchung oder Essensversorgung an Bord richtet. Im zweiten Teil wird dann erklärt, was die Mitarbeiter zu tun haben, um diese Erwartungen zu erfüllen.

Der vierte Teil des Programms sieht vor, die für Serviceleistungen festgelegten Maßstäbe zu einem festen Bestandteil der regelmäßigen Schulungen und Leistungsbeurteilungen der Front-Mitarbeiter zu machen. Die Mitarbeiter lernen die Soll-Werte kennen, die es zu erreichen gilt, und es wird ihnen bewußt gemacht, daß das Management ihre Leistung daran messen wird.

Ein wesentliches, sehr interessantes Element bei der Durchführung des British-Airways-Programms sind die kontinuierlich vorgenommenen Marktuntersuchungen. Marktforschung wird gewöhnlich nur gelegentlich betrieben. Bei British Airways fungiert die Marktforschung als beständiges Feedback-System, an dem Fortschritte gemessen werden. So ist die Kundenbefragung zum Beispiel zu einer regelmäßigen und routinemäßigen Angelegenheit geworden. Die dafür eingesetzten Interviewer befragen in jedem Quartal über 10.000 Fluggäste und geben die so ermittelten Informationen an Porters Büro zur Auswertung und Analyse weiter. Anders als bei den meisten betriebswirtschaftlichen Daten, kommt der Fluß dort aber nicht ins Stocken, sondern die Ergebnisse werden den Seminargruppen und den Customer-First-Teams zugänglich gemacht.

Porter ist auf sein „Schnellfeuer"-Berichtssystem besonders stolz:

> Die Interviewer sind angewiesen, auf besondere Bemerkungen eines Fluggastes behutsam einzugehen und zu versuchen, mehr über die Erfahrung dieses Kunden herauszubekommen. Oft stößt man so auf irgendwelche groben Fehler, die niemals hätten begangen werden dürfen. Der Befrager bemüht sich dann, Name, Anschrift und Rufnummer des Gastes zu bekommen, damit sich jemand um die Angelegenheit kümmern und die Dinge in Ordnung bringen kann.
>
> In einem solchen Fall füllt der Interviewer einen ausführlicheren Schnellbericht aus, der direkt auf meinem Tisch landet. Ich lese ihn und stelle fest, welche Abteilung dafür verantwortlich ist. Mein Ziel ist es, dem zuständigen Manager den Bericht spätestens 24 Stunden nach dem Gespräch zukommen zu lassen.
>
> In einigen Fällen, so Porter, hat der Schnellbericht die Manager auf größere Zwischenfälle aufmerksam gemacht, die sich negativ auf die positive Einstellung einiger ihrer bedeutenderen Firmenkunden, die jedes Jahr Hunderttausende von Pfund für Flugreisen aufwenden, hätten auswirken können.
>
> Dadurch, daß sich ein zuständiger Abteilungsleiter unmittelbar um solche Vorfälle kümmert, können wir schnell, einschneidend und auf hoher Ebene handeln. Es macht einen ziemlich großen Eindruck auf den Kunden, wenn er ein oder zwei Tage nach der Befragung auf dem Flughafen einen Anruf von einem Direktor der Fluggesellschaft bekommt.

Ist British Airways jetzt die beste Fluggesellschaft der Welt? Das läßt sich vielleicht gar nicht feststellen. Aber das Customer-First-Programm hat ohne Frage einige deutliche Anzeichen dafür hervorgebracht, daß für BA eine neue Ära begonnen hat. Wir haben auf jeden Fall eine deutliche Veränderung in der Qualität der zwischenmenschlichen Kontakte, Wärme, Freundlichkeit, Hilfsbereitschaft und so weiter auf Seiten des Flugpersonals festgestellt. Natürlich ist unsere Erfahrung nur eine kleine Stichprobe, aber wir meinen, es ist trotzdem ein ermutigendes Zeichen.

Allein die Tatsache, das CEO Marshall bereit war, für die Einweisung aller 37.000 BA-Mitarbeiter in die Philosophie des neuen Vorgehens ein kleines Vermögen aufzuwenden, zeugt mit Sicherheit davon, wie ernst es dem Unternehmen mit seinem Vorhaben ist. Das Programm wurde wirkungsvoll durchgeführt, und die Tatsache, daß das Instrument der Marktforschung als ständige Richtschnur verwendet wird, beweist, wie engagiert BA diesen Lernprozeß verfolgt. Die von den Customer-First-Teams erzielten Ergebnisse zeigen eine Menge Phantasie und Kreativität.

Ein so großes Unternehmen wie British Airways dazu zu bringen, gemeinsam und abgestimmt ein Vorhaben durchzuführen, ist sicherlich eine beeindruckende Leistung, und alles deutet darauf hin, daß noch ausreichend Schwung zum Weitermachen vorhanden ist. Aus den von BA gesammelten Erfahrungen konnten wir einiges auch für unsere eigene Arbeit lernen. Es wird interessant sein, das BA-Projekt in Zukunft erneut unter die Lupe zu nehmen — insbesondere nach der Privatisierung des Unternehmens — und festzustellen, ob die Philosophie des Service-Managements noch am Leben ist und gedeiht und von den Mitarbeitern so begeistert mitgetragen wird, wie das im Augenblick der Fall ist.

Fall III
CountryFair-Vergnügungspark: Den Service von Grund auf aufbauen

Obwohl er in den Augen des Besuchers als funkelndes Flitterwerk erscheint, ist ein Vergnügungspark ein äußerst kompliziertes, sehr rentables und ganz auf betriebswirtschaftliche Ergebnisse ausgerichtetes Unternehmen. Die Leistung dieser Parks ist umso bemerkenswerter als sie nur einige Monate im Jahr geöffnet sind und das Personal hauptsächlich aus 17- bis 20jährigen Schülern besteht, die sich hier ein Taschengeld verdienen oder ihre Ausbildung so mitfinanzieren.

CountryFair, ein mittelgroßer Vergnügungspark im Mittleren Westen der Vereinigten Staaten, bietet eine bunte Mischung von Attraktionen. Es bietet Karussells, Shows, Spiele und ein Essensangebot. Wie in den meisten Vergnügungsparks wird bei CountryFair eine feste Eintrittsgebühr erhoben, die den Besuchern freien Zugang zu allen Karussells, Shows und Attraktionen gewährt. Der laufende Ergebnisindikator ist wie wie überall in der Branche der Bruttoerlös pro Gast bzw. die Pro-Kopf-Ausgaben. Die Parks zielen im allgemeinen darauf ab, den Gästen den Betrag für die Eintrittsgebühr noch einmal für Lebensmittel, Geschenke und Spiele aus der Tasche zu locken. Um einen Begriff aus der Absatzwirtschaft zu verwenden: Vergnügungsparks — mit Ausnahme der wenigen riesigen Parks, die fast die Ausmaße von nationalen Institutionen erreichen — sind im wesentlichen Dienstleistungsbetriebe mit einem festen Markt, deren Bestand vom Vorhandensein einer Stammkundschaft abhängt.

Im Rahmen einer Studie über Service-Management eignet sich CountryFair zur Erläuterung verschiedener entscheidender Punkte. Erstens ist der Park ein erstaunliches Beispiel dafür, wie wirkungsvoll ein wohlüberlegtes und gezieltes Servicepaket zur Gestaltung und Entwicklung eines durch und durch auf Service ausgerichteten Angebots beitragen kann. Zweitens beweist er, wie nützlich ein sachkundig gestaltetes und wirksam eingesetztes System, das auf den Faktoren „Messung — Feedback — Belohnung" aufbaut, sein kann. Und schließlich zeugt er von den hervorragenden Ergebnissen, die sich erreichen lassen, wenn die Servicemitarbeiter in die Lage versetzt werden, flexibel und kreativ Probleme zu lösen.

Das Servicepaket

CountryFair war das geistige Produkt eines jungen Immobilienunternehmers (ein öffentlichkeitsscheuer Typ, den wir einfach Mike nennen werden), dessen Erfahrung mit

Vergnügungsparks sich vor der Gründung von CountryFair auf das beschränkte, was er als Besucher gesehen hatte. Diesen jungen Unternehmer beeindruckten die Effizienz, der reibungslose Betrieb und die Freude, die er auf einem Familienausflug nach Disneyland erlebt hatte. Im Gegensatz zu den meisten Besuchern beschloß er, sich zu Hause ein eigenes Disneyland zu bauen.

Nachdem diese Entscheidung einmal gefallen war, stürzte er sich nicht impulsiv auf sein Projekt, sondern ging es nahezu wissenschaftlich an. Zunächst einmal besuchte er ein ganzes Jahr lang verschiedene Vergnügungsparks überall in den Vereinigten Staaten und lernte so viel wie möglich von den Managern und Angestellten dieser Parks. Er beschäftigte sich intensiv mit sämtlichen Geboten und Verboten der Vergnügungsparkbranche. Sobald ihn seine Analyse überzeugte, daß seine Idee finanziell und unternehmerisch durchführbar war, machte er sich daran, die materiellen Voraussetzungen zu schaffen und das Konzept zu entwickeln, die es ihm ermöglichen würden, den Erfolg anderer Parks nachzuahmen und den Besonderheiten des örtlichen Marktes gerecht zu werden.

Sein „Unternehmensmodell" — der Begriff stammt von uns, nicht von ihm — war einzigartig und kreativ. Ausgehend von dem, was er in der Branche beobachtet hatte, stellte er folgende Überlegung an:

> Der Zweck eines Vergnügungsparks besteht darin, einen Rahmen zu schaffen, innerhalb dessen die Menschen eine Menge guten, herkömmlichen Spaß haben können. Wenn den Leuten ein Besuch des Parks Spaß gemacht hat, werden sie wiederkommen und Mund-zu-Mund-Werbung machen. Ein Vergnügungspark wird dann erfolgreich sein, wenn die Besucher eine *saubere* Umgebung vorfinden, wenn das Personal *freundlich* ist und guten *Service* bietet und wenn ihnen das *Angebot* (Spiele, Karussells, Unterhaltungsprogramme, Essen usw.), das ihnen der Park und seine Mitarbeiter offerieren, gefällt. Wenn all das zutrifft, dann werden die Besucher sagen, daß ihnen ihr Ausflug wirklich Spaß macht.

Diese vier Faktoren — Freundlichkeit, Sauberkeit, Service und Unterhaltungsangebot — bilden das Servicepaket des Unternehmens, den Maßstab, anhand dessen fast jede betriebliche Entscheidung gefällt wurde. Es waren auch die Kriterien, an denen alle Leistungen des Parks gemessen werden konnten und sollten.

Das Meßverfahren

Die vier Bestandteile des Servicepakets dienten, als sie unternehmerisch umgesetzt, d.h. durch Erprobung und Diskussion mit dem Management konkretisiert wurden, als Modell bzw. als Bezugspunkt für die Entwicklung einer Umfrage zur Ermittlung der Besucherzufriedenheit. Die endgültige Befragung enthielt 36 Punkte, anhand derer festgestellt werden sollte, wie die Gäste die vier Faktoren — Sauberkeit, Freundlichkeit, Service und Unterhaltungsangebot — beurteilten, sowie Fragen nach der allgemeinen Zufriedenheit der Besucher mit dem Park. Nach einigen Tests und einigen Kürzungen erwies sich die Befragung als ein sehr aussagekräftiges Instrument. Es ermöglichte, sowohl die Zufriedenheit der Besucher allgemein zu messen als auch zu beurteilen, inwieweit den vier Grundkomponenten nachgekommen wurde.

Feedback von Ergebnissen

Sobald sich das Meßverfahren eingespielt hatte, begann der Prozeß der Rückkopplung der Besucherurteile über den Park an die Mitarbeiter. Dies geschah nach einer unserer Ansicht nach äußerst ungewöhnlichen Methode, die aber der Unternehmenskultur eines Vergnügungsparks durchaus entsprach.

John, der Personalchef des Parks und engagierteste Motor des Programms, machte aus einer 15 Meter langen und 3 Meter hohen Wand neben der Angestellten-Stechuhr ein riesiges Schaubild, auf dem eingetragen wurde, wieviele Punkte „Besucherzufriedenheit" die aktuellen Umfragen ergeben hatten. John verzeichnete auf dem Diagramm kontinuierlich die Besucherurteile über jeden der vier Faktoren sowie die Zufriedenheit der Gäste insgesamt, d.h. die Summe der vier Faktoren. Jeden zweiten Tag wurde das Schaubild durch neue Umfrageergebnisse ergänzt. Auch die Ergebnisse der anderen 36 Fragen wurden den Mitarbeitern mitgeteilt, allerdings auf weniger spektakuläre Weise.

Die Bedeutung der Kurve auf dem riesigen Schaubild wurde den Mitarbeitern erläutert — diese betitelten das Diagramm sofort als CountryFair-Dow-Jones-Index —, und die einzelnen Umfrageergebnisse besprochen. Die Grundüberlegung, daß die Art und Weise, wie sie die Besucher behandelten, das Interesse, das sie für ihre Tätigkeit aufbrachten, und so weiter, sich auf den Tagesdurchschnitt auswirken könnten, stand bald im Mittelpunkt von Gesprächen zwischen Vorgesetzten und Angestellten.

Das Prämienprogramm

Kurz nach dem Feedback-Verfahren wurde ein Prämienprogramm eingeführt. Dieses Programm, das zu besserer Leistung motivieren sollte, zielte darauf ab, außergewöhnliche Bemühungen um die Kundenzufriedenheit anzuerkennen und entsprechend zu honorieren. Das System war zwar etwas kompliziert, läßt sich aber etwa folgendermaßen beschreiben:

„Kuscheltiere". Den Angestellten mit Aufsichtsfunktionen und jedem fünfzigsten Besucher des Parks wurde ein spezielles Kärtchen ausgehändigt — kleine farbige Karten, die von den Angestellen „warm fuzzies" (Kuscheltiere) getauft wurden —, und sie wurden aufgefordert, jedem Mitarbeiter, der sich ganz besonders bemühte, einem Besucher seinen Aufenthalt im Park angenehm zu gestalten, eine solche Karte zu geben. Auf der Karte war genügend Platz, so daß die Gäste notieren konnten, was genau der Angestellte getan hatte, das ihrer Ansicht nach besondere Anerkennung verdiente.

Mit etwas Übung und Ermutigung gewöhnten sich die höheren Angestellten daran, gemeinsam mit verbal geäußertem Lob solche Karten zu verwenden, um gute Leistungen anzuerkennen und zu belohnen. Insbesondere lernten sie, gute Leistungen seitens der Mitarbeiter, die kaum Publikumskontakt hatten, zu honorieren. Die Angestellten wurden nach und nach mit dem System vertraut und baten darum, Kollegen und Vorgesetzte, die sich ihrer Ansicht nach vorbildlich verhalten hatten, auf dieselbe Weise auszeichnen zu dürfen, was ihnen auch zugestanden wurde.

Materielle Prämien. Jedes Kärtchen war eine bestimmte Zahl von Punkten wert; diese konnte man sammeln und gegen Waren eintauschen. Die Preise reichten von Schallplattenalben und Videospielen bis zu 10-Gang-Fahrrädern und Reisen.

Punktwerterhöhung. Nachdem sich die Angestellten mit dem „Kuscheltier"-Programm vertraut gemacht hatten, wurde das System durch einen weiteren Trick ergänzt: Mit steigender Gästezufriedenheit wurden die Punktwerte der Karten erhöht. Mit anderen Worten, eine Karte, die für fünf Prämienpunkte gültig war, konnte niemals an Nennwert verlieren, der Wert konnte aber, wenn die Ergebnisse der Umfrage über die Gästezufriedenheit hoch genug über der Grundlinie lagen, erheblich steigen, ja, sich sogar verdoppeln. Die Angestellten tauften die „warm fuzzies" sofort in „CountryFair-Aktien" um.

Der „Kuscheltier"-Markt. Die Karten konnten von den Angestellten beliebig gehandelt werden. Sie konnten sofort eingelöst werden oder — in der Hoffnung, daß der „Dow-Jones-Index" steigen würde — zurückgehalten werden. Man konnte die Karten auch horten, zusammenlegen, verkaufen, eintauschen oder als Andenken aufbewahren. Alle diese und noch einige andere Verhaltensweisen wurden oft während der dreijährigen Laufzeit des Programms beobachtet. (Das Entlohnungssystem über Kärtchen ist ein Programmteil, der von den neuen Parkinhabern inzwischen eingeschränkt wurde.)

Durchführung

Das Meß- und Prämienprogramm wurde zu einem wichtigen Gesprächsthema, wann immer die Mitarbeiter zusammenkamen. Die Angestellen, die im selben Teil des Parks tätig oder in verschiedenen Schichten für dieselben Karussells, Spiele und Essensbuden zuständig waren, trafen sich regelmäßig und besprachen, wie man den Besucherstrom — und damit die Punkte — in ihrem Teil des Parkes erhöhen könnte. Sie suchten auch nach Möglichkeiten, die Gesamtbeurteilung der Besucher zu verbessern, so daß ihre Punktekärtchen im Wert stiegen. Die Vorgesetzten nutzten diese Treffen, um die Mithilfe der Angestellten für die Lösung besonderer betrieblicher Probleme zu gewinnen oder um bestimmte, für die Zufriedenheit der Besucher bedeutsame Fragen anzusprechen.

In Bereichen, in denen sich besonders schwierige Probleme stellen konnten — Bargeldknappheit, schrumpfende Warenbestände, über das tragbare Maß hinaus anwachsende Warteschlangen, Abfallprobleme —, griff der Personalchef des Parks direkt ein und sorgte dafür, daß den Gruppen formal besser ausgearbeitete Problemlösungstechniken aufgezeigt wurden. Es sei hier übrigens darauf hingewiesen, daß diese Zusammenkünfte in kleinen Gruppen niemals formell eingeführt wurden und daß Teilnahme und Mitgliedschaft auf rein freiwilliger Basis gehandhabt wurden. Die Treffen wurden einfach gestattet. Das einzige Zugeständnis bestand darin, daß man ihnen Räumlichkeiten für ihre Zusammenkünfte zur Verfügung stellte und daß die Manager, wenn sie darum gebeten wurden, an den Diskussionen teilnahmen.

Da der CountryFair-Park vorwiegend im Sommer Arbeitskräfte braucht und den meisten Arbeitnehmern keine Möglichkeit eines beruflichen Aufstiegs bietet, ist gewöhnlich eine starke Fluktuation in der Belegschaft festzustellen. Diese Erscheinung verstärkt sich im allgemeinen im August, wenn die Parkmitarbeiter sich bewußt werden, daß der Sommer schon fast vorüber ist und ihre Freunde immer sonnengebräunter werden. Das Management des Parks machte sich das bestehende Feedback-Prämien-Anerkennungssystem zunutze, um gegen diese Tendenz anzukämpfen. Gegen Ende der Saison wurden Sonderpunkte für geleistete Arbeitstage, tadellose Pflichterfüllung, Pünktlichkeit und ein halbes Dutzend weiterer „Specials" eingeführt. In einer Saison war das Management so besessen von dem Gedanken, die Anwesenheit am Arbeitsplatz überwachen zu wollen, daß am Ende der Saison eine Verlosung mit beachtlichen Preisen (Stereoanlagen, Fernseher und ein Auto) abgehalten wurde; Teilnahmevoraussetzung war regelmäßiges Erscheinen am Arbeitsplatz. Es kam sogar einmal so weit, daß den Mitarbeitern nahegelegt werden mußte, sich nicht zu sehr um Überstunden zu drängeln.

Neben all diesen Tricks, neben dem Sonderprämien- und Anerkennungsprogramm bemühte sich das CountryFair-Management besonders um Transparenz und Unterstützung. Von den in der Verwaltung tätigen Managern wurde erwartet, daß sie während ihres Arbeitstages in regelmäßigen Abständen einen Rundgang durch den Park machten. Weiterhin wurde ihnen regelmäßig die Zuständigkeit für den Tagesdienstplan übertragen, wozu auch Wochenendarbeit gehörte. An besonders hektischen Tagen oder bei besonders großem Besucheransturm lösten die Manager oft Angestellte ab, so daß diese zusätzliche Pausen einlegen konnten. Auch hier mußten Manager und sogar Topmanager davon abgehalten werden, zu viele Stunden im Park arbeiten zu wollen!

Wo sonst kann man spielend seinen Lebensunterhalt verdienen?

Vielleicht liegt es in der Natur dieser Branche, daß sie ein solches Engagement für Kunden, Kollegen und das Unternehmen insgesamt hervorruft. In wievielen anderen Bereichen bewirbt sich schließlich der durchschnittliche Erwerbstätige um eine Arbeit und erlebt schließlich ein bißchen Show Business im eigenen Leben? Wir haben es hier mit einer Branche zu tun, die, sofern geschickt gelenkt, befriedigend, ja unwiderstehlich sein kann. Als der Verkauf des Parks bevorstand und der Tag, an dem CountryFair die Tore schließen würde, näherrückte, faßte Mike diese Einstellung und dieses Gefühl sehr gut zusammen: „Wissen Sie", sagte er, „heute morgen wurde mir auf einmal klar, daß das alles jetzt bald vorbei ist. Und das tat mir weh. Wann in meinem ganzen Leben werde ich wieder die Möglichkeit haben, so hart zu arbeiten und dabei so viel Spaß zu haben?"

11
Wie man einem Elefanten das Tanzen beibringt

Servicequalität ist heute eine Aufgabe des Topmanagements.
Karl Albrecht / Ron Zemke

Rekapitulieren wir kurz: Wir leben in einer Dienstleistungswirtschaft und einer immer stärker dienstleistungsbewußten Gesellschaft. Auf den Dienstleistungssektor entfallen 60 Prozent des Bruttosozialprodukts und 70 Prozent der Arbeitsplätze in den Vereinigten Staaten. In anderen Industrieländern sind dieselben Tendenzen und nach demselben Muster verlaufende Entwicklungen zu beobachten. Die Zahl der Unternehmen, die es mit der Qualität der Kundenerfahrung ernst meinen, steigt ständig; immer mehr Unternehmen bemühen sich, diese Erfahrungen positiver zu gestalten.

Wir sind ferner zu der Feststellung gelangt, daß die Bemühung um qualitativ hochwertige Dienstleistungen eine so starke Waffe im Wettbewerb ist, daß sie bald als wesentlicher Teil der Unternehmensstrategie und nicht nur als Anhängsel oder Spielerei gelten wird. Kann ein Unternehmen nicht beweisen, daß es sich überzeugt für die Belange seiner Kunden einsetzt, wird es immer weiter zurückbleiben. Servicequalität ist zu einer Frage geworden, die das Topmanagement angeht.

Schließlich zeigt der Erfolg einer Reihe von Unternehmen, daß das Konzept der *Kontrolle der Augenblicke der Wahrheit* die grundlegende Philosophie, die Antriebskraft des Service-Managements ist. Das Konzept des Service-Managements ist etwas ganz anderes als die alte, für Reklamationen zuständige Kundendienstabteilung. Es bedeutet viel mehr, als jemandem „die Zuständigkeit für den Service zu übertragen".

Service-Management ist eine Methode, die von oben nach unten wirkt und das ganze Unternehmen einbezieht, ein Ansatz, der von der Natur der Kundenerfahrung ausgeht und auf die Schaffung von Strategien und Taktiken abzielt, mittels derer die Qualität dieser Erfahrung maximiert werden kann. Service-Management bedeutet, das ganze Unternehmen zu einer kundenorientierten Wirtschaftseinheit zu machen, was im allgemeinen ein sehr ehrgeiziges Unterfangen ist.

Unternehmen mit hervorragender Servicequalität sind einfach zu identifizieren, und ihre innerbetrieblichen Eigenschaften sind verhältnismäßig leicht zu erkennen. Die Erfahrungen, die wir sammeln konnten — wir haben in diesem Buch immer wieder darauf hingewiesen —, lassen darauf schließen, daß sehr erfolgreiche Dienstleistungsunternehmen mindestens die folgenden Besonderheiten gemeinsam haben:

1. Sie haben deutlich ausgeprägte Zielvorstellungen — eine eindeutig festgelegte und allen bekannte Servicestrategie.
2. Sie praktizieren sichtbares Management.
3. Das Erörtern von Fragen des Service gehört zur Routine.
4. Sie haben kundenfreundliche Servicesysteme.
5. Sie erzielen einen Ausgleich zwischen High-Tech und High-Touch, d.h., sie lassen in ihre Systeme und Methoden ein persönliches Element einfließen.
6. Sie werben Personal für den Servicebereich an, stellen dafür ein und bilden auf diesem Gebiet aus und fort.
7. Sie vermarkten Service an ihre Kunden.
8. Sie vermarkten Service betriebsintern, also an ihre Mitarbeiter.
9. Sie messen Serviceleistung und teilen ihren Mitarbeitern die Ergebnisse mit.

Wie man einem Elefanten das Tanzen beibringt

Ein Großunternehmen neu auf seinen Markt auszurichten ist so ähnlich, wie einem Elefanten das Tanzen beizubringen. In beiden Fällen stellen sich viele ähnlich schwierige Probleme. Mindestens zwei Bedingungen müssen erfüllt sein, damit ein Elefant das Tanzen lernt oder damit ein Großunternehmen seine Politik ändert. Erstens muß ihnen jemand zeigen, daß das überhaupt möglich ist, und zweitens muß eine ausreichend starke Motivation vorhanden sein, die in der Lage ist, das nötige Engagement zu aktivieren.

Das Service-Management bietet eine Möglichkeit, eine den Servicebereich betreffende Zielvorstellung zu schaffen und zu vermitteln und diese Vorstellung im Unternehmensalltag in die Wirklichkeit umzusetzen. Im Sinne der Umgestaltung eines Unternehmens, das dadurch zu einer kundenorientierten Wirtschaftseinheit wird, kann das Service-Management ein Mittel sein, einem Elefanten das Tanzen beizubringen.

Die fünf Schritte zur Schaffung eines kundenorientierten Unternehmens

Betrachtet man die verschiedenen Fallbeispiele von Unternehmen mit hervorragendem Serviceangebot, fallen einem viel mehr Ähnlichkeiten als Unterschiede auf. Sie alle zeichnen sich deutlich durch ihre Serviceorientierung aus, und sie haben auch verschiedene andere charakteristische Merkmale gemeinsam. Wie bereits gesagt, ist ein Unternehmen dann serviceorientiert, wenn es über eine deutlich formulierte Servicestrategie, kundenorientierte Front-Mitarbeiter und kundenfreundliche Systeme zur Bereitstellung der Serviceleistung verfügt.

Soll in einem Unternehmen vom alten Stil eine neue Serviceorientierung geschaffen werden, müssen im allgemeinen auf die eine oder andere Weise die folgenden fünf Phasen durchlaufen werden:

1. Bewertung des gegenwärtigen Servicequalitätsstandes.
2. Klärung der Servicestrategie.
3. Aufklärung des Unternehmens.
4. Einführung neuer Taktiken an der Front.
5. Verstärkung und Festigung der neuen Ausrichtung.

Untersuchen wir nun die einzelnen Phasen etwas näher.

Schritt 1: Serviceprüfung — Beurteilung durch den Kunden

Zuallererst müssen wir herausfinden, was und wie der Kunde denkt. Dazu müssen wir eine *Serviceprüfung*, d.h. eine gründliche Bewertung der Wechselbeziehung zwischen Unternehmen und Kunden an allen Kontaktpunkten, vornehmen. Wir wollen herausfinden, nach welchen Kriterien der Kunde gegenwärtig seine Zensuren vergibt und wie wir bisher abschneiden.

Eine umfassende Serviceprüfung beinhaltet zu viele Details, als daß wir diese hier im einzelnen beschreiben könnten; wir werden uns also darauf beschränken, das Verfahren in groben Zügen zu erläutern. Um eine verläßliche Serviceprüfung durchführen zu können, brauchen wir zunächst eine Reihe verläßlicher Kriterien, anhand derer wir Servicequalität messen können. Verfügen wir über keine solchen Kriterien, besteht keinerlei Aussicht auf irgendeine Art von objektiver Beurteilung. Unsere erste Aufgabe besteht in diesem Fall also darin, die notwendigen Qualitätskriterien zu bestimmen.

Um verläßliche Kriterien für Servicequalität festlegen zu können, müssen wir ganz genau wissen, was unsere Kunden von uns wollen und brauchen. Haben wir regelmäßig und gründlich Marktforschung betrieben, müßten wir über sämtliche notwendigen Angaben verfügen, um die Erwartungen und Motive der Kunden zu verstehen. Haben wir nur wenige oder gar keine Marktuntersuchungen durchgeführt, muß der erste Schritt unserer Serviceprüfung in einer wenigstens minimalen demographischen oder psychographischen Studie unserer Kundschaft bestehen.

Befindet sich das Unternehmen in einer verhältnismäßig stabilen Situation, d.h. sind relativ geringe Veränderungen im Kundenkaufverhalten festzustellen, und haben wir ein ziemlich klares Bild von den Kundenerwartungen, dann sind wir in der Lage, die Serviceprüfung sehr systematisch durchzuführen. Finden dagegen große Umwälzungen statt oder herrscht auf dem Markt Verwirrung, d.h. ändern sich die Kriterien der Kundenzufriedenheit schnell, dann erfordert die Serviceprüfung unter Umständen viel Kreativität.

Wenn man von einem verhältnismäßig genau umschriebenen Servicepaket ausgehen kann, d.h. der Verbindung aus primärem und sekundärem Nutzen, den wir dem Kunden bieten, dann ist es sehr sinnvoll, zunächst einmal den Servicekreislauf — bzw. die Servicekreisläufe —, die unsere Kunden erleben, zu untersuchen. Wir können die verschiedenen, überall im Unternehmen ablaufenden Servicekreisläufe diagrammartig aufzeichnen. Sobald wir über diese Schaubilder verfügen, können wir in einem nächsten Schritt die in jedem Kreislauf enthaltenen Augenblicke der Wahrheit ermitteln. Wenn wir einmal über diesen systematischen Rahmen, der uns eine Beurteilung der Situation erlaubt, verfügen, können wir weitere Daten auf relativ konventionelle Weise sammeln.

In einem Krankenhaus würde es sich zum Beispiel anbieten, das Servicepaket in verschiedene Teilpakete, die wir jeweils einzeln bewerten können, zu unterteilen. Wir könnten zum Beispiel zwischen stationärer und ambulanter Behandlung unterscheiden. In jedem dieser Bereiche lassen sich verschiedene Typen von Erfahrungen, die die Kunden/Patienten vielleicht machen, sowie die entsprechenden Servicekreisläufe unterscheiden.

Zu einem der Servicekreisläufe im Bereich der ambulanten Behandlung gehören vielleicht Routineuntersuchungen. Wir können den gesamten Ablauf von dem Augenblick, in dem der Kunde sich einen Termin geben läßt, bis zu dem Zeitpunkt, zu dem er den abschließenden Bericht über die Untersuchung erhält, verfolgen. An jedem dieser Punkte ereignen sich Augenblicke der Wahrheit, die wir zu beurteilen haben.

Der zweite Schritt der Serviceprüfung erfordert eine Entscheidung darüber, mit welchen Mitteln wir die Datenerhebung vornehmen wollen. Wir haben hier die Wahl zwischen Verfahren wie Verbraucherumfragen, persönlichen oder telefonischen Befragungen und „Schwerpunktgruppeninterviews" mit Kundengruppen, die sich dazu bereit erklären. Bei der Befragung von an der Servicefront tätigen Mitarbeitern des Unternehmens können wir dieselben Erhebungsmethoden verwenden. Diese Mitarbeiter geben uns oft Aufschluß über Fakten und Anschauungsweisen, die uns bisher vielleicht unbekannt waren.

Sobald wir die verschiedenen Servicekreisläufe skizziert, die zahlreichen damit zusammenhängenden Augenblicke der Wahrheit ermittelt und darüber Meßwerte gesammelt haben, sind wir in der Lage, die Daten zusammenzustellen und sie in für eine Management-Besprechung geeigneter Form zu ordnen. Wir sind nunmehr imstande, die augenfälligsten Lücken in unserem Wissen über die Kundenerwartungen zu entdecken sowie die Bereiche, in denen unsere Qualität gefährlich tief absinkt, und umgekehrt die Bereiche, in denen wir glänzend abschneiden, auszumachen. Mit dieser Art von Servicequalitätsprofil gewappnet, können wir uns nun der Frage zuwenden: „Wie sollte unsere Servicestrategie aussehen?"

Schritt 2: Strategieentwicklung — Wie bekommt man gute Noten?

Eine der Fragen, die wir mit Vorliebe an Topmanager stellen, ist folgende: „Wenn Sie alle Mitarbeiter Ihres Unternehmens dazu bringen könnten, sich auf eine einzige Sache zu konzentrieren, was wäre das dann?" Einige Manager haben sofort eine Antwort parat, während andere durch die Frage eher aus der Fassung gebracht werden. Wenn jemand sofort und sinnvoll antworten kann, hat er wahrscheinlich sehr lange darüber nachgedacht, wie die Unternehmensstrategie zu vermitteln sei.

Wenn das Management für die Mitarbeiter auf allen Unternehmensebenen keine besondere „Botschaft" hat, werden diese sich wahrscheinlich mit einer Vielzahl unterschiedlicher Dinge beschäftigen. Sie tun vielleicht ihr Bestes, aber wenn sie in ihren Bemühungen sich selbst überlassen bleiben, kommt, nimmt man sämtliche Tätigkeiten zusammen, wahrscheinlich nur wenig Übereinstimmung zustande. Umgekehrt bietet eine wirksame Servicestrategie den gemeinsamen Schwerpunkt, den die Manager und alle anderen Mitarbeiter brauchen, um die Qualität der Kundenerfahrung zu maximieren. Außerdem bietet sie die Grundlage für eine Absatzkampagne, die dem Kunden eine glaubwürdige Botschaft zu vermitteln vermag.

Wie läßt sich nun eine wirksame Strategie schaffen? Was müssen wir dafür tun? Eine der gezieltesten Methoden, um eine Strategie zu durchdenken, ist eine *Klausurtagung der Führungsspitze*. Es handelt sich gewöhnlich um eine eigens zu diesem Zweck organisierte Zusammenkunft des Topmanagements, in der es ausschließlich darum geht, die Marktforschungsdaten auszuwerten und festzulegen, wie das Unternehmen den Kundenservicebereich aufzubauen gedenkt.

Meistens finden solche Klausurtagungen irgendwo weit entfernt vom Unternehmensalltag statt. In Frage kommt ein Tagungsraum in einem Hotel, ein Hotel in einem Urlaubs- oder Freizeitgebiet, das über die entsprechenden Infrastrukturen verfügt, oder ein richtiges Konferenzzentrum. Normalerweise wird ein gemütlicher Tagungsort gewählt, man kleidet sich lässig und arbeitet in zwangloser Atmosphäre, aber sehr intensiv. Ein solches Seminar kann zwei oder drei Tage dauern und, sofern erforderlich, auch abendliche Sitzungen umfassen. Die Mahlzeiten sind gewöhnlich kurz und zwanglos, hin und wieder werden Pausen zur Entspannung und zur Sammlung neuer Kräfte eingelegt.

Viele Führungskräfte ziehen es vor, einen Unternehmensberater oder einen anderen hochqualifizierten Assistenten, der über besondere Fachkenntnisse im Bereich gruppendynamische Problemlösungstechniken verfügt, mitzubringen, um auf diese Weise den Prozeß der Strategieentwicklung zu erleichtern. Ihrer Ansicht nach ist ein Unternehmensberater, der die Dinge objektiv sieht und frei von irgendwelchen Rollenvorurteilen ist, in der Lage, ihr Denken anzuregen und zur Ermittlung von vielleicht ansonsten nicht offensichtlichen Alternativen beizutragen. Außerdem verstehen sich manche Berater hervorragend auf den Einsatz kreativer Denkverfahren, die den Managern nicht immer vertraut sind.

Für den Erfolg einer solchen Tagung müssen verschiedene Voraussetzungen erfüllt sein. Erstens muß das Gesprächsklima eine offene Diskussion und Problemlösung gestatten. Die Manager müssen an den Prozeß mit der Bereitschaft, wichtige Fragen auf den Tisch zu bringen und zu behandeln, herangehen. Sie müssen bereit sein, ein Gespräch unter Gleichberechtigten zu führen und ihre Meinung offen zu äußern.

Eine weitere Voraussetzung für einen erfolgreichen Verlauf der Tagung ist eine gewisse geistige Offenheit seitens der einzelnen Führungskräfte. Sie müssen gewillt sein, ein eigenes Urteil über die verschiedenen zur Sprache kommenden Fragen zurückzustellen, sich andere Tatsachen und Standpunkte anzuhören und sich vor einer eigenen Stellungnahme mit verschiedenen Aspekten eines Problems auseinanderzusetzen. Wichtig ist, daß eine kreative Strategietagung eher einer Gegenüberstellung von Ideen als einer Auseinandersetzung zwischen verschiedenen Persönlichkeiten dient.

Eine dritte Voraussetzung für eine wirksame Tagung ist ein Problemlösungsverfahren oder -modell, das alle Teilnehmer verstehen und anwenden können. Dazu sind sorgfältige Überlegungen und Vorbereitungen erforderlich. Führungskräfte, die nur wenig über Gruppendynamik, Gruppenproblemlösung und kreatives Denken wissen, neigen dazu, an eine Zusammenkunft, in der es um komplizierte Fragen geht, mit einer Haltung à la „Nun wollen wir die Dinge mal in Ordnung bringen" heranzugehen. Ihnen ist vielleicht nicht ganz wohl in einer Atmosphäre, in der jeder seinen Gedanken freien Lauf lassen kann und in der auch unterschiedliche Meinungen geäußert werden. Sie bestehen vielleicht darauf, verfrüht zu entscheidenden Fragen Stellung zu beziehen. Allzu oft endet eine solche Tagung dann in offenen Meinungsverschiedenheiten. Der Teilnehmer mit der lautesten Stimme, dem größten Stoß an Computerausdrucken oder der höchsten Stellung „gewinnt" vielleicht die Sitzung; das führt aber nicht unbedingt zu einer langfristigen Strategie und bleibendem Engagement.

Mit den richtigen Teilnehmern, der richtigen Atmosphäre und dem richtigen Verfahren kann die Gruppe darangehen, die gegenwärtige Lage des Unternehmens und die zukünftigen Aussichten unter Berücksichtigung der Marktforschungsergebnisse zu untersuchen. Entscheidende Fakten, Tendenzen, Fragen und Themen sollten hierbei umfassend, ohne Eile und gründlich analysiert werden. Die Führungskräfte müssen die momentane Marktlage, die Verbraucherdemographie und -psychographie, die Wettbewerbsverhältnisse, das gegenwärtige Image, frühere Erfolge und Mißerfolge und die Möglichkeiten einer wettbewerbsfähigen Positionierung des Unternehmens prüfen.

Im Laufe der Analyse müssen alle Teilnehmer bereit sein, einige grundlegende Fragen über das Unternehmen zu stellen und zu beantworten. Wie läßt sich unsere Tätigkeit definieren? Was ist für den Kunden heute wirklich von Bedeutung? Was wird morgen wichtig sein? Was sagen die Marktforschungsergebnisse über die wirklichen Bedürfnisse, die Motivationsstruktur und die Kaufneigung des Verbrauchers aus? Wo liegen für uns echte Marktchancen? Wie können wir unser Serviceangebot so gestalten, daß der Kunde es wirklich bemerkt und bereit ist, dafür Geld auszugeben?

Hier einige weitere Schlüsselfragen: Wie sieht der Kunde uns gegenwärtig? Wofür sind wir am meisten bekannt? Wodurch zeichnen wir uns besonders aus? Welches Image oder welche Rolle auf dem Markt würde unseren Kunden plausibel erscheinen? Wie können wir das Bild, das der Kunde von uns hat, erweitern? Wie können wir unseren Tätigkeitsbereich ausdehnen?

Dieser äußerst kreative Prozeß zielt darauf ab, eine Servicestrategie, die für alle Mitarbeiter des Unternehmens ein verbindendes Element ist, zu erfinden, zu entdecken oder zu entwickeln. Eine wirksame Servicestrategie läßt sich mit einer Absichtserklärung vergleichen und muß mindestens die folgenden Bedingungen erfüllen:

1. Sie darf nicht banal sein; sie muß bedeutungsvoll sein. Sie muß mehr als nur eine Erklärung oder ein Slogan sein. Sie muß ausreichend konkret und handlungsorientiert sein.

2. Sie muß ein Konzept vermitteln oder einen Auftrag erteilen, welche die Mitarbeiter verstehen, zu denen sie eine Beziehung entwickeln und die sie irgendwie in die Tat umsetzen können.

3. Sie muß einen für den Kunden wichtigen, entscheidenden Nutzen bieten oder damit in Zusammenhang zu bringen sein. Sie muß etwas, wofür der Kunden zu zahlen bereit ist, in den Mittelpunkt stellen.

4. Sie muß das Unternehmen aus der Sicht des Kunden durch etwas Entscheidendes von der Konkurrenz abheben.

5. Soweit möglich, sollte sie einfach, einheitlich, leicht in Worte zu fassen und dem Kunden leicht zu erklären sein.

Die Entwicklung einer wirksamen Servicestrategie ist gewöhnlich ein sehr viel anspruchsvolleres und schwierigeres Unterfangen als es zunächst erscheinen mag. Oft gleitet die Strategiediskussion ab in Plattheiten über die guten Seiten des Unternehmens und in eindrückliche Aufforderungen an die Mitarbeiter an der Front, härter zu arbeiten, intensiver zu lächeln und überlegter zu handeln. Solche diffusen Botschaften führen im allgemeinen zu dem bereits beschriebenen „Trommelwirbel- und Fahnenverfahren". Wir können sämtlichen Angestellten Ansteckknöpfe ans Revers heften; wenn diese aber nicht wirklich etwas aussagen, wird sich kaum eine Wirkung einstellen.

Es gibt einige bemerkenswerte Beispiel für sehr konkrete, spezifische Servicestrategien, durch welche die Front-Mitarbeiter in die Lage versetzt werden, sich wirklich auf die Qualität der Kundenerfahrung zu konzentrieren. Im Falle Deluxe Check Printers, Inc., handelt es sich um eine ziemlich einfache Strategie: die schnelle Auftragsabwicklung bei Scheckvordrucken. Das Deluxe-Management kam bereits vor vielen Jahren zu der Feststellung, daß eine zuverlässige und schnelle Abwicklung für Banken, die sich bei Neukunden ein gutes Serviceimage bewahren wollen, ein überaus wichtiger Faktor ist. Erhält der Kunde seine Schecks erst Wochen, nachdem er ein Konto eröffnet hat, wird er annehmen, die Bank sei langsam und wenig leistungsfähig. Folglich ist das von den Führungskräften bei Deluxe gepredigte Rezept die schnelle Auftragsabwicklung.

Die McDonald's Corporation, die ungeheuer erfolgreiche Hamburger-Kette, hat eine einfache Servicestrategie, die sich leicht jedem Beteiligten nahebringen läßt: Fast Food, das wirlich *schnell* fertig, schmackhaft zubereitet und von gleichbleibender Qualität ist.

Sears, Roebuck & Co. verfolgt seit vielen Jahren in den Einzelhandelsgeschäften der Kette eine Garantiepolitik, die bei Unzufriedenheit „Geld zurück" verspricht. Diese Servicestrategie ist im Denken der Sears-Kunden, wie des Verkaufspersonals, so stark verwurzelt, daß sie im wahrsten Sinn des Wortes zu einem Glaubensartikel geworden ist. „Wenn Sie mit der Ware nicht zufrieden sind, bringen Sie sie zurück, und Sie bekommen Ihr Geld wieder." Sears hat vielleicht mit anderen Imageproblemen zu kämpfen, Vertrauen und Zuverlässigkeit gehören aber nicht zu den kritischen Punkten.

Sharper Image, ein Versandhaus mit Sitz in San Francisco, das sich vorwiegend an Käufer aus höheren Einkommensschichten wendet, hat mit einer einfachen und konsequenten Servicestrategie ein gewinnbringendes Geschäft ins Leben gerufen: Es handelt sich um qualitativ hochwertige Produkte für eine Zielgruppe junger, berufstätiger Männer, die Geld haben und das auch genießen wollen. Zur Strategie gehört die Zusage, daß das Geld bei Unzufriedenheit ohne weitere Fragen erstattet wird; dadurch wird ein im Versandhandel unbedingt entscheidendes Element des Vertrauens eingebracht.

Eine neue Servicestrategie erfordert im allgemeinen eine gewisse Umorganisation des Unternehmens. In einigen Fällen besagt die Strategie vielleicht, der bisherige Kurs und die gegenwärtige Geschwindigkeit seien zu halten, und das Unternehmen solle sich weiterhin auf die Bereiche konzentrieren, in denen es Bestes zu bieten hat. Dies bedeutet aber, daß Möglichkeiten gefunden werden müssen, um diese Aufgabe noch besser zu erfüllen und um den Mitarbeitern des Unternehmens die Prioritäten noch eindringlicher zu verdeutlichen.

Andererseits kann eine neue Strategie eine Neuorientierung des Unternehmens im Hinblick auf seinen Markt und seine Kunden erfordern. Die Führungsmannschaft könnte entscheiden, einen anderen Service-Mix anzubieten, gewisse Leistungen stärker zu betonen, anderen hingegen geringere Beachtung zu schenken oder auch das Verfahren zu ändern, nach dem die Front-Mitarbeiter Serviceleistungen erbringen.

Im Extremfall beschließt das Management möglicherweise sogar, die Position des Unternehmens insgesamt radikal zu verändern. Eine Reihe von Dienstleistungseinrichtungen, darunter die Kirchen, die Pfadfinder und Pfadfinderinnen sowie Privatschulen mußten feststellen, daß sie den Kontakt zu ihren „Kunden" in gefährlichem Ausmaß verloren hatten, weil sie sie nie als Kunden gesehen hatten. Diese Behauptung trifft — zumindest in gewissem Maße — wahrscheinlich auch auf die meisten Krankenhäuser zu; viele von ihnen befinden sich im Augenblick in großen Schwierigkeiten und bemühen sich um eine völlig neue unternehmerische Positionierung.

Wird vom Konzept des Service-Managements ausgegangen, ist das Ergebnis der Strategieformulierung die Festlegung einer wettbewerbsfähigen Ausrichtung, die zum Service-Evangelium des Unternehmens wird. Den Managern auf allen betrieblichen Ebenen fällt die Aufgabe zu, dieses Evangelium zu predigen und zu lehren sowie die Mitarbeiter bei der praktischen Umsetzung zu unterstützen.

Schritt 3: Aufklärung — Das Service-Evangelium predigen und lehren

Bisher haben wir uns eher geringschätzig darüber geäußert, wie wenig sich Schulungen eignen, um die Serviceorientierung eines Unternehmens zu verbessern. Wir haben die Ansicht vertreten, daß sich ein Großteil der Schulungsangebote in Dienstleistungsunternehmen in Wirklichkeit auf eine Art „Schule des Lächelns" beschränkt, d.h. daß man versucht, intelligenten Erwachsenen beizubringen, „nett und freundlich zu sein". Trotzdem sind wir aufgrund unserer Erfahrungen mit Großunternehmen und aufgrund eindeutiger Erfolge in Europa zu dem Schluß gekommen, daß gezielte und umfassende Schulungsprogramme eine wesentliche Rolle bei der Umwandlung eines Unternehmens in eine kundenorientierte Wirtschafteinheit spielen können.

In dem Bemühen, dem Unternehmen neuen Schwung zu verleihen, schickte Scandinavian Airlines mehr als 20.000 Mitarbeiter auf Trainingskurse. Mit demselben Ziel schulte British Airways über 37.000 Beschäftigte. In beiden Fällen umfaßte das Programm zwei volle Tage Persönlichkeitsschulung. Hinter dieser riesigen Investition in das Humanvermögen stand die Überlegung, daß Mitarbeiter, die gelernt hatten, ihr persönliches Leben besser zu gestalten, auch in der Lage sein würden, effektiver und produktiver zu arbeiten. Jan Carlzon von SAS und Colin Marshall von British Airways waren der festen Überzeugung, daß es entscheidend wichtig sei, den Mitarbeitern auch etwas von persönlichem Wert zu bieten und sie nicht nur auf einen Trainingskurs in „Kundenservice" zu schicken.

Massenschulungen in solchen Ausmaßen, wie sie von SAS oder von British Airways durchgeführt wurden, sind in der amerikanischen Wirtschaft, insbesondere im Dienstleistungsgewerbe, nicht üblich. Viele im Dienstleistungsbereich Beschäftigte erhalten keine oder nur geringe gezielte Ausbildung und sind darauf angewiesen, die notwendigen Fähigkeiten so gut wie möglich durch ihre Erfahrungen am Arbeitsplatz zu erlernen. Anstatt Massenschulungen zu veranstalten, vermitteln amerikanische Unternehmen, um bessere Frontleistungen zu erzielen, gewöhnlich dem mittleren Management und unter Umständen auch unmittelbaren Vorgesetzten Grundkenntnisse in Motivierung und Menschenführung.

So hofft man, daß die Grundideen eines guten Service in gewisser Weise durch alle Unternehmensebenen hindurchsickern und schließlich auch die an vorderster Front tätigen Mitarbeiter erreichen. Die meisten Führungskräfte stellen jedoch fest, daß komplizierte Konzepte nur selten sehr weit durchsickern. In den häufigeren Fällen versickern sie nach zwei oder drei Stufen.

Ein weiterer Bestandteil des typisch amerikanischen Ansatzes einer Indoktrinierung von oben nach unten ist die Verwendung formaler Anforderungsprofile, durch die ganz bestimmte Verhaltensweisen seitens der Front-Mitarbeiter, die dann „Freundlichkeit" ergeben sollen, festgelegt werden. Dieses Verfahren ist besonders in Branchen mit genau geplanten, sich wiederholenden Arbeitsaufgaben wie im Gastgewerbe, im Einzelhandel und im Hotelgewerbe beliebt. Trotzdem besteht Anlaß, die Wirksamkeit rein von oben nach unten strukturierter Methoden in Frage zu stellen.

Werden Anforderungsprofile von oben aufgezwungen, entstehen oft stark bürokratisierte Managementformen, die nicht in der Lage sind, Engagement und Begeisterung der Servicemitarbeiter zu gewinnen. Diese fühlen sich oft gekränkt und haben den Eindruck, herumgestoßen zu werden, wenn ihre Vorgesetzten sie darauf hinweisen, daß ihre Leistung gemessen werden soll und man sie aufgrund ihres Serviceverhaltens beurteilen will. Dahinter scheint der Gedanke zu stecken, man müsse kräftig nachhelfen, damit diese Mitarbeiter gute Serviceleistungen erbringen.

Andererseits haben einige Beobachter der skandinavischen Szene behauptet, daß die dort verwendeten reinen Massenschulungsprogramme nur dazu dienen, das Unternehmen zu „hypnotisieren", ohne eine Basis für dauerhafte Veränderungen zu schaffen. Zwar hat das „gesetzgebende" Verfahren von oben nach unten offensichtlich seine Nachteile; Massenschulungen allein bieten aber wohl ebensowenig eine befriedigende Lösung.

Eine wohlüberlegte Verbindung von amerikanischen Verfahren mit in Skandinavien und anderen Teilen Europas eingesetzten Methoden könnten sich als für eine neue Servicephilosophie sehr vielversprechend erweisen. Wir stellen uns diese Verschmelzung verschiedener Methoden vor als eine Kombination aus Massenschulungen, also eines Verfahrens europäischen Stils, und aus einer planvollen Weiterentwicklung der Unternehmenskultur, wie sie von amerikanischen Firmen umfassender als von europäischen entwickelt wurde. Viele US-Unternehmen, wie Federal Express und Marriott Hotels, haben eine lange Tradition in wirksamer Serviceschulung. Andere sind dabei aufzuholen. Natürlich reicht es nicht aus, Mitarbeiter bloß zu schulen. Das gesamte Vorhaben muß konsequent bis zum Ende durchgeführt werden. Die Unternehmenskultur muß so angelegt sein, daß sie Einsatz, Kreativität und Begeisterung belohnt. Die praktische Umsetzung des Service-Managements muß ein Prozeß sein, der eine Entwicklung des gesamten Unternehmens herbeiführt. Sind wir dazu in der Lage, dann fällt Schulungsprogrammen ihre natürliche Rolle zu, wird das Management sinnvoller und verändern sich die Normen des Unternehmens in Richtung auf stärkeres Kundenbewußtsein.

Schritt 4: Durchführung — Kreativität an der Basis freisetzen

Wie läßt sich ein Service-Managment-Programm oder -Verfahren wirksam und vollständig durchführen? Wie läßt sich dieser „Durchschwung" so gestalten, daß er seine Kraft behält, gedeiht und wächst? Wie können wir Mitarbeit und Engagement der Mehrheit der Betriebsangehörigen gewinnen? Dies sind die entscheidenden Fragen, mit denen wir uns im Stadium der Durchführung auseinanderzusetzen haben. Wir müssen herausfinden, wie wir den Servicemitarbeitern dabei helfen können, ihre Energie und ihre Fähigkeiten zum Nutzen des Kunden und folglich des Unternehmens einzusetzen.

Engagement läßt sich am besten dadurch gewinnen, daß man das Problem der Servicequalität ganz offen in die Verantwortung derer, die den Service erbringen, stellt. Anstatt ihnen in sämtlichen Details zu sagen, was Servicequalität ist und wie sie sich zu verhalten haben, um sie zu erzielen, sollten wir sie auffordern, Servicequalität selbst zu definieren. Wir sollten sie dazu anregen und herausfordern, selbständig zu entdecken, wie sich die Qualität der Kundenerfahrung maximieren läßt. Wir sollten ihnen nicht nur eine neue Auffassung vom Problem des Service beibringen, sondern wir sollten ihnen auch die Freiheit lassen, eigenständig wirksame Servicetaktiken zu entwickeln. Dies entbindet das Management von der Aufgabe, bestimmte Verhaltensweisen vorschreiben zu müssen, und setzt ungeheure Energie an der Basis frei.

Qualitätskreise sind ein Verfahren, das die Betroffenen in die Lage versetzt herauszufinden, wie sie ihre Aufgabe besser erfüllen können, und das auf diese Weise den Leistungsstand der Basis erhöht. In einem Dienstleistungsunternehmen kann der Qualitätskreis zu einem Servicekreis werden. Er kann eine Grundlage für Problemanalyse und -lösung, für Innovation und für die Entwicklung neuer Methoden zur Befriedigung von Kundenbedürfnissen schaffen.

Ein Qualitätskreis ist meist eine Gruppe von Arbeitnehmern in ausführenden Funktionen, die regelmäßig zusammenkommen, um ihre Arbeitsleistung zu verbessern. Ein typischer Qualitätskreis ist eine intakte Arbeitsgruppe; aber natürlich gibt es Ausnahmen von dieser allgemeinen Regel. Der Gruppenleiter ist normalerweise auch der Leiter des Kreises. In einigen Unternehmen arbeiten diese Kreise mit eigens hierzu ausgebildeten Fachleuten, die den Mitgliedern Problemlösungsverfahren zeigen und ihnen dabei behilflich sind, diese Methoden so anzuwenden, daß ihre Produkte oder Dienstleistungen verbessert werden.

Bei British Airways wurden Servicekreise sowohl in Großbritannien als auch im Ausland als Grundbestandteil der Durchführungsstrategie eingesetzt. Im Sinne der von

Colin Marshall verkündeten Strategie des „Customer First" hat das Unternehmen in Großbritannien über 70 und in anderen Ländern über 40 Servicekreise ins Leben gerufen. Diese Gruppen haben Tausende von Empfehlungen und Verbesserungsvorschlägen auf den Tisch gebracht; Hunderte dieser Ideen wurden verwirklicht und haben entweder zu spürbaren Verbesserungen der Servicequalität oder zu erheblichen Einsparungen geführt.

Die Servicekreismethode könnte sich in den Vereinigten Staaten als besonders vorteilhaft erweisen, da so viele Unternehmen über Erfahrungen mit Qualitätskreisen verfügen. Nicht alle davon haben diese Methode auch wirksam eingesetzt, und nicht alle sind mit diesem Verfahren vollkommen zufrieden; trotzdem ist das Konzept der Qualitätskreise eine vielversprechende Möglichkeit. Wenn Qualitätskreise ihre ursprünglichen Zielsetzungen nicht erreichen, ist die Ursache dafür häufig das Fehlen eines Aufgabenschwerpunkts. Dann verbringen die Gruppen vielleicht zu viel Zeit mit nebensächlichen Fragen wie dem Kantinenessen, und das Management findet die Ergebnisse dann alles andere als befriedigend.

Wird den Qualitätskreisen ein Auftrag im Servicebereich erteilt, empfinden sie ihre Aufgabe wahrscheinlich wieder als befriedigender. Die Suche nach neuen und besseren Möglichkeiten, sich gute Beurteilungen durch die Kunden zu verdienen, kann der Gruppe das Gefühl verleihen, daß sie wichtig ist und zum Erfolg des Unternehmens einen wertvollen Beitrag leistet. Dies wiederum kann ein Gefühl positiver Spannung, Engagement und neue Begeisterung fördern, eine Einstellung, die dazu beitragen kann, das Service-Management-Programm bis zum Ende durchzuführen.

Schritt 5: Das Serviceengagement aufrechterhalten und zu einem Lebensstil machen

Ist das Service-Management-Programm in unserem Unternehmen einmal angelaufen, und beginnt es, sich bei der Belegschaft durchzusetzen, geht es in einem nächsten Schritt darum, betriebliche Strukturen zu schaffen, die dazu beitragen, dieses Programm zu etwas Beständigem zu machen. Dies erweist sich nun in vielen Fällen als der Schwachpunkt im gesamten Ablauf, weil heilige Kühe bekanntlich schwer zu schlachten sind. Sehr oft stellt man fest, daß betriebliche Gepflogenheiten, Traditionen, Politiken, Systeme, Verfahren und Arbeitsvorschriften die Einführung neuer und kreativer Servicemethoden behindern. Begeisterte und ideenreiche Mitarbeiter werden unter Umständen schnell durch die vielen Stolpersteine der Bürokratie, durch Gebote und Verbote, die sie an jeder Ecke überfallen, entmutigt.

Nur wenige Manager werden zugeben, daß ihre Methoden bürokratisch sind, und fast alle werden der Notwendigkeit neuer, kreativer Maßnahmen zustimmen. Aber sobald es darum geht, ihre eigenen Methoden zu ändern, zeigt sich im allgemeinen der Unterschied zwischen „Theorie" und „Praxis". Es ist erstaunlich, wie sehr sich bestimmte Mitarbeiter in einem Unternehmen auf ihre bisherigen Gewohnheiten und Vorgehensweisen versteifen können. In dieser Phase nun können das Interesse und der Einfluß des Topmanagements eine wichtige Rolle spielen. Wenn die Führungsmannschaft die leitenden

Angestellten auf sämtlichen Ebenen an die Bedeutung der Servicestrategie erinnert und sie freundlich, aber bestimmt auffordert, diese Strategie in der Praxis mitzutragen, dann lassen sich die versteinerten Strukturen der Gewohnheit durchbrechen. Neue und wirksamere Methoden können dann die alten ablösen.

Die Umsetzung eines Service-Management-Programms in einem Großunternehmen erfordert, wie bereits angesprochen, einen intensiven Aufklärungsprozeß sowie die bleibende Unterstützung des Managements. Die Zustimmung des Managements zum Servicekonzept muß sichtbar und konsequent sein. Die Manager müssen sich mit Überzeugung ihrer Rolle als Prediger und Lehrer des Service-Evangeliums widmen und sollten sich besonders darum bemühen, das Servicebewußtsein auf Seiten der Mitarbeiter, welche diese Leistungen an der Front erbringen, zu stärken.

Schließlich empfiehlt es sich, im Laufe der Weiterentwicklung des Service-Management-Prozesses dafür zu sorgen, daß die unterstützenden Systeme im Unternehmen auf das Servicekonzept ausgerichtet sind. Richtet sich die Personalanwerbung und -einstellung zum Beispiel an Arbeitskräfte, die Serviceaufgaben wirksam erfüllen können? Verankert der Einarbeitungsplan die Servicestrategie von Anfang an im Bewußtsein der neuen Mitarbeiter? Predigt das betriebsinterne Mitteilungsblatt dieselben Grundsätze wie der Vorstand? Tragen die Schulungsprogramme dazu bei, die Sache eines effektiven Service zu fördern? Ist die Leistungsplanung auf die Ziele des Service-Management-Programms ausgerichtet? Gewährleistet das Leistungsbeurteilungsverfahren ein Ergebnisfeedback an die Mitarbeiter über die Wirksamkeit ihrer Bemühungen?

Zu irgendeinem nicht genau feststellbaren Zeitpunkt hört das Service-Management-Programm auf, ein Programm zu sein und wird zur Grundausrichtung des Unternehmens. Dieses Ziel zu erreichen, bedeutet vielleicht, viel Zeit, Energie, Geld und kreatives Denken investieren zu müssen. Die Unternehmen, denen es gelingt, diese Investition am wirkungsvollsten zu gestalten, werden gedeihen und wachsen.

Folgende Fehler sind zu vermeiden

Die Durchführung des Service-Management-Konzepts in einem Großunternehmen scheint eine sehr klare Sache zu sein. Tatsächlich ist das Konzept an sich so einfach, daß viele Manager versucht sind, dieses Vorhaben in seinen Ausmaßen zu unterschätzen. Die Kultur einer Gruppe zu verändern, ist alles andere als leicht. Es ist selten eine einfache Aufgabe und läßt sich fast nie schnell durchführen. Leider versuchen begeisterte und entscheidungsfreudige Manager oft, den direktesten Weg zu wählen, was in vielen Fällen zu enttäuschenden Ergebnissen führt.

Zum Beispiel ist es ein grundlegender Fehler zu unterschätzen, wie entscheidend sich die Einstellung der Belegschaft in jedem Fall auf den Erfolg eines solchen Programms auswirkt. Eine Gruppe ausgelaugter, lustloser, zynischer, demoralisierter Leute oder Mitarbeiter, die unter irgendeiner Kombination dieser Faktoren leiden, werden sich wohl kaum vom Geist der Kampagne mitreißen lassen. Aus diesem Grund empfiehlt es sich im allgemeinen, zu Anfang des Programms das im Unternehmen herrschende Klima unter die Lupe zu nehmen. Durch betriebsinterne Umfragen, Interviews und Schwerpunktgruppen läßt sich feststellen, mit welcher Arbeitsmoral, mit wieviel Optimismus und Energie wir während der Durchführungsphase zu rechnen haben.

Aber wir brauchen nicht nur die Unterstützung oder zumindest die Bereitschaft der Belegschaft, wir brauchen auch ein sinnvolles Programm. Es muß für die Mitarbeiter in verschiedener Hinsicht attraktiv sein, muß Kopf und Herz ansprechen. Als abschließende Anmerkung zur Durchführung eines Service-Management-Programms möchten wir einige Gedanken aus eigener Erfahrung beitragen und kurz aufzeigen, was man alles falsch machen kann. Es folgen nun einige der am weitesten verbreiteten Fehler, einige der häufigsten Fallen, in die Manager bei dem Versuch, eine umfassende Kampagne zur Neuorientierung ihres Unternehmes durchzuführen, unserer Erfahrung nach gerne fallen. Wir wünschen Ihnen, daß Sie sich nie eines dieser Vergehen schuldig machen.

Kurzlebiges Interesse. Das Management sprüht vor Begeisterung, aber bis die Plakate aus der Druckerei zurückkommen, sind die Zuständigen durch andere, „dringendere" Probleme abgelenkt und vergessen, was sie sich eigentlich vorgenommen hatten. Wir nennen das den „Thema-des-Monats"-Stil; er erzeugt Zynismus unter den Angestellten und Arbeitern und zerstört die mehr oder weniger große Glaubwürdigkeit, welche die Führungskräfte in ihren Augen hatten. Es ist wichtig, das Spiel langfristig anzulegen; das gesamte Management muß entschlossen sein, den Kurs zu halten.

Leere Phrasen. Weil ihnen eine echte Servicestrategie fehlt und sie auch nicht wissen, wie sie eine solche entwickeln sollen, greifen einige Führungsteams auf Slogans zurück und versuchen so dem Kunden vorzumachen, daß sich etwas geändert hat. Leere Phrasen sind bestenfalls harmlos, manchmal sind sie einfach Geldverschwendung. Oft aber können sie wie ein Bumerang wirken, insbesondere dann, wenn die eigentliche Servicequalität weit hinter den Versprechungen der Werbung zurückbleibt. Slogans sollten erst dann eingesetzt werden, wenn wir wirklich etwas haben, dessen wir uns rühmen können und das für den Kunden wirklich von Bedeutung ist.

Trommelwirbel und Fahnen. Dieses Verfahren ist die betriebsinterne Version der Werbesloganmethode. Es ist ein Versuch, die Servicemitarbeiter zu hypnotisieren, ohne daß eine Strategie da ist, die man predigen oder lehren könnte. Ansteckknöpfe, Plakate und die Motivation fördernde Filme tragen nur dann zur Verbesserung der Servicequalität bei, wenn Ihre Mitarbeiter wissen, wie der Kunde angesprochen werden soll und wie dieses Angebot an den Mann gebracht werden soll. Sorgen wir dafür, daß unsere Botschaft einen Inhalt hat. Entwickeln wir eine wettbewerbsfähige Servicestrategie und vermitteln wir den Leuten die Botschaft, ohne sie zu hypnotisieren.

Schule des Lächelns. Sicherlich brauchen wir Schulungen. Diese können sich auf Heller und Pfennig auszahlen. Vielleicht hat ein einziger entscheidender Augenblick der Wahrheit, der von einem Mitarbeiter, in dessen Schulung wir investiert haben, geschickt bewältig wird, ungeheure Auswirkungen auf das Urteil, das der Kunde über unser Unternehmen abgibt. Beleidigen wir unsere Mitarbeiter aber nicht, indem wir ihnen das Lächeln oder das „Nettsein" beizubringen versuchen. Behandeln wir sie wie Erwachsene, und geben wir ihnen das Handwerkszeug und das Wissen an die Hand, mit denen sie selbst feststellen können, wie sie mit ihren Augenblicken der Wahrheit erfolgreich fertigwerden können.

Leichenstarre. Verwaltungstechnisch denkende Manager sind manchmal in Versuchung, den Service-Management-Prozeß zu überorganisieren. Sie schaffen Schriftstücke, Formulare, Berichte, Verfahren, Prüfungsausschüsse und andere Prunkstücke einer übermäßigen Kontrolle und graben so unter Umständen dem Programm das Wasser ab, bevor es überhaupt in Fluß kommt. Wir sollten ein Verfahren von der Art einer organisierten Kampagne wählen, den Schwerpunkt aber beim Beitrag der einzelnen und der Servicequalität belassen.

12
Service morgen:
Was dürfen wir erwarten?

Wir sehen dem nächsten Jahrzehnt optimistisch entgegen: Dienstleistungen aller Art werden immer besser werden.
Karl Albrecht / Ron Zemke

Werden Dienstleistungen in unserer Wirtschaft morgen genauso wichtig sein wie heute? Nein, sie werden *wichtiger* sein. Alles deutet darauf hin, daß die immer deutlichere Verschiebung der Schwerpunkte von der Industrie zu Dienstleistungen, die Nachfrage nach mehr und besseren Dienstleistungen und die steigende Beschäftigtenzahl im Dienstleistungsgewerbe uns alle sehr viel servicebewußter machen werden. Diese Entwicklung wird sich nicht nur in den Vereinigten Staaten, sondern in allen entwickelten Ländern vollziehen.

Nach Schätzungen einiger Fachleute werden im Jahr 2000, also in nicht sehr ferner Zukunft, 88 Prozent der amerikanischen erwerbstätigen Bevölkerung im Dienstleistungssektor beschäftigt sein. Halten Sie das für fast unglaublich? Dann machen Sie folgenden einfachen Test. Werfen Sie einen Blick in Ihre Aufzeichnungen über ausgefüllte Schecks oder in Ihr persönliches Ausgabenbuch. Dort bekommen Sie eine Vorstellung von der breiten Palette von Dienstleistungen, die Sie bereits heute im Alltag in Anspruch nehmen: Reinigung, Friseur, Versicherung, Blumen, Kinokarten, eine Restaurantrechnung, eine Kreditkartengebühr, der Klempner, eine neue Brille, eine Pizza, der Babysitter, Briefmarken, die Mitgliedsgebühr im Fitnessclub, Fernsehreparaturen, eine Kfz-Wartung und ein Ölwechsel.

Steigende Erwartungen

Die Menschen werden sich der mittelmäßigen Qualität vieler Dienstleistungen, die ihnen in so manchem Bereich ihres täglichen Lebens geboten werden, immer stärker bewußt, und sie fangen an, sich darüber zu ärgern. Sie wollen, daß etwas unternommen und die Lage verbessert wird. Ironischerweise verärgert sie unter anderem gerade auch die Feststellung, daß bei den leistungsfähigsten Unternehmen guter Service möglich und rentabel ist; und sie wollen mehr davon.

Wir können aus gutem Grund dem Leben im nächsten Jahrzehnt optimistisch entgegenblicken: Dienstleistungen aller Art werden besser und besser werden. Die Tendenz in Richtung auf eine Dienstleistungswirtschaft und eine Dienstleistungskultur ist so stark und in ihren Eigenheiten so glasklar, daß sie viele Jahre lang eine entscheidende Antriebskraft im Wettbewerb sein wird. Unsere wachsenden Erwartungen als Kunden und die Kreativität der Unternehmen, die uns als Kunden wollen, werden dazu führen, daß die Qualitätsstandards im Servicebereich noch höher gesteckt werden.

Kurzfristig gesehen, d.h. schon in den nächsten Jahren, werden wir wahrscheinlich beobachten können, daß die Dienstleistungsunternehmen im Bereich Werbung und Absatzförderung erhebliche Anstrengungen unternehmen. Anfangs wird es wohl vor allem eine mit Gemeinplätzen geführte Auseinandersetzung sein. Konkurrierende Firmen werden um die zugkräftigsten, kreativsten Slogans wetteifern, um aufzuzeigen, wie kundenorientiert sie sind.

Während dieses frühen Stadiums wird es wahrscheinlich nur 10 bis 15 Prozent der Beteiligten wirklich gelingen, ihrer Unternehmenskultur eine völlig neue Ausrichtung zu geben und sie kundenorientiert zu machen. Die anderen Unternehmen werden weiterhin Slogans erfinden und darauf hoffen, daß die richtige Werbebotschaft zum Ziel führt. In dem Maß, in dem die grundlegende Bedeutung einer Servicephilosophie für jede unternehmerische Tätigkeit erkannt wird, werden auch die anderen Firmen schließlich nach und nach lernen, sich eine solche zu erarbeiten.

Herkömmliche Dienstleistungen werden vielleicht einen persönlicheren Charakter bekommen, wohingegen einige andere stärker „industrialisiert" und weniger persönlich werden. Auf jeden Bankomaten, der eine von Mensch zu Mensch vorgenommene Bankoperation überflüssig macht, kommt vielleicht, z.B. in Kfz-Werkstätten, ein stärkeres persönliches Engagement. Naisbitts Konzept von High-Tech/High-Touch kehrt offensichtlich immer wieder.

Es gibt genügend Möglichkeiten für Innovationen

Auch völlig neue Dienstleistungen werden aufkommen. Je anspruchsvoller wir in unserer Rolle als Dienstleistungskunden werden, desto kreativer werden die Anbieter ihre Servicepalette gestalten. Hier nur einige Beispiele von möglichen neuen Dienstleistungen:

- *Partnervermittlungen im Kapitalbereich.* Hier geht es nicht um junge Leute auf Partnersuche, sondern um junge Unternehmen auf Kapitalsuche. Venture Capital Network beschäftigt sich zum Beispiel mittels einer Datenbank und eines Telecom-Anschlusses damit, Firmenneugründungen und Risikokapitalgeber zusammenzubringen.
- *Fast Food.* Nicht nur Pizza, sondern fast alles, was „beförderbar" ist. Der Pizzastand an der Ecke wird damit zu einer allgemeinen Institution.
- *House sitting mit Garantie.* Wenn ein Unternehmen einen Housesitter zur Verfügung stellt, bietet es gleichzeitig eine Versicherung und begrenzt das Schadensrisiko auf ein Minimum. Einige dieser Firmen arbeiten zu geringsten Kosten mit Rentnern.

Auch Hunde, Katzen und Pflanzen sind hier in guten Händen.
- *Kindergeschäfte.* Zum Beispiel Buchhandlungen, deren Angebot ausschließlich auf Kinder ausgerichtet ist.
- *Einkaufshilfe.* Die zunehmende Zahl an Zwei-Personen-Haushalten hat Unternehmen, die das Einkaufen von Kleidung, Möbeln, Urlaubsreisen und einer Vielzahl anderer Konsumgüter übernehmen, neue Möglichkeiten eröffnet.
- *Softwarebeschaffung.* Für Anwender von Personal Computern ist die Suche und die Beurteilung von ihren Bedürfnissen entsprechender Software eine zeitraubende und belastende Aufgabe; folglich schießen Firmen, die in diesem Bereich behilflich sind, wie Pilze aus dem Boden.
- *Aushilfskräftevermittlung.* Nicht nur Schreibkräfte und Tagesarbeitskräfte werden vermittelt. Professionelle Buchhalter, Programmierer, Führungskräfte und viele andere Berufe werden hier gehandelt.

Manchmal werden mit der Einführung neuer Dienstleistungen andere, sehr kostspielige Leistungen ersetzt. John Naisbitt bezeichnet dieses Phänomen als Bypassing. So können zum Beispiel Videokonferenzen und PC-Kommunikation über Telefon die Zahl der erforderlichen Flugreisen herabsetzen. Mit immer größerer Bedeutung des Computers wird vielleicht die Abhängigkeit von formal gestalteten Strukturen im Bildungswesen verringert. Selbst die Elektrizitätswerke werden vielleicht in gewissem Ausmaß Strom durch die sogenannte Cogeneration, d.h. durch die Ausnützung von Industrieabwärme erzeugen.

Dienstleistungen am freien Markt

Auch durch die Entlassung wichtiger Wirtschaftszweige aus staatlicher Kontrolle werden sich Unternehmen, die mit der Zeit gehen können, große Chancen bieten. Viele Europäer sind über Ausmaß und Geschwindigkeit der Deregulierung in den Vereinigten Staaten schockiert. „Wie nur", fragen sie, „sollen die Vereinigten Staaten überleben, wenn Erfolg oder Mißerfolg der wichtigsten öffentlichen Dienstleistungen — des Gesundheits- und des Verkehrswesens, des Nachrichtensektors, und wer weiß, was sonst noch kommt — dem freien Spiel der Marktkräfte überlassen werden? Wo bleibt da das öffentliche Interesse?

Der Bereich der *Nachrichtentechnik* ist hierfür ein klassisches Beispiel. Wir haben mehrere Male die Probleme der neuen Telefongesellschaft AT&T erwähnt, und die regionalen Telefongesellschaften haben seit der Neuordnung des Telefonwesens in den USA oft genug für Schlagzeilen gesorgt. Aber es bleibt die Tatsache, daß die Telefone in Amerika noch immer funktionieren, und zwar besser als in den meisten anderen Ländern. Unternehmen wie MCI und Sprint bieten neue Tarife und neue Leistungen und versprechen uns, daß wir der alten Telefongesellschaft Ma Bell nicht nachzutrauern brauchen.

Trotzdem bleiben Fragen offen. Die neuen Gesellschaften scheinen genauso lang wie die alten Bell-Unternehmen mit den Gebührenkommissionen zu verhandeln. Und obwohl die Telefone noch immer klingeln, fragen sich viele, ob sie die niedrigeren Gebühren und stärkeren Innovationen, die als Erklärung für das Aufbrechen des Unternehmens herangezogen und den Verbrauchern versprochen worden waren, wirklich erleben werden.

Der Kritiker Alexander Cogburn nimmt kein Blatt vor den Mund: "Ein einstmals stolzes Unternehmen schaufelt heute verzweifelt technologischen Plunder auf den Markt und kämpft noch immer mit der Deregulierung. Natürlich kämpft es. Wenn Sie einem Känguruh den Schwanz absägen und ihm befehlen würden, ein Windhund zu sein, hätte das arme Kerlchen auch Probleme."

Eine interne Mitteilung, die bei AT&T vor der Neuorganisation herausgegeben wurde, gemahnte die Mitarbeiter nicht zu vergessen, daß sie ab 1. Januar 1984 nicht mehr im „Service"-Sektor arbeiten würden. Zu diesem Stand der Dinge Stanley Davis von der Universität Boston: „Universeller Service *war* das Herzstück der Unternehmenskultur bei AT&T; statt ihn neu zu definieren, hat man ihn unklugerweise aufgegeben." Der seit kurzem zu beobachtende Eifer bei auf das Serviceangebot ausgerichteter Werbung deutet darauf hin, daß AT&T vielleicht wirklich das wiederentdeckt, worauf es sich immer am besten verstanden hat — es für die Leute einfach und leicht zu machen, „den Hörer abzuheben und mit jemandem in Kontakt zu treten".

Wer erklärt nun dem Verbraucher, was eigentlich vor sich geht, solange die Branche sich im Umbruch befindet und die Karten im Wettbewerb neu gemischt werden? Sicher nicht die Gerichte und öffentlichen Ausschüsse. Ihnen haben wir es zu verdanken, daß unsere monatlichen Telefonrechnungen so umfangreich und schwer verständlich sind. Weil die Angestellten von AT&T nicht mehr wissen, was ihre Rechte und Pflichten sind, und die Kunden der ewigen Änderungen im Fernsprechbereich einfach müde sind, gibt es natürlich große Chancen für jeden, der in der Lage ist, in die Branche der Nachrichtentechnik eine klare Linie zu bringen. Im Augenblick jedenfalls ist niemand mit dem Fernsprechdienst völlig glücklich.

Das *Bankgewerbe* ist kein Sektor, der erst vor kurzem aus staatlicher Kontrolle entlassen wurde, ist einem solchen aber sehr ähnlich. Der „Finanzsupermarkt" wird bei den Verbrauchern immer beliebter, der Wettbewerb verschärft sich immer mehr. Während die Banken inzwischen auch Dienstleistungen anbieten, die eigentlich nicht bankspezifisch sind, lernen Firmen wie Sears Financial Network, die American-Express-Töchter IDS und Shearson, Merrill Lynch, Pierce, Fenner & Smith, Inc., vormals den Banken vorbehaltene Leistungen auf den Markt zu bringen.

Die große Frage im Bereich der Bank- und Finanzdienstleistungen ist, wer in diesem Wettbewerb auf der Strecke bleibt. Die großen Geschäftsbanken wie Citibank, Chase Manhattan und Bank of America sind für die Regionalbanken, die sich einst in Sicherheit wiegen konnten, zu einer Bedrohung geworden. Sie machen sich die immer flexibleren Auslegungen der Bundesbankenvorschriften zunutze, die es den Großbanken gestatten, mit Kreditkarten und Telebanking-Leistungen in allen Bundesstaaten am Wettbewerb teilzunehmen.

Alle im Finanzdienstleistungsbereich tätigen Unternehmen kommen nach und nach zu der Erkenntnis, daß bei hartem Wettbewerb guter Service genauso zählt wie attraktive Produkte und ein bekannter Name. Susan Richards, in Chicago und Umgebung als Beraterin im Finanzdienstleistungsbereich tätig, drückt dies sehr treffend aus: „An der Basis der gesamten Entwicklung steht die Tatsache, daß der Wettbewerb in den achtziger Jahren hauptsächlich um Preise und Service geführt werden wird. Marketing und ein umfassenderes Leistungsangebot für die Kundschaft werden der entscheidende Faktor sein, um in den verbleibenden Jahren des Jahrzehnts überleben zu können."

Das *Verkehrswesen*, am Boden und in der Luft, macht dasselbe Trauma der Deregulierung durch. So kann der Flugreisende aus einer breiten Angebotspalette auswählen, angefangen von Luxusflügen mit Feinschmeckermenu bis zu Super-Billigflügen; bisher haben sich anscheinend nur letztere als rentabel erwiesen.

Die Eisenbahn ist ein typischer Bereich für einige innovative Ansätze. Die Bahn kann zwar niemals die Geschwindigkeit und den Komfort von Flugreisen bieten, viele Reisende würden aber das entspanntere, weniger hektische, „zivilisiertere" Erlebnis einer Fahrt mit dem Zug vorziehen. Die vom Staat weitgehend abhängigen Eisenbahngesellschaften haben in ihrem Umgang mit dem Kunden jedoch nicht eine Spur von Phantasie oder innovativem Denken an den Tag gelegt.

Die Fluggesellschaften werden sich wahrscheinlich in Richtung auf das Konzept des „totalen Reisens" entwickeln. Scandinavian Airlines spielt in dieser Hinsicht die Rolle des Vorreiters. SAS hat erkannt, daß die Leute nicht einfach „fliegen", sondern daß sie eine Reise machen, und das bedeutet eben sehr viel mehr als sich nur von einem Flugzeug befördern zu lassen. Das Unternehmen beabsichtigt, im Hotelgewerbe, im Reisebürogewerbe und in einer Vielzahl anderer Bereiche, die in einem logischen Zusammenhang mit seinem Hauptgeschäftsbereich, den Flugreisen eben, stehen, tätig zu werden.

Viele internationale Fluggesellschaften und Hotelketten blicken gespannt nach China als einem potentiell riesigen Fremdenverkehrsmarkt. Das Wasser läuft ihnen im Mund zusammen bei dem Gedanken an den schnellen Zuwachs im Reiseverkehr nach China und das darin liegende Potential für den Flugverkehr, das Hotel- und Gaststättengewerbe und die Reiseveranstalter, die, wenn China als Reiseziel erst einmal „in" ist, zahllose Touristen dorthin befördern werden.

Das *Gesundheitswesen* ist ein weiterer Sektor, auf dem sich verheerende Umwälzungen vollziehen. Wir sprechen hier in der gegenwärtigen Situation nur ungern von einem Wirtschaftszweig, da das Gesundheitswesen in Amerika bisher beispiellose Vergünstigungen genossen hat. Daher haben die dort Tätigen keine Vorstellung davon, was Wettbewerb, Marketing, Preispolitik oder Absatzförderung bedeuten. Die radikalen Veränderungen, die in den letzten fünf Jahren auf das Gesundheitswesen zukamen, haben zu Verwirrung, schmerzhaften Problemen und einem sehr späten Erwachen geführt.

Der beständige Rückgang der durchschnittlichen Dauer des Krankenhausaufenthaltes, in Verbindung mit dem starken Einfluß wichtiger Drittzahler wie dem Blauen Kreuz und der Bundesregierung, sowie ein Verfahren zur Erstattung der Behandlungskosten auf Pro-Kopf-Basis (nach festen Pro-Kopf-Zahlungen unabhängig von den Einzelheiten des jeweiligen Falls) haben Ärzte und Krankenhäuser gezwungen, um jeden Kunden zu kämpfen.

Die medizinische Versorgung im Krankenhaus wird möglicherweise gegenüber der Versorgung zu Hause immer mehr an Bedeutung verlieren. Der Betrieb eines nicht voll belegten Krankenhauses kostet astronomische Summen, und praktisch hat jede Großstadt in den USA ein Überangebot an Krankenhäusern und Betten. Jede Woche muß ein Krankenhaus schließen, und diese Entwicklung wird sich sogar noch beschleunigen.

Der Beruf des Arztes als hochdotierte Prestigeposition befindet sich in einer Krise, die sich vielleicht als genauso schmerzhaft erweisen wird wie die Krise, die der Anwaltsstand erleben mußte. Die Vorstellung, daß in Zukunft Ärzte im Fernsehen um Patienten werben werden, mag seltsam erscheinen; aber vor zehn Jahren, bevor auf dem Markt ein Überangebot an Juristen herrschte, konnte man sich das bei Rechtsanwälten genauso wenig vorstellen. Bei einer Umfrage, die wir vor kurzem unter Ärzten durchgeführt haben, bekundeten 39 Prozent die Absicht, Marketingmethoden zur Förderung ihrer Praxis einzusetzen. Weitere 25 Prozent waren zur Zeit der Befragung noch unentschlossen.

Gesundheitspflegeorganisationen — sogenannte HMOs (Health-maintenance organizations) — halten für Anbieter wie Nachfrager von medizinischen Leistungen ein attraktives Angebot bereit. Man tritt einer HMO bei, zahlt einen einzigen Monatsbeitrag und bekommt von einem System, das Ärzte, Kliniken, Behandlungseinrichtungen und gewöhnlich ein Krankenhaus umfaßt, alle erforderliche Versorgung. Die Ärzte und das Krankenhaus profitieren von diesem System, weil die HMO über ein Marketing- und Promotionprogramm verfügt und Patienten bringt. Auf diese Weise haben die Ärzte die Möglichkeit, ihre Dienste auf respektable Weise an den Mann zu bringen.

Mit immer größerer Unruhe auf dem Gesundheitsmarkt kommen immer mehr innovative Serviceangebote auf. Unabhängige Notfallzentren oder Zentren für ambulante Versorgung sind zum Beispiel allen offenstehende Einrichtungen, in denen, und zwar nicht notwendigerweise nur in Notfällen, unmittelbare Versorgung geboten wird. Viele Ärzte und Krankenhaus-Manager beklagen, daß diese ärztlichen Bereitschaftsdienste den Markt „absahnen", aber auf diesem Markt ist sich jeder selbst der Nächste. Alles, was legal, ethisch und rentabel ist, wird wahrscheinlich ausprobiert werden.

In diesem Entwicklungsstadium schmollen die Krankenhäuser, weil sie von anderen, innovationsfreudigen Institutionen, vielleicht sogar von Hotels oder ähnlichen Unternehmen, überrundet werden. Der Versuch der Marriott Hotels, in der Altenfürsorge Fuß zu fassen, ist nur ein erster Vorstoß. Wenn es ihnen nicht gelingt, ein neuartiges Serviceangebot für ihre Kunden zu finden, könnten die Krankenhäuser — ähnlich wie die Bahn nach dem Aufkommen des Flugzeugs — bald eine Zeit des Niedergangs erleben und von der Entwicklung überholt werden. In den meisten Krankenhäusern reagiert das Management auf die rückläufigen Patientenzahlen einfach passiv mit einer Reduzierung des Serviceangebots und Entlassungen. Diese übliche Reaktion ist aber nur begrenzt von Wert, und die Grenze ist dann erreicht, wenn die Krankenhäuser nicht mehr in der Lage sind, sich anzupassen oder im Wettbewerb zu bestehen.

Import und Export von Dienstleistungen

Eine aufregende Aussicht für die Zukunft, die für amerikanische Dienstleistungsunternehmen sehr vielversprechend sein könnte, ist der Export von Dienstleistungen. Wir stellen uns normalerweise vor, daß nur Waren exportierbar sind, aber in Wirklichkeit führen wir schon lange auch Dienstleistungen aus. Die Hotelketten Hilton, Marriott und Sheraton sind auch in anderen Ländern erfolgreich vertreten. American Express ist ein international bekanntes Dienstleistungsunternehmen.

Andere Unternehmen, wie die Fluggesellschaften, bemühen sich, auf zukünftigen Märkten Fuß zu fassen, wie auf dem bereits erwähnten chinesischen Markt. Bau- und Architekturbüros, wie die Firmen, die große Fabriken, Raffinerien und öffentliche Erschließungsprojekte planen, werden mit ihrer Tätigkeit immer größere Marktchancen haben.

Die Entwicklung wird dadurch gekennzeichnet sein, daß die Vereinigten Staaten ihren Wettbewerbsvorteil in „Fabrikschlot"-Industrien immer mehr verlieren und daß diese Firmen unaufhaltsam in Länder mit billigem Arbeitskräfteangebot abwandern; aber in zwei entscheidenden Bereichen können wir uns unseren Wettbewerbsvorsprung bewahren: in der Technologie und im Service. Die japanischen Anbieter sitzen ihnen zwar im Nacken, aber die amerikanischen Unternehmen haben im Augenblick in technologischer Hinsicht einen ziemlich großen Vorsprung.

Im Dienstleistungsbereich liegen die Dinge jedoch anders. Zwar wird im allgemeinen kein anderes Land für fähig gehalten, amerikanischen Service zu übertreffen, doch genießen die Vereinigten Staaten keinen unangefochtenen Ruf als Anbieter von Serviceleistungen. Wir werden uns diesen Ruf erst verdienen müssen. Das ist möglich, aber es erfordert harte Arbeit, Einsatz, Investitionen und ein aufgeklärtes Management.

Auch Management ist eine Dienstleistung

Wir möchten unser Anliegen mit einem abschließenden Gedanken zusammenfassen: Die unternehmerische Tätigkeit in der neuen Wirtschaft wird neue Managementformen erforderlich machen. Die Tage, als die Manager mit ihren Mitarbeitern totalitär und autoritär umgehen konnten, sind gezählt. Traditionelle Methoden der Motivierung, welche der Management-Theoretiker Frederick Herzberg als „Management by K.I.T.A. — kick in the ass" („Tritt in den Hintern") bezeichnet, funktionieren in einem Umfeld, das jeden Tag Tausende oder Millionen Augenblicke der Wahrheit bereithält, einfach nicht. Wir müssen herausfinden, wie wir die Servicequalität für diejenigen, die den Service erbringen, zu etwas Wichtigem, für das sich der Einsatz lohnt, machen können.

Motivation, Engagement oder Kreativität lassen sich genauso wenig verordnen wie Freundlichkeit. Ein im Servicebereich tätiger Mitarbeiter hat — sowohl dem Kunden als auch dem Unternehmen — ungeheuer viel zu geben. Wir müssen unseren Managern beibringen, diese Großzügigkeit zu fördern, sie zu schätzen und zu belohnen. Bei der Servicequalität geht es in jeder Hinsicht um Werte, Erwartungen, Verhaltensnormen und Belohnungen; kurz gesagt, es geht um die Unternehmenskultur. Wir müssen in unseren Unternehmen eine Kultur schaffen und erhalten, die Qualität möglich und lohnend macht.

Wir sind überzeugt, daß in den Vereinigten Staaten in Erkenntnis der Notwendigkeit, Dienstleistungen kreativer zu gestalten, zu organisieren und bereitzustellen, eine neue Managementphilosophie Gestalt annimmt. Der Schwerpunkt dieser neuen Philosophie liegt auf einer stärkeren Beteiligung und ausgeprägteren Führungsrolle des Managements, auf einer dezentralisierten Überwachung von Servicestandards und auf der Bereitschaft, die Unternehmensstrukturen so anzupassen, daß die Bedürfnisse des Kunden besser befriedigt werden können.

Angesichts dieses neuen Standpunkts empfiehlt es sich, das Management selbst von jetzt an als Dienstleistung zu sehen. Die wichtigste Frage, die ein Manager an einen Front-Mitarbeiter stellen kann, ist folgende: „Wie kann ich Ihnen dabei behilflich sein, Ihre Aufgabe besser zu erfüllen?"

Dazu Olle Stiwenius, Leiter der Unternehmensberatungsgruppe bei Scandinavian Airlines: „Ich glaube, es ist Zeit, die Pyramide auf den Kopf zu stellen. Wir sollten das Management an die Basis stellen und ihm eine unterstützende Rolle zuweisen. Zeichnet man das Schaubild so, fängt man an, sich Gedanken über Begriffe wie Unterstützung, Förderung und Gleichgewicht zu machen. Dadurch lernen die Manager, ihre Verantwortung auf völlig neue Art zu sehen."

Die Zukunftsprognose John Naisbitts ist praktisch dieselbe:

> In den letzten Jahren konnten wir den Anfang eines Wandels in den amerikanischen Unternehmen erleben ... Es erfolgt eine Verlagerung der Gewichte von einem Management, von dem traditionell erwartet wurde, daß es sämtliche Antworten parat hatte und jedem sagte, was zu tun sei, hin zu einem Management, dessen Rolle in der Schaffung eines persönlicher Entwicklung förderlichen Umfeldes liegt. Wir werden Manager immer mehr als Lehrer, Mentoren, Entwickler menschlichen Potentials sehen...Die Herausforderung wird darin liegen, die Manager, nicht die Arbeiter, für dieses neu erdachte Unternehmen des Informationszeitalters umzuschulen.[1]

Beispiele für gutes Service-Management haben wir in praktisch jeder Branche gefunden. Es handelt sich um Unternehmen, deren Führungsmannschaft einen oder mehrere der entscheidenden Fragen der Kunst der Servicegestaltung, -entwicklung und -bereitstellung bewältigt haben. Gleichzeitig sollte man nicht vergessen, daß diese neue Dienstleistungswirtschaft eben erst im Entstehen begriffen ist. Selbst für die Erfahrensten stellen sich Probleme und Herausforderungen und bieten sich Chancen.

Wenn immer mehr Manager anfangen, ihre Aufgabe als eine Dienstleistung zu sehen und sich bemühen, den Bedürfnissen der Mitarbeiter in ihrem Unternehmen gerecht zu werden, wird der Faktor der Servicequalität immer unverkennbarer zu einer Waffe im Wettbewerb werden. Unternehmen, die über die herkömmlichen von der Spitze zur Basis gerichteten Führungsmethoden nicht hinausgekommen sind, werden immer unflexibler und immer weniger anpassungsfähig sein. Ohne eine glaubhafte Servicestrategie werden sie ins Hintertreffen geraten. Wir glauben, daß den Unternehmen, denen es gelingt, sich die Philosophie des Service-Managements wirklich zueigen zu machen und eine kundenorientierte Unternehmenskultur zu schaffen, die Zukunft gehört.

Anmerkungen

Kapitel 1

1. Russell Ackoff, Paul Broholm und Roberta Snow, *Revitalizing Western Economies*, San Francisco 1984, S. 2.
Ackoff u.a. sind anderer Auffassung als Naisbitt und einige weitere Autoren, die das heutige Wirtschaftsgefüge mit dem Begriff *postindustriell* beschreiben und davon ausgehend behaupten, daß sich die erwerbstätige Bevölkerung immer mehr von der Industrie zur Informatik verschiebt. Ihrer Ansicht nach beinhaltet der Begriff postindustriell nicht so sehr eine Verlagerung in der Beschäftigung als vielmehr der Niedergang der Industrie, was auch eindeutig zutreffender ist. Sie argumentieren weiter, daß, sollten Naisbitt und andere recht haben, in direkt mit der Informationstechnologie verbundenen Bereichen mehr Arbeitsplätze hätten entstehen müssen. Nach allen verfügbaren Statistiken ist das jedoch nicht der Fall. Aus den verfügbaren Daten geht eindeutig hervor, daß die Beschäftigung in allen höher entwickelten Ländern der Welt sich vom warenverarbeitenden Gewerbe hin zum Dienstleistungssektor verlagert. Hier sei aber auch auf eine Zweideutigkeit hingewiesen: „Nichtsdestoweniger sind die Veränderungen sowohl im warenproduzierenden Gewerbe als auch im Dienstleistungssektor weitgehend auf technologische Entwicklungen wie die Erzeugung, Verarbeitung, Übertragung, Speicherung und Wiedergewinnung von Daten, insbesondere auf den Mikroprozessor zurückzuführen." Diese Beobachtung verdient es, ernst genommen zu werden. Insgesamt werden heute in den Vereinigten Staaten die meisten neuen Arbeitsplätze im Dienstleistungssektor und nicht in unmittelbar mit der Datenverarbeitung zusammenhängenden Bereichen geschaffen.

2. Auf diesen Punkt wird in verschiedenen guten Büchern und Aufsätzen hingewiesen. Am kritischsten äußert sich Barbara Tuchman in ihrem Beitrag „The Decline of Quality" im *New York Times Magazine* vom 2. November 1980. Über dasselbe Thema wurde in der Zeitschrift *Fortune* am 3. März 1981 eine Bildreportage von Jeremy Man mit dem Titel „Towards Service without a Snarl" veröffentlicht. In diesen Wehklagen zum Thema Servicequalität muß man zwar eine etwas snobistische Haltung à la „Man bekommt heute einfach keinen guten Service" in Kauf nehmen; trotzdem ist mehr als ein Körnchen Wahrheit daran.

3. Die von Arthur Andersen & Co. angefertigte Studie war eine Art Delphisches Orakel, das in zwei Durchgängen und mit 100 in vier Gruppen unterteilten Fachleuten vorgenommen wurde: 25 Mitarbeiter aus Dienstleistungsunternehmen, 25 Unterneh-

mensplaner, 25 Technologieexperten und 25 Führungskräfte aus den Bereichen kundenspezifische Datenverarbeitung und Telekommunikation. Der Bericht kann für 100 Dollar pro Exemplar über folgende Anschrift bezogen werden: Association of Field Service Managers, 7273 President Court, Fort Meyer, FL 33902.

In dem Bericht wird nicht behauptet, daß die Firmen, die primär Computerdienstleistungen erbringen, nämlich die Hersteller, nach und nach von diesem Teilmarkt vollständig verdrängt werden. Diese Anbieter „müssen auch in Zukunft Service als Teil ihrer Absatz- und Marketingstrategie anbieten", unabhängig davon, wie minimal oder schäbig dieser Service unter Umständen sein mag.

Eine Bekannte ergötzte uns neulich mit einem Bericht über die nervenaufreibenden Erfahrungen, die sie bei dem Versuch, die Festspeicherplatte ihres Mikrocomputers reparieren zu lassen, gemacht hatte. Offensichtlich verfügt der Händler, der sie zum Kauf überredet hatte und zufälligerweise ausgerechnet mit seinen werkseigenen Technikern Reklame macht, in Wirklichkeit über niemanden im Personal, der für die Ausführung des Kundendienstes qualifiziert wäre. „Für uns nur ein nebensächliches Produkt", erklärte ihr der Geschäftsleiter, als ob die Kenntnis seiner wirtschaftlichen Überlegungen sie überzeugen würde, daß die Instandsetzung dieses sehr teuren Spielzeugs nicht sein Problem sei. Nach diesem ersten erfolglosen Versuch, den Defekt beseitigen zu lassen, entschloß sich unsere Bekannte, den Hersteller anzurufen. Dort wurde ihr gesagt, daß sie nicht erwarten könne, daß sich der Hersteller um dieses Problem kümmerte; dazu sei viel zu viel zu tun. „Wenden Sie sich an den Händler, bei dem Sie das Gerät gekauft haben", war die Antwort. „Der Händler ist nicht bereit, mir zu helfen", antwortete sie. „Dann sind Sie übel dran, meine Liebe!" Klick! Schließlich fand sich im Geschäft jemand, der dasselbe Problem gehabt und es für sich gelöst hatte und der bereit war, das Gerät zu reparieren. Aber der Schaden war da. Als die Abteilung, in der unsere Bekannte arbeitete, beschloß, vollständig auf EDV umzustellen, erregte ihre Schauergeschichte so viel Ärger, daß die entsprechenden Geräte als zu unsicher abgelehnt wurden und der Händler — obwohl die Firma einen Preisnachlaß von 25 Prozent anbot — als ein zu unzuverlässiger Lieferant eingestuft wurde. Und tatsächlich gehört dieses Gerät seit kurzem zu den sogenannten „Waisen", um die sich keine Herstellerfirma mehr kümmert. Mund-zu-Mund-Werbung wie diese erhält einige von uns wie die Made im Apple/IBM-Speck.

4. Sollten Sie an weiteren Untersuchungsergebnissen interessiert sein, und es gibt sicher sehr viel mehr als das, was wir hier wiedergegeben haben: Die Technical Assistance Research Programs Inc. (TARP) hat ihren Sitz in Washington, D.C. Die Firma hat sich umfassend mit verschiedenen Fragen der Kundenzufriedenheit und ihren wirtschaftlichen Auswirkungen befaßt. Sie hat die Bedeutung der Mund-zu-Mund-Werbung im Bereich der alkoholfreien Getränke, die Verwendung von Kundentelefonen als Mittel zur Erreichung von Verbraucherzufriedenheit und die Rolle der Verbraucherzufriedenheit bei Kauf und Wiederholungskauf von Kraftfahrzeugen und Kfz-Ersatzteilen untersucht.

Die TARP-Formel, nach der aus dem richtigen Umgang mit Reklamationen Gewinne zu ziehen sind, ist eine interessante logische Übung. Sie werden sicherlich erfreut sein, daß — so gesehen - ein zufriedener Kunde eine Menge Geld wert ist.

Gewinn = langfristige Gewinne durch treue Kunden
+ Mund-zu-Mund-Werbung
+ vermiedene Reparaturkosten
− Bearbeitungskosten

Die Zahl von einer halben Million Dollar ergab sich aus für die Clairol Corporation zusammengestellten Daten, nicht aus Untersuchungen bei P & G. Die Schlüsselvariablen sind ein Zeitraum von fünf Jahren, eine siebzig-prozentige Treuerate bei positiv erledigten Kundenreklamationen, ein Neuverkauf auf jede positiv erledigte Reklamation, Kosten bzw. ein Reparaturaufwand in Höhe von 500 Dollar, eine Quote von an Vertretungen gerichteten Reklamationen von 1:200 und Verwaltungskosten über 5,50 Dollar für jede Reklamation, auf die geantwortet wurde.

5. Ibid.

6. Ronald Kent Shelp, John C. Stephenson, Nancy Sherwood Truitt und Bernard Wasow, *Service Industries and Economic Development*, New York 1985, S. 3. Ron Shelp, Manager in einer Versicherungsgesellschaft, ist einer der führenden Fachleute, die von der Wichtigkeit der Dienstleistungen in der Weltwirtschaft überzeugt sind. Er wurde von verschiedenen US-Behörden in für den Dienstleistungssektor zuständige Kommissionen berufen. Vielleicht kann er dort seinen Einfluß dahingehend geltend machen, daß von der Einteilung, wonach 60 Prozent des Bruttosozialprodukts unter dem nichtssagenden Begriff „Dienstleistungen" zusammengefaßt werden, abgerückt wird.

7. Ibid., S. 4f. Die von uns beschriebenen Stufen sind aus Überlegungen Shelps abgeleitet bzw. entsprechend angepaßt; er beschreibt hauptsächlich die heutigen Bedürfnisse der Entwicklungsländer. Er befaßt sich dabei mit einem interessanten Problem: Wie kann ein Entwicklungsland oder eine weniger entwickelte Nation einen gut organisierten Dienstleistungssektor aufbauen, ohne die Stadien durchlaufen zu müssen, welche die westlichen Industrieländer hinter sich haben? Angesichts der Tatsache, daß Zeit und Technologie es den Entwicklungsländern vielleicht nicht erlauben werden, diesen Weg einzuschlagen, ist dies alles andere als eine müßige Frage.

8. Theodore Levitt, „After the Sale Is Over ...", in: *Harvard Business Review*, September/Oktober 1983, S. 88f. Wichtig ist hierbei, daß es Levitt nicht um den Gedanken des Verkaufens einer Beziehung geht. Die Notwendigkeit, ein solches Verhältnis zu verkaufen, ist seit Jahren im Verkauf und bei Verkaufsschulungen ein immer wiederkehrendes Thema geworden. Levitt hingegen beschreibt den Aufbau einer Beziehung zwischen der kaufenden *Organisation* und der verkaufenden *Organisation*. Dies ist ein sehr viel tiefergehender Prozeß als das Verkaufen einer Beziehung, das sich in etwa folgendermaßen übersetzen läßt: „Sorgen Sie dafür, daß der Einkäufer sie mag, dann wird er bei Ihnen kaufen." Die zutreffendste Beschreibung würde vielleicht der Begriff „Beziehungsmarketing" liefern. Es ist ein Prozeß, der nicht einfach auf einen einzigen Verkauf,

sondern auf die Schaffung einer langfristigen Bindung an den Kunden abzielt. (Abgedruckt mit Genehmigung der *Harvard Business Review.* Auszug aus „After the sale is over ..." vom Präsidenten und den Mitgliedern des Harvard College; alle Rechte vorbehalten.)

9. Ibid., S. 87.

10. Die aufschlußreichsten Quellen zum Thema des neuen Ansehens von Dienstleistungsunternehmen sind wahrscheinlich zwei Artikel, die in der Zeitschrift *Fortune* veröffentlicht wurden. In dem Beitrag „Ten Years of Bounding Profits" vom 11. Juni 1984 werden die 500 erfolgreichsten Dienstleistungsunternehmen vorgestellt und ihre Gesamtergebnisse mit der wesentlich schlechteren Leistung der 500 erfolgreichsten Industrieunternehmen verglichen. Der zweite Artikel trägt den Titel „Corporate Stars that Brightened a Dark Decade" und ist am 30. April 1984 erschienen. Hier erfahren wir die Geschichte von 13 Unternehmen, die im Jahrzehnt 1974 bis 1983 eine durchschnittliche Eigenkapitalrendite von 20 Prozent hatten. Die Nummer 2 auf der Liste, die Dow Jones & Company, Inc., ist ein Serviceunternehmen. Noch interessanter ist aber die Tatsache, daß 8 der 13 Unternehmen in ihrer Branche wegen ihres Service einen besonders guten Ruf haben.

Kapitel 2

1. Dem Leser ist vielleicht nicht bekannt, wie stark in den skandinavischen Ländern die Gewerkschaften an sämtlichen Vorgängen im Unternehmen beteiligt sind. Das schwedische Arbeitsrecht schreibt vor, daß sämtliche finanziellen Angelegenheiten des Unternehmens offengelegt werden und *vor* jeder Initiative des Managements, die für einen überwiegenden Teil der Arbeitnehmer bedeutsam sein könnte, Konsultationen mit Gewerkschaftsvertretern stattfinden. Kurz gesagt, das Gesetz schreibt vor, daß die führenden Vertreter der Gewerkschaften ausnahmslos zu derselben Information Zugang haben wie das Management. Hierin liegt natürlich ein erheblicher Unterschied zu den Verhältnissen in den Vereinigten Staaten.

Kapitel 6

1. F. Stewart DeBruicker und Gregory L. Summe, „Make Sure Your Customers Keep Coming Back", in: *Harvard Business Review,* Januar/Februar 1985, S. 92. DeBruicker und Summe behaupten im wesentlichen, daß sich die Welt ständig verändert. Nun gut, das ist unbestreitbar, aber wir berücksichtigen dieses einfache Faktum nur selten in unserer Unternehmensplanung. Den Autoren geht es vor allem um eine sehr wichtige Sache: Kundennähe ist nicht etwas, was man alle zwei Wochen mal am Freitag Nachmittag praktizieren kann. Sie muß ein Element der Unternehmenspolitik sein, das jeden Tag und den ganzen Tag im Vordergrund steht. Es genügt, nur einen Augenblick nicht auf den Ball zu schauen, und schon hat ihn ein anderer.

2. Richard Normann, *Dienstleistungsunternehmen*, Hamburg 1987, S. 40. Normann ist einer der ersten Europäer, die mit dem Konzept des Service-Managements arbeiten. Er war am SAS-Projekt beteiligt und war ein Vorreiter des „Ost-West-Dialogs", indem er häufig amerikanisches Denken für europäische Verhältnisse umsetzte.

3. G. Lynn Shostack, „Designing Services That Deliver", in: *Harvard Business Review*, Januar/Februar 1984, S. 135.

4. Normann, *Dienstleistungsunternehmen*, S. 30.

5. Shostack, „Designing Services", S. 137. Nach Shostack gehen die Grundgedanken des Service-Entwurfs-Verfahrens auf den großen Meister der Qualität, W. Edwards Deming, zurück.

6. Ibid., S. 137.

Kapitel 7

1. Vijay Sathe, „Implications of Corporate Culture: A Manager's Guide to Action", in: *Organizational Dynamics*, Herbst 1983, S. 8.

2. Es handelt sich hier um die Einleitung von Gerstners Gratulationsansprache an die Preisträger bei dem Essen zu Ehren der Gewinner des Great Performers Award im Dezember 1983. Nach einem Sprecher von American Express werden jedes Jahr Hunderte von Mitarbeitern als Kandidaten für den Preis benannt. Sechs davon erhalten einen hohen Geldpreis und eine viertägige Reise an den Hauptsitz des Unternehmens in New York City. Weitere fünf Angestellte bekommen ein Belobigungsschreiben und einen Scheck über 1000 Dollar.

3. Für nähere Ausführungen zum Thema Arbeitsqualität und ihre Messung, vgl. Karl Albrecht, *Organization Development: A Total Systems Approach to Positive Change in Any Business*, Englewood Cliffs, N.J., 1983.

Kapitel 9

1. Ehre, wem Ehre gebührt: Es handelte sich um ein gemeinsam mit der Wilson Learning Corporation durchgeführtes Projekt, und aus ihren hochqualifizierten Studios stammt der Videofilm. Das gesamte Projekt wurde von Ronald E. Zemke und John W. Gunkler unter dem Titel „Organization-Wide Intervention" im *Handbook of Organizational Behavior Management* (Hrsg. Lee Frederiksen), New York 1982, S. 565-583, beschrieben.

2. Philip B. Crosby, *Qualität ist machbar,* Hamburg 1986, S. 126.

3. Theodore Levitt, „After the Sale Is Over ...", in: *Harvard Business Review,* September/Oktober 1983, S. 88-89.

4. Richard J. Matteis, „The New Back Office Focuses on Customer Service", in: *Harvard Business Review,* März/April 1979, S. 128-142.

5. Philip B. Crosby, *Qualität bringt Gewinn,* Hamburg 1986, S. 170.

6. Zemke und Gunkler in *Handbook of Organizanional Behavior Management* (Hrsg. Lee Frederiksen). Der Gedanke, daß ein genau definiertes Unternehmensmodell die Grundlage eines Meßverfahrens ist, wird in dem Forschungsbericht über den Vergnügungspark in Kapitel 10 erläutert.

7. Crosby, *Qualität bringt Gewinn,* S. 171.

Kapitel 10

1. Carol J. Loomis, „Corporate Stars That Brightened a Dark Decade", in: *Fortune,* 30. April 1984, S. 153.

2. Stanley M. Davis, *Managing Corporate Culture,* Cambridge, Mass., 1984, S. 1. Davis verwendet den Begriff der Kultur in einem ganz bestimmten Sinn: „Das Gefüge gemeinsamer Überzeugungen und Werte, das den Angehörigen eines Unternehmens einen Sinn und Regeln für ihr Verhalten in ihrem Unternehmen gibt. Jedes Unternehmen wird das, was es mit Kultur meint, mit einem eigenen Wort oder Satz beschreiben; einige Beispiele: Wesen, Kern, Kultur, Ethos, Identität, Ideologie, Auftreten, Strukturen, Philosophie, Zweck, Wurzeln, Geist, Stil, Vision und Lebensweise. Für die meisten Manager bedeuten diese Begriffe im wesentlichen dasselbe."

3. Ibid., S. 7.

4. F. Stewart DeBruicker und Gregory L. Summe, „Make Sure Your Customers Keep Coming Back", in: *Harvard Business Review,* Januar/Februar 1985, S. 92-98.

Kapitel 12

1. John Naisbitt, *The Year Ahead: „These Ten Trends Will Shape the Way You Live, Work, and Make Money in 1985",* Washington D.C. 1985, S. 5.

Bibliographie

Ackoff, Russell L., Paul Broholm und Roberta Snow: *Revitalizing Western Economies*, San Francisco 1985.

Albrecht, Karl: *Organization Development: A Total Systems Approach to Positive Change in Any Business*, Englewood Cliffs, New Jersey, 1983.

Berekoven, Ludwig: *Der Dienstleistungsmarkt in der Bundesrepublik Deutschland. Theoretische Fundierung und empirische Analyse*, 2 Bände, Göttingen 1983.

Corsten, Hans: *Die Produktion von Dienstleistungen. Grundzüge einer Produktionswirtschaftslehre des tertiären Sektors*, Berlin 1985.

Crosby, Philip B.: *Qualität bringt Gewinn*, Hamburg 1986.

—: *Qualität ist machbar*, Hamburg 1986.

Davis, Stanley M.: *Managing Corporate Culture*, Cambridge, Mass., 1984.

Engelter, K.-A.: *Das Rationalisierungspotential im Dienstleistungsbereich*, Frankfurt a. M./Bern/Las Vegas 1979.

Falk, B.: *Dienstleistungsmarketing*, Landsberg a.L. 1980.

Levinson, Harry, und Stuart Rosenthal: *CEO: Corporate Leadership in Action*, New York 1984.

Naisbitt, John: *Megatrends*, Bayreuth 1984.

—: *The Year Ahead: „These Ten Trends Will Shape the Way You Live, Work, and Make Money in 1985"*, Washington D.C. 1985.

Normann, Richard: *Dienstleistungsunternehmen*, Hamburg 1987.

„Office Automation and the Workplace", Minneapolis, Minn., 1983.

Peters, Thomas J., und Robert H. Waterman: *Auf der Suche nach Spitzenleistung. Was man von den bestgeführten US-Unternehmen lernen kann*, Landsberg a. L. 1986.

Peters, Thomas J., und Nancy Austin: *Leistung aus Leidenschaft. „A Passion for Excellence". Über Management und Führung*, Hamburg 1986.

Petersen, Hans J., u.a.: *Der internationale Handel mit Dienstleistungen aus der Sicht der Bundesrepublik Deutschland*, Berlin 1984.

Sasser, W. Earl, (Hrsg.): *Service Management*, Boston, Mass., 1979.

Schertler, Walter, und Wolfgang Popp: *Attraktivitätsanalysen von Dienstleistungen. Ein empirischer Ansatz zur Entwicklung von Ausbaustrategien für Unternehmen und Staat*, München 1983.

Scheuch, F.: *Dienstleistungsmarketing*, München 1982.

Schmutzer, E.: *Technische Innovation - Soziale Innovation*, Wien 1979.

Sculley, John: *Meine Karriere bei PepsiCo und Apple*, Düsseldorf 1987.

Shelp, Ronald Kent, John C. Stephenson, Nancy Sherwood Truitt und Bernard Wasow: *Service Industries and Economic Development*, New York 1984.

Smith, Harold T.: *The Office Revolution*, Willow Grove, Penn., 1983.

Thom, N.: *Grundlagen des betrieblichen Innovationsmanagements*, Königstein i.T. 1980.

Toffler, Alvin: *Der Zukunftsschock. Strategien für die Welt von morgen*, München 1970.

—: *Die dritte Welle. Zukunftschance. Perspektiven für die Gesellschaft des 21. Jahrhunderts*, München 1987.

Zemke, Ronald E., und John W. Gunkler: „Organization-Wide Intervention", in: *Handbook of Organizational Behavior Management*, hrsg. v. Lee Frederiksen, New York 1982.

Zemke, Ronald E., und Thomas J. Kramlinger: *Figuring Things Out: A Trainer's Guide to Task and Needs Analysis*, Reading, Mass., 1982.

Register

Ackoff, Russell L.   2, 8
Albrecht, Karl   27, 31, 47, 69, 73, 91, 119, 121, 137, 157, 171
Alexander d. Große   101
Allied Bankshares   16
Amdahl   16
American Banking Association   147
American Express   7, 12, 16, 97 ff., 174, 177
American International Group   9
American Railway Association Services   16
American Telephone & Telegraph Corp. (AT&T)   43, 173 f.
Ameritrust   72
Andersen, Arthur & Co.   5
Apple Computer   4, 16, 72, 135 f., 141
Arbeitssystem   87 ff.
Atlantic & Pacific Tea Company (A&P)   125
„Augenblicke der Wahrheit"   19, 26, 31 f., 34, 36 ff., 57, 59 f., 91 ff., 101, 107, 111, 131 f., 157, 159 f., 169, 177
Ausbildung   10, 23 f.
Auswahl von Mitarbeitern   104, 107 f., 158, 168
Automation   124, 126
Avis Corporation   44

Bankers Trust Company   78
Bankgewerbe   64, 71 f., 77, 80, 83, 125 f., 138 ff., 162, 174 f.
Bank of America   174
Bankomat   8, 71 f., 83, 125 f., 172
Bedürfnisse s. Kundenbedürfnisse
Bell, Daniel   1
Bell & Howell Co.   5
Belohnung   134 f., s. a. Entlohnung
Beteiligung   129 f.
Blanding, Warren   8
Block, H. & R.   78
Boyajian, Al   48
British Airways (BA)   28, 32 ff., 69, 106, 116, 127, 138 f., 147 ff., 164 ff.
British Leyland   124
Bruttosozialprodukt   9, 157
Burr, Donald   103
Busch Gardens   123
Bypassing   174

Canon   15
Carey, G. Gibson   13
Carlzon, Jan   19 ff., 31, 42, 93, 139, 145, 164

Caro Winds   123
Carter, Jimmy   5
Caterpillar Tractor   4, 121
Central National Bank   72
Cetron, Marvin   19
Chase Manhattan   174
Chrysler   1
Citibank   3, 72, 126, 174
Citicorp   4, 16, 126
Coca-Cola   140
Cogburn, Alexander   174
Colonial Bank   72
Computerbranche   51 f.
Connector International   27
Control Data   5
Country Fair   69, 139, 152 ff.
Crosby, Philip B.   123, 129 f., 132

Davis, Stanley M.   144, 174
Dayton-Hudson   16
DeBruicker, F. Stewart   74
Delta Airlines   134
Delux Check Printers   68, 96, 138 ff., 162
Demming, W. Edwards   130
Demographische Angaben   56, 159, 162
Dienstleistungen, unqualifizierte persönliche   10
   qualifizierte persönliche   10
   im gewerblichen Bereich   10
   Verbraucher-   11
   High-Tech-   11
   Freiberufliche   11
Dienstleistungsentwicklung   81 f.
Disney, Walt   28, 42, 79, 122
Disneyland   42, 79, 97, 122 f., 153
3M   7
Drucker, Peter   3, 27, 61, 100
Dun & Bradstreet   16
Durchführung   135 f., 166 f.

Eisenbahn   54 f., 175
Emery Airfreight   142
Energieniveau   102
Engagement   101 f., 111, 128 f., 132, 135, 139, 148, 158, 162, 166 f., 177
Entlohnung   89, 91, 128, 143, 152, 155
Entscheidungsanalyse   83 ff.
Erfahrungen, negative   111 ff.
   positive   111, 115 ff.
Erwartungen   73 ff., 100
Export von Dienstleistungen   176 f.
Extra-Service   7 ff., 12 f., 68, 77

Fast-Food-Sektor   67, 78, 121, 124, 163, 172
Federal Express   16, 88, 165
Feedback   89, 96, 101, 106, 108 f., 132 f., 150, 152, 154, 156, 168
Fluggesellschaften   54 f., 138 f., 147 ff., 175
Franchising   11, 67
Freie Berufe   11

Gefühlsarbeit   107 f.
General Dynamics Corp.   129
General Electric (GE)   4 f., 12
General Motors (GM)   133
Gerstner, Louis V.   12, 98 f.
Gesamtqualitätskontrolle (TQC)   127 ff.
Gesundheitswesen   175 f.
Goodman, John   6
Gove, Bill   14
Great Adventures   123

Hall, Jay   96
Hartford   125
Hertzberg, Daniel   72
Herzberg, Frederick   177
Hewlett-Packard Comp.   134
High-Tech/High-Touch   7 f., 11, 71, 130, 158, 172
Hilfeleistung   3
Hilton   54, 177
Holiday Corporation   68 ff., 77
Holmes, Sherlock   56 f.
Honeywell Corporation   128
Hotelgewerbe   54, 64, 69, 77
Hotchkiss, W. R.   138, 141
Hyatt Hotels   68

IBM   4, 12, 16, 28, 97, 114, 121, 134, 140, 144
IC Industries   126
Image   22, 24, 28, 32, 51, 59 f., 81, 148, 162
Immaterialität   17, 28, 81
Industrialisierung von Dienstleistungen   124 ff., 172
Industriemanagement   16
Information   3, 132 f.
Informationsgesellschaft   1 f.
Inter-First Bank   129
Israel, Richard   91 f.

Käufer, preisbewußter   69
   qualitätsbewußter   70
   wertbewußter   70
Käufer-Verkäufer-Verhältnis   13 ff.
Kentucky Fried Chicken   125
Kernleistungen   76 f.
King's Island   123
Kirchen   53, 164

K mart Corp. 124
Kontaktüberlastung 95, 107, 149
Krankenhäuser 69, 77, 80, 160, 164, 175 f.
Kundenbedürfnisse 21 f., 26, 33, 35, 38, 43, 47 f., 53 f., 57 f., 65, 70 f., 74, 80, 90, 93, 97, 128, 145, 162, 178
Kundenerfahrungsfaktor 74 145, 157, 166
Kundenfreundlichkeit 73, 80, 96
Kundenorientierung 6 ff., 21 ff., 26, 38, 47 ff., 60, 93, 95, 104, 108 f., 157 f.

Laker, Freddie 138
Lebensqualität 8
Levinson, Harry 144 f.
Levitt, Theodore 3, 13 ff., 124 f.
Lucky Stores 15

Ma Bell 43, 173
Macintosh 4, 16
Malone, Tom 134 f.
Management by Policy 128
Managementphilosophie 177 f.
Marketing 12, 21, 33 f., 53, 56 ff., 78, 123, 141
Marktforschung 56 ff., 63, 65 f., 69, 109, 146, 148 ff., 159, 161 f.
Marktposition 61 ff.
Marriott, J. Willard 101, 103, 107, 135 f.
Marriott-Hotels 28, 54, 101, 107, 135, 165, 176 f.
Marshall, Colin 34, 139, 148, 151, 164, 167
Matschina, Frank 142
Maytag 140
McAn, Thom 9
McDonald's 1, 16, 28, 67 f., 78, 121, 124 f., 163
McGraw-Hill Research 126
MCI 173
McSweeney, George 141, 147
Meinungstest 58
Melville Corp. 9, 16
Merck Sharp & Dohme 140
Merrill Lynch 174
Mervyn's 68
Messung 88 f., 108 ff., 130 ff., 141, 152 ff.
Midas Muffler 124, 126
Miller Brewing 129
Mitarbeiter an vorderster Front 91 ff., 111, 127 f., 145 f., 148 ff., 160, 162, 164 f., 178
Mitarbeiterbeteiligung 127 ff., 132, 134, 139

Mits, T. C. 33
Mittelmäßigkeit 31, 33 ff., 41 ff., 101, 103, 112, 149
MK-Taxis 127
Motivation der Mitarbeiter 101 f., 134, 148, 154, 165, 177
Motive des Kunden 40, 50 ff., 56 f., 65 f., 70, 74, 162

Nachrichtentechnik 173 f.
Nadler, David A. 133
Naisbitt, John 1, 7, 129, 172 f., 178
National Bank 72
NCR 16
Neuorientierung des Unternehmens 157 ff.
New England Business Services 96
Normann, Richard 74 ff., 80, 87
North American Tool and Die Comp. 134 f.
Nutzen, expliziter 77f
 impliziter 77 f.
 primärer 159
 sekundärer 159

Ogilvy, David 58
Okura Hotels 127
Olson, Eugene R. 140, 142 ff.
Opryland 123
Optimismus 102
Ordnungsprinzip 62
O'Toole, Thomas 19

Parkinson, C. Northcote 33
People Express Airlines 100, 103, 134
Persönlichkeitstraining 106
Peters, Thomas J. 35, 134, 144 f.
Pfadfinder 53, 164
Phibro-Salomon 16
Pierce, Fenner & Smith, Inc. 174
Pizza Hut 125
Ponderosa Steak House 125
Porter, Donald 32 ff., 150 f.
Postindustrielle Gesellschaft 1, 179
Primärservice 100
Procter & Gamble (P&G) 7, 12 f.
Produktivität 121 ff., 129 ff.
Psychographische Angaben 56 f., 159, 162

Qualität des Arbeitslebens 102
Qualitätskontrolle 127, 130, 141 s. a. Gesamtqualitätskontrolle (TQC)
Qualitätskreise 89, 127, 129, 149, 166 f.

Regelkreis 109
Rentabilitätsanalyse 85
Reparatur-Service 4 ff.
Richards, Susan 174
Rogers, Richard 136
Rolls Royce 121 f.
Ronney, Francis C. 9
Rose, Joseph L. 141
Rosenthal, Stuart 144 f.

Santa Monica, Krankenhaus 69
Sathe, Vijay 97, 99
Scandinavian Airlines (SAS) 19 ff., 42, 80, 99, 106, 127, 148, 164 f., 175, 178
Schule des Lächelns 104 ff., 164, 169
Schulung 51, 82, 88, 91 f., 95, 105 ff., 123, 128, 149 f., 164 ff., 168
Schweitzer, Albert 111
Sculley, John 135 f.
Sears Financial Network 174
Sears Restaurant 48
Sears, Roebuck & Co. 55, 163
Sekundärservice 100
Selbstüberwachung 129
Service, sichtbarer und unsichtbarer 48 f.
Service-Dreieck 31 ff., 39 ff., 45, 59 f., 61, 73, 111
Service Engineering 81 f., 89
Service-Entwurf 85 ff.
Service-Imperativ 1 ff.
Servicekonzept 40 f., 43, 45, 62 f., 81, 87, 139, 144, 168
Service-Kultur 96 ff.
Service-Management 9 ff., 16 f., 26 f., 31 ff., 39, 44 ff., 70, 75 f., 97, 100, 121, 123, 127 f., 130, 132, 135, 150, 152, 157 f., 164, 166 f., 178
Service-Master Industries 16
Servicemodell 28, 40
Serviceorientierung 51, 101, 104 f., 137, 144, 147, 158, 164
Servicepaket 74 ff., 90, 96, 152 f., 159 f.
 primäres und sekundäres 76 f.
Servicephilosophie 165, 172
Serviceplanung 79 ff., 89, 122, 145
Serviceprüfung 159 f.
Servicequalität 21, 31 ff., 44 f., 61, 63, 75, 78, 108, 121 ff., 127, 129 ff., 135, 148, 150, 157, 159, 166 f., 169 f., 177
Servicestrategie 25 f., 28, 38 f., 55, 59 f., 61 ff., 75 f., 90, 104, 109, 111, 128, 158 ff., 178

Servicesystem 38, 41, 73 ff., 78 ff., 111, 130, 158
Servicezyklus 26, 36 ff., 50, 90, 92 f., 159 f.
Sharper Image 163
Shelp, Ronald Kent 9, 12
Sheraton 54, 177
Shostack, G. Lynn 78, 81, 85, 87
Simmons, John 130
Six Flags 123
Sony 12
Southland 16
Spontaneität 33
Sprint 173
Standard Meat Company 129
Standardisierung 121 ff., 128, 141
Stimmung 102
Stiwenius, Olle 25, 99, 178
Summe, Gregory L. 74
Super Valu Stores 16
Syntex Corporation 136

Tagungen 161 f.
Tandem 16
Technical Assistance Research Programs, Inc. (TARP) 5 f.
Technologien, harte 125 f.
 neue 11, 51 f., 130, 141
 sanfte 125 f.

Theatralische Maßnahmen 102 ff., 163, 169
Tiffany's 124
Time Manager International 23, 149
Townsend, Robert 44
Transamerica Title Insurance Company 126
Treue 48
Troken, Meriam 98
TRW, Inc. 5

Umfeld, motivierendes 101 f.
United Parcel Service (UPS) 111, 134
Unternehmensauftrag (-strategie) 66 f., 70, 103, 128, 130, 157, 160
Unternehmenskultur 44, 67, 70, 96 ff., 100, 103, 144, 165, 172, 174, 177 f.
Unternehmensmodell 131 f., 153
U. S. Steel 1

Venture Capital Network 172
Vergnügungsparks 79, 88 f., 122 f., 139, 152 ff.
Verkehrswesen 175

Wahrnehmung des Kunden 47 ff., 90
Wal-Mart 16
Wang 16
Watermann, Robert H. 35, 134, 144 f.
Western Airlines 117
Western Union Telegraph Co. 5
Wettbewerbsvorteil 15, 17, 67, 77, 145, 177
Whirlpool 12
Wiedergutmachung 33 f.
Will, George F. 1

Xerox 15

Yaesu-Buchzentrum 127

Zap Mail 88
Zemke, Ronald E. 31, 47, 69, 73, 91, 121 ff., 133, 137, 157, 171
Zusatzleistungen 76 f.
Zwischenmenschliche Beziehungen 8, 87, 94 f.